정당 체제와 선거 연합 :
유럽과 한국

정당 체제와 선거 연합 : 유럽과 한국
초판 발행 2017년 3월 10일
지은이 정병기
펴낸이 서길수
디자인 유소율
펴낸곳 영남대학교출판부
출판등록 1975년 9월 5일 경산 제16-1호
주소 경북 경산시 대학로 280
전화 053) 810-1801~3
FAX 053) 810-4722
홈페이지 book.yu.ac.kr
ISBN 978-89-7581-572-0 93340

값은 표지 뒷면에 있습니다.
잘못 만들어진 책은 바꾸어 드립니다.

이 도서의 국립중앙도서관 출판예정도서목록(CIP)은
서지정보유통지원시스템 홈페이지(http://seoji.nl.go.kr)와
국가자료공동목록시스템(http://www.nl.go.kr/kolisnet)에서
이용하실 수 있습니다. (CIP제어번호 : CIP2018004926)

정당 체제와 선거 연합 :
유럽과 한국

정병기 지음

영남대학교출판부

머리말

정당이 존재하는 곳에는 경쟁이 있고, 경쟁이 있으면 연합이 존재한다. 민주주의 국가에서는 그렇다. 대의 민주주의는 정당에 의해 운영되며 자유롭고 정당한 경쟁이 보장되어야 한다. 물론 정치적 경쟁을 정당에만 한정하는 것은 문제가 없지 않다. 필자도 정당에게 특혜를 주는 정당법과 선거법을 개정해 사회 구성원이라면 개인이든 단체든 동등한 참정권이 허용되어야 한다고 생각한다.

하지만 현존하는 대부분의 민주 국가들에서 정치 경쟁의 주요 행위자는 법적으로나 현실적으로 정당이다. 따라서 정치 경쟁을 올바로 파악하기 위해서는 개별 정당의 행위와 성격에 대해 연구하는 것도 중요하지만 이들 간의 연합 정치에 대해 연구하는 것도 그에 못지않게 중요하다.

연합 정치는 선거 후 정부 구성을 두고 이루어지는 통치 연합과 선거 이전에 선거 승리를 위해 결성되는 선거 연합으로 나뉜다. 통치 연합에 대해서는 많은 연구가 축적되었지만, 선거 연합에 대해서는 그렇지 못하다. 특히 우리나라에서는 선거 연합 자체가 많이 이루어지지 못해 그에 대한 연구가 더욱 미진하다.

필자는 오랜 시간 정당 체제와 관련해 선거 연합에 관한 연구를 수행해왔다. 비교 가능한 국가들을 선별해 꾸준히 논문을 쓰면서 장기적으로 단행본 집필을 염두에 두었다. 이 책은 그 노력의 산물이다.

국가별로 분석한 여러 편의 논문을 단행본 구성에 맞게 재구성했다. 독해가 편하도록 제목들을 단순하게 변경하고, 중복되는 내용을 대부분 삭제했다. 그러나 나라별 특수성과 관련되어 상기할 필요가 있는 내용들은 중복되는 위험을 감수했다. 읽는 도중에 앞으로 돌아가 내용을 확인하는 불필요한 수고를 덜어 독해를 편하게 하기 위해서다.

그리고 논문 이후에 전개된 새로운 사실들을 추가해 시간적 한계를 최소화했다. 하지만 최근에 전개된 사실들에 대해서는 연구 기간이 충분치 못해 분석이 깊지 못한 또 다른 한계를 드러내기도 한다. 2017년 프랑스와 독일의 선거가 대표적이다.

사실 출판부와 발간 계약을 체결한 지 1년이 한참 지났다. 건강상 이유 등 여러 자질구레한 핑계로 집필이 차일피일 미뤄진 것이다. 그러던 중 우리나라에서 조기 대선이 치러지고 프랑스에서도 대선과 총선이 치러졌다. 어차피 늦어진 차에 이 결과들을 포함시키는 것이 좋겠다는 판단이 섰다.

2017년 우리나라 대선에서는 선거 연합이 결성되지 않았지만 프랑스의 대선과 총선에서는 프랑스 역사상 가장 활발한 연합 정치가 이루어졌다. 프랑스에 대해서는 추가 분석할 내용이 많아진 것이다. 하지만 더 이상 발간을 미룰 수 없어 전체 맥락에서 필요한 정도만 추가하고 더 구체적인 분석은 나중에 수행하기로 했다.

선거 연합에 대한 새로운 이론 수립에 기여하고 대조적인 여러 나라들을 가능한 한 동일한 기준에 따라 분석하려고 노력했다. 그럼에도 불구하고 보편적 이론 확립이 이루어지지 못했고, 대상 국가들을 동일한 기준으로 분석하는 데에도 제대로 성공하지 못했다. 그에 대한 소명은 연합 정치 연구를 지속하면서 보완하고 향후 더 체계적이고 깊이 있는 연구 결과를 내놓겠다는 변명으로 갈음한다.

끝으로 출판을 수락해 주신 허창덕 부장님과 언제나 좋은 책 발간을 위해 열과 성을 다하시는 이종백 실장님 그리고 여러 출판부 직원분들께 깊은 감사의 말씀을 전한다.

2018년 2월 28일

정병기

차례

머리말 4

제1장. 연구의 의의와 대상 11

제2장. 주요 개념과 선거 연합 유형 17

선거 연합의 개념과 유형 18

정당 체제의 개념과 유형 21

제3장. 선거 연합 연구의 검토와 이론 재구성 26

선거 연합 연구의 검토와 이론 분류 27

정치 제도 접근론의 내용과 한계 32

유권자 접근론의 내용과 한계 36

연합 행위자 접근론의 내용과 한계 40

메타 이론의 시론(試論)적 재구성 44

제4장. 선거 제도, 정당 체제와 선거 연합 49

선출 방식에 따른 선거 제도의 특징 50

비례 대표제의 다당제 촉진 효과? 54

선거 제도 효과에 대한 선거 연합의 영향 63

요약과 함의 75

제5장. 한국의 대선과 선거 연합 77

대선 선거 연합의 역사와 선행 연구 78

최초의 선거 연합 'DJP 연합'의 형성과 결과 81

반공 보수적 지역주의 정당 체제와 선거 연합 회피 요인의 변화 83

공직 추구와 전선 전략의 지역 연합으로서의 DJP 연합 86

노무현-정몽준 연합과 이후 선거 연합의 시도와 실패 89

반공 보수적 지역주의 정당 체제의 해체와 선거 연합 촉진 요인의 변화 91

공직 추구와 전선 전략의 지지층 연합으로서의 노무현-정몽준 연합 96

요약과 함의 99

제6장. 한국의 총선과 선거 연합 102

반공 보수주의 카르텔 정당 체제의 해체와 선거 연합의 효과 103

중도화에 따른 삼각 구도 변화와 선거 연합의 효과 106

지역주의 카르텔 정당 체제의 약화와 선거 연합의 효과 113

요약과 함의 119

제7장. 독일의 선거 연합: 서독과 통일 독일 123

선거 연합의 형성과 유형 126

선거 연합의 목표와 전략 129

선거 연합 회피 및 촉진의 제도적·구조적 요인 133

선거 연합 회피 및 촉진의 행위자적 요인 140

요약과 함의 145

제8장. 프랑스의 선거 연합: 제5공화국을 중심으로 148

절대 다수 대표제의 도입과 선거 연합의 형성 152

제5공화국 선거 연합 정치의 변화 157

정당의 수와 규모에 따른 선거 연합 정치의 전개 164

정당들 간 이념 및 정책의 거리에 따른 선거 연합 정치의 전개 169

요약과 함의 177

제9장. 이탈리아의 선거 연합: '제2공화국'을 중심으로 180

다수 대표제의 도입과 선거 연합의 형성 183

전면 비례 대표제 재도입과 선거 연합 정치의 변화 190

정당의 수와 규모에 따른 선거 연합 정치의 전개 195

이념 및 정책의 거리에 따른 선거 연합 정치의 전개 202

요약과 함의 209

제10장. 국가별 특징과 선거 연합 정치의 전망 212

참고 문헌 219

찾아보기 237

표 차례 240

그림 차례 241

제1장

연구의 의의와 대상

2010년 동시 지방 선거에서 본격적으로 선거 연합이 형성된 이후 우리나라에서도 선거 연합 정치가 더 이상 피할 수 없는 사실로 인정되고 있다. 선거 연합은 특히 다당제 국가에서 자주 나타나는 현상이다. 박근혜 전 대통령 탄핵 정국은 이러한 경향을 더욱 촉진했다. 자유주의 진영뿐 아니라 보수주의 진영도 분리되고 진보 정당이 뚜렷한 위치를 차지한 가운데 중도 성향의 정당까지 부상하는 다당제 경향이 생겨났기 때문이다.

2017년 대선에서 선거 연합은 결성되지 않았다. 초기 2강 구도에서 1강 2중 구도로 변했지만, 무엇보다 국민의당이 박근혜-최순실 게이트에 책임이 있는 자유한국당과 연합을 결성하는 것은 정치적 위험이 너무 컸기 때문이다. 또한 다른 두 정당인 정의당과 바른정당은 연합을 통해 당선을 좌우할 정도의 지지율을 갖지 못했기 때문이기도 하다.

하지만 총선이나 지방 선거의 의미는 다르다. 한 석일지라도 정당의 세력에 직접 영향을 미치는 중요한 요인이 될 수 있어 한 석이라도 더 얻기 위한 경쟁이 치열하게 전개된다. 그러므로 2018년에 치러질 지방 선거와 향후 총선을 겨냥해서도 각 정당들은 연합 정치를 염두에 둘 수밖에 없다. 이제 우리나라에서도 선거 연합은 단순히 피해갈 수 없는 정치 현상일 뿐 아니라 서유럽 못지않게 다양한 형태로 전개될 가능성이 커진 것이다.

시기와 형태를 좀 더 넓혀서 보면 정당 통합이나 특정 후보 지지 선언 등 우리나라에서 연합 정치는 1987년 민주화 이후 최소한 24번 이루어졌다.[1] 김범수에 따르면, 민주화 이후 2007년까지 모두 20번의 연합이 결성되었고,[2] 2008년 총선, 2010년 지방 선거 및 2012년 총선과 대선에서도 모두 연합 정치가 이루어진 것이다. 여기에 각종 재·보궐 선거들을 합하면 실제 연합 정치는 더 많이 실현되었다.

DJP 연합이라는 통치 연합을 제외하면 선거 연합은 다양한 방식으로 전개되었다. 권력을 나눌 수 없는 대통령 중심제와 배타적 지역주의 및 전략적 투표의 부재 등 연합 정치를 회피하는 요인들로 알려진 이른바 연합 회피 요인들[3]이 이제는 연합 촉진 요인들로 바뀐 형국이다.

세계적 차원에서는 이보다 이른 시기에 이미 선거 연합이 결성되어 정치에 직접적인 영향을 미치기 시작했다. 골더(Golder)[4]에 따르면, 1946~2002년간 23개 선진 민주 국가에서 선거 연합은 약 240개가 결성

---

1 선거 연합 결성의 역사적 사실에 대해서는 정병기, 2014a, "선거 연합 연구의 한계 검토와 재분류 및 일반 이론 구성을 위한 메타 이론적 시론(試論)," 『한국정치연구』 제23집 1호(서울대학교 한국정치연구소), 51~52쪽을 재구성.

2 김범수, 2010, "연합 정치의 경험과 전망: 고양무지개연대 사례 연구," 『동향과 전망』 제80호(한국사회과학연구소), 81쪽.

3 장훈, 2001, "한국 대통령제의 불안정성의 기원: 분점 정부의 제도적, 사회적, 정치적 기원," 『한국정치학회보』 제35집 4호(한국정치학회), 107~127쪽; Strøm, Kaare and Jørn Y. Leipart, 1993, "Policy, Institutions and Coalition Avoidance: Norwegian Governments, 1945~1990," *American Political Science Review*, vol.87, no.4, pp.870~887.

4 Golder, Sona N., 2006, *The Logic of Pre-Electoral Coalition Formation* (Columbus, Ohio: The Ohio State University Press), p.3.

되어 매우 흔한 정치 현상의 하나가 되었다. 또한 대부분 의회 중심제(의원내각제, 내각 책임제) 정부 형태를 가진 유럽 국가들 외 다른 많은 나라들을 분석한 연구들에 따르면, 1996~2009년 동안 63개 대통령 중심제 국가들의 687개 연도별 사례들 중 310개년(45.1%)에 연합 정부가 구성되었다.[5] 이 경우 선거 연합을 통해 연합 정부가 구성된 비율이 어느 정도인지는 명확하지 않지만, 대통령 중심제에서도 선거 연합 형성이 증가하고 있는 점을 고려할 때 선거 연합의 비중이 낮지 않을 것이며 적어도 점차 높아졌을 것으로 예상할 수 있다.

연립 정부 구성과 같은 통치 연합과 마찬가지로 선거 승리를 위한 선거 연합도 민주주의 공고화와 좋은 거버넌스 실현의 중요한 계기를 마련한다는 주장이 커지고 있다. 곧, 선거 연합을 포함한 연합 정치는 민주적 게임에 충실한 정당들 간 정치적 타협과 협력을 통해 민주주의 공고화를 이루는 수단일 뿐만 아니라,[6] 전국 혹은 지역 사회의 이슈에 정치 사회 및 시민 사회의 참여를 유도하여 거버넌스 실현의 중요한 계기를 제공할 수 있다는 것이다.[7]

---

5 홍재우, 2012, "선거 제도와 연합 정치: 이론, 원칙 그리고 쟁점," 『선거연구』 제2권 2호(한국선거학회), 92쪽; 홍재우·김형철·조성대, 2012, "대통령제와 연립 정부: 제도적 한계의 제도적 해결," 『한국정치학회보』 제46집 1호(한국정치학회), 33쪽.

6 이정진 2003, "정당 연합과 지역주의," 『한국과 국제정치』 제19집 3호(경남대학교 극동문제연구소), 136쪽; Burton, Michael, Richard Gunter and John Higley, 1992, "Introduction: Elite Transformations and Democratic Regimes," John Higley and Richard Gunther (eds.), *Elites and Democratic Consolidation in Latin America and Southern Europe* (Cambridge: Cambridge University Press), pp.1~37.

7 조성대·홍재우 2012, "연합 정치의 비교 정치적 맥락과 한국적 수용," 『역사비평』 제98호(역사문제연구소), 49쪽; 홍재우 외(2012), 94쪽; Cheibub, Josè A., 2002, "Minority Governments, Deadlock Situation, and the Survival of Presidential Democracy," *Comparative Political Studies*, vol.35, no.3, pp.284~312; Cheibub, Josè A. and Fernando Limongi, 2002, "Democratic Institutions and Regime Survival: Parliamentary and Presidential Democracies Reconsidered," *Annual Journal of Political Science*, vol.5, pp.151~179.

이와 같이 선거 연합은 세계 모든 유형의 정치에서 매우 흔하게 나타날 뿐만 아니라, 선거 결과와 정부 구성에 상당한 영향을 미칠 수 있으며, 대의 민주주의 성격과 관련해서도 중요한 규범적 영향을 미치는 현상이 되었다.[8] 곧, 선거 연합 연구가 다양하게 축적되어야 할 현실적·논리적 필요성이 충분해졌다고 할 수 있다. 그럼에도 불구하고 통치 연합과 달리 선거 연합에 대한 연구는 아직 충분히 축적되지 못했고, 최근 2000년대 중반에 골더가 이 분야에 특화해 연구를 진행하기 전까지 이렇다 할 전문적 연구자도 존재하지 않았다. 듀베르제(Duverger)[9]가 1950년대 정당 연구의 맥락에서 언급한 이후 선거 연합이 사실상 거의 중요하지 않았다는 현실적인 이유로 학술적 연구가 촉발되지 못했기 때문이다.

듀베르제에 따르면, 다수 대표제는 양당제를 촉진하는 경향이 있고 비례 대표제는 다당제를 촉진하는 경향이 있다.[10] 또한 연합 정치 이론의 다수설에 따르면, 비비례 대표제, 즉 다수 대표제일수록 선거 연합을 촉진하는 경향이 있다고 하며, 골더는 정당 수를 연합 정치의 중요한 요인으로 꼽는다.[11] 물론 우리나라의 경우처럼 지역주의 같은 제3의 변수가 강하게 작용하는 경우, 듀베르제 법칙뿐만 아니라 선거 연합의 비비례성 가설 및 정당 체제 요소도 적용되지 않을 수 있다.

그러나 정당 체제와 선거 제도는 여전히 연합 정치에 가장 크게 영향을 미치는 요인으로 꼽힌다. 따라서 최대 상이 체계 비교 방법에 따라 이 두 요소가 전형적으로 다른 대조적 사례들의 비교를 통해 그 영향 관계

---

8 Golder, Sona N., 2005, “Pre-electoral Coalitions in Comparative Perspective: A Test of Existing Hypothesis,” *Electoral Studies*, vol.24. no.4, p.645; Golder(2006), p.2.

9 Duverger, Maurice, 1963, *Political Parties: Their Organization and Activity in the Modern State*, translated by B.and R.North (New York: Wiley, Science Ed.).

10 Duverger(1963), p.217, p.239.

11 Golder(2005); Golder(2006).

를 분석해 볼 필요가 있다. 이때 듀베르제 법칙과 연합 정치의 가설들이 적용되지 않게 하는 제3의 요소가 있다면 그 원인을 규명해야 할 것이다. 이 글이 비교 대상으로 선정한 국가는 대조적이라고 할 수 있을 정도로 상이한 선거 제도와 정당 체제를 가진 프랑스, 독일, 이탈리아다.

프랑스는 절대 다수 대표제를 가진 다당제 국가인 반면, 독일은 비례 대표제의 삼당제를 거쳐 다시 초기의 다당제로 전환되었으나 양당 중심적 성격도 강하게 띠어왔다. 이탈리아는 다소 복잡한 역사를 가지고 있는데, 1993년 이전까지 전면 비례 대표제였다가 1993~2005년 기간에는 단순 다수 대표제를 근간으로 하는 혼합 제도로 변경되었고, 2005년 이후 이후 안정적 다수 확보 조항으로 보완해 전면 비례 대표제로 복귀했다. 그에 따라 정당 체제는 대표적 비례 대표제 시기의 다당제에서 혼합 선거 제도 시기의 연합 양극 체제를 거쳐 최근 비례 대표제에서 양당 중심제로 전환할 가능성을 보여준다.

이 국가들을 개별적으로 분석하되 이후 비교를 위해 항목별로 나누어 가능한 한 동일한 기준에 따라 고찰한다. 다만 이탈리아의 경우는 혼합 제도 시기가 다른 나라와 대조적인 경우이므로 혼합제도 시기를 중심으로 고찰한다. 우선 논란이 되는 주요 개념들을 정리한 후 선거 제도와 정당 체제에 따른 선거 결과의 특징을 알아보고 그에 따른 선거 연합의 성격을 살펴본다. 그리고 이 두 요인이 선거 연합에 미친 영향을 분석함과 동시에 선거 연합이 정당 체제에 미치는 영향을 함께 분석한 다음, 결론에서 각 국가들을 비교해 우리나라에 주는 시사점을 도출할 것이다.

이 글의 초점은 선거 연합 정치를 중심으로 정당 체제와의 관계를 논하는 데에 있다. 앞에서 밝혔듯이 정당 체제와 선거 연합은 선거 제도로부터 영향을 받는다. 하지만 선거 연합을 통해 선거 제도의 영향이 차단됨으로써 선거 연합도 정당 체제에 직접 영향을 미칠 수 있다. 선거 연합과 정당 체제의 관계에 더 집중하기 위해 이 차단 효과를 미리 밝힐 필요가 있다.

따라서 주요 개념과 선거 연합 이론을 다룬 후 제4장에서 먼저 선거 연합의 선거 제도 영향 차단 효과를 분석한다. 그리고 분석의 엄밀성을 위해 이 장에서는 예외적으로 정치 문화적 조건의 유사성을 고려하여 남부 유럽 4개국(프랑스, 이탈리아, 스페인, 그리스)을 선정해 비교한다. 이 네 나라의 선거 제도가 각각 절대 다수제, 단순 다수제, 순수 비례제, 비례제 중심 혼합제로 대조적인 대표 사례를 보이기 때문이다.

제2장

주요 개념과 선거 연합 유형

이 장에서는 선거 연합과 정당 체제에 대한 다양한 개념과 유형을 정리한다. 사실 선거 연합에 대한 연구는 아직 충분히 이루어지지 못했으나 정당 체제에 대해서는 연구가 많이 축적되었다. 그러므로 정당 체제의 개념과 유형도 일정하게 정리되어 있다. 하지만 선거 연합의 개념과 유형이 충분히 정리되지 않았다면, 정당 체제의 개념과 유형은 학자마다 다양하게 정리되어 있어 통합되지 못한 상태이다. 따라서 선거 연합을 논의하기 위해서는 정당 체제에 대해서도 그에 걸맞은 새로운 정리가 필요하다.

우선, 선거 연합을 논의하기 위해 그에 영향을 미치는 요인을 살펴볼 필요가 있다. 선거 연합에는 권력 구조, 정부 형태, 선거 제도, 정당 체제 같은 구조 요인들뿐만 아니라 정당이나 정치인 등 주요 행위자 요인들도 중요한 영향을 미친다. 정치학의 오랜 역사를 거치면서 이들은 개념과 분류에서 크게 혼란스럽지는 않다. 하지만 정당 체제만은 여전히 나라와 시대에 따라 매우 다양하게 변모해왔고 그에 따라 현재까지도 여전히 학자들마다 다른 분류와 정의를 하고 있어 적용에 곤란을 겪고 있다. 따라서

정당 체제에 대해 선거 연합 분석에 유용한 방식으로 다시 정의할 필요가 있다.[1]

선거 연합의 개념과 유형

선거 연합은 연합 정치의 한 유형이다. 따라서 다양한 연합 정치의 유형들을 모두 개괄하고 정의함으로써 다른 유형들과 구별되는 선거 연합의 의미를 더 정확히 파악할 필요가 있다. 이때 연합 정치는 각종 정치 행위자들이 특정한 정치적 목적을 위해 공동으로 정치 활동을 수행하는 연합 행위를 의미한다.

연합 정치의 행위자는 정당 같은 정치 사회 행위자들뿐 아니라 사회 단체 같은 시민 사회 행위자들까지 포함한다.[2] 지금까지 대부분의 연합 정치 이론들이 정당이나 후보에 한정했지만, 대표적인 예로 2004년 우리나라 총선 연대처럼 노동조합이나 시민 단체들도 연합 정치를 수행하기 때문이다. 또한 정치 사회는 2012년 대선에서 활동한 '희망과 대안'이나

1 선거 연합과 정당 체제의 유형과 개념에 대한 설명은 각각 필자의 다음 두 논문의 해당 부분을 재구성한 것이다: 정병기, 2014a, "선거 연합 연구의 한계 검토와 재분류 및 일반 이론 구성을 위한 메타 이론적 시론(試論)," 『한국정치연구』 제23집 1호(서울대학교 한국정치연구소), 제 II 장 1절; 정병기, 2017, "정당 체제에 대한 선거 제도의 영향과 선거 연합의 차단 효과: 프랑스, 이탈리아, 스페인, 그리스," 지중해지역연구 제13권 1호(부산외국어대학교 지중해지역원), 제2장.

2 정치 사회(political society)와 시민 사회(civil society)의 구별은 스테판(Stepan)의 정의를 따르지만 정치 사회에 정치 단체들을 포함한다. 곧, 시민 사회는 다양한 사회 운동과 사회 조직들이 스스로를 표현하고 자신들의 이익을 확대하기 위해 노력하는 공간을 뜻하고, 정치 사회는 정당, 정치 단체, 선거, 선거 규칙, 정치 리더십, 정당 연합, 의회로 구성되며 다양한 정치 행위자들이 공공 권력과 국가 기구를 장악하기 위해 정치적 경쟁을 벌이는 장을 의미한다. Stepan, Alfred C., 1988, *Rethinking Military Politics: Brazil and the Southern Cone* (Princeton, NJ: Princeton University Press), pp.3~4.

'민주통합시민행동'처럼 비록 정당의 조직 형태를 띠지는 않지만 처음부터 정치 활동을 목표로 조직된 정치 단체들을 포함한다. 연합 정치의 목적도 정부를 구성하거나 정권을 장악하는 것에 국한되지 않는다. 정부 구성이나 정권 장악과 무관하게 의회에서 야당들이 정부를 견제하거나 사회 단체가 시민 사회 영역에서 정치에 영향을 미치려는 연합 정치도 존재하기 때문이다.

따라서 연합 정치는 <그림 2-1>에서 보듯이 통치 연합(governing coalition)과 대항 연합(opposing coalition) 및 선거 연합(electoral coalition)으로 구분한다. 통치 연합은 선거 이후 정부 구성이나 정부 정책 실현을 위해 구성되는 연합을 말하고, 대항 연합은 역시 선거 이후 구성되지만 적어도 단기적으로는 정권 장악이 목표가 아니라 정부를 견제하려는 야당이나 정치 세력들의 연합(checking coalition)을 의미한다. 그리고 선거 연합은 선거 승리를 위해 선거 이전에 구성되는 연합을 지칭한다.

<그림 2-1> 연합 정치 (coalition politics) 분류

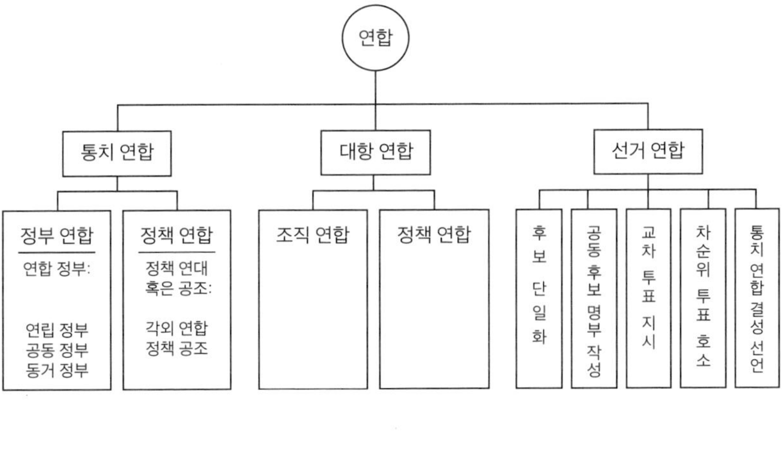

통치 연합은 다시 정부 연합(government coalition)과 정책 연합(policy coalition)으로 나눈다. 그 중 정부 연합은 정부 형태에 따라 달리 불리는

연합 정부(coalescing government)를 의미하며, 의회 중심제의 연립 정부(coalition government), 이원 정부제의 동거 정부(cohabitation government), 대통령 중심제의 공동 정부(joint government)를 포괄한다. 정책 연합은 정부 구성에는 참여하지 않고 정부의 정책에 대해 지지 연합을 구성하는 경우를 말한다. 1970년대 및 1990년대 중반 이탈리아에서 공산당(이탈리아공산당 PCI와 재건공산당 PRC)처럼 결정투표(casting vote) 권한을 가진 정당이 정부에 입각하지 않으면서 자당의 정책을 정부가 수용한다는 조건으로 소수 정부 출범을 가능케 하는 각외 연합이 대표적이며, 그밖에 의회 내 정당들 간 다양한 정책 공조가 있다. 그리고 정부 연합과 정책 연합에서 연합 행위자는 정당에 국한되지 않고 개별 정치가나 비정당 정치 단체 혹은 사회 단체 등 다양한 정치 행위자들이 포함될 수 있다.

대항 연합도 조직 연합과 정책 연합으로 나눈다. 조직 연합은 여당과 정부에 대항하거나 여당과 정부를 견제하기 위해 의회 안팎에서 정당 등 여러 정치 행위자들이 공동 조직체를 구성한 연합을 말하며, 정책 연합은 여당과 정부의 정책에 대항하거나 그 정책을 견제하기 위하여 정당 등 여러 정치 행위자들이 조직체를 구성하지 않고 연대하거나 공조하는 연합(정책 연대 혹은 정책 공조)을 의미한다. 실제 이 두 연합 형태도 의회 안팎에서 중요한 정치 행위를 수행한다.

마지막으로 선거 연합은 '공개적으로 교차 투표 지시, 차순위 투표 호소 등을 통해 자신들의 선거 캠페인을 조정하거나, 단일 후보 혹은 공동 후보 명부나 선거 이후 공동 통치에 합의함으로써 선거에서 독립적으로 경쟁하지 않는 정당 등 여러 정치 행위자들의 연합'으로 정의한다. 이 정의는 정당 외 무소속 후보나 비정당 정치·사회 단체 등의 연합 가능성을 배제한 골더(Golder)의 정의[3]를 수정한 것이다. 상술한 것처럼 한국과

---

3 Golder, Sona N., 2005, "Pre-electoral Coalitions in Comparative Perspective: A Test of

같은 경우, 정당이 아닌 정치·사회 단체들이 종종 선거 연합에 가입하거나 중요한 영향을 미치기 때문에 이러한 수정은 유용하다. 선거 연합의 유형은 그 구체적 방식에 따라 후보 단일화, 공동 후보 명부 작성, 교차 투표 지시, 차순위 투표 호소, 통치 연합 결성 선언 등으로 구분된다.[4] 여기서 비록 선거 승리를 위해 선거 이전에 이루어진 경우라 할지라도 정당 통합은 선거 연합에 포함하지 않는다. 일단 하나의 정당으로 통합된 경우는 더 이상 여러 정치 행위자들의 연합체가 아니라 정당이라는 단일 행위자로 정치 행위를 수행하기 때문이다.

정당 체제의 개념과 유형

『21세기 정치학 대사전』[5]에 의하면, 정당 체제(party system)는 "정당을 구성 요소로 하는 정치 제도나 정치 체계로, 정당 정치가 전개되는 시스템"을 말한다. 이 정의에 대해서는 뚜렷한 이견이 없지만, 정당 체제의 유형과 분류에 대해서는 다양한 의견이 존재한다.

정당 체제 논의는 주로 정당의 수와 정당 내 정파 현상에 주목하거

Existing Hypothesis," *Electoral Studies*, vol.24, no.4, p.652; Golder, Sona N., 2006, *The Logic of Pre-Electoral Coalition Formation* (Columbus, Ohio: The Ohio State University Press), p.12.

4 Golder(2006); 한상익, 2012, "제5회 동시 지방 선거 선거 연합의 특징과 효과에 대한 시론적 연구: 선거구 경쟁 조건, 선거 효과를 중심으로," 『한국정치연구』 제21집 1호(서울대학교 한국정치연구소), 61쪽; 홍재우, 2012, "선거 제도와 연합 정치: 이론, 원칙 그리고 쟁점," 『선거연구』 제2권 2호(한국선거학회), 95쪽.

5 정치학대사전편찬위원회(편), 2002, 『21세기 정치학 대사전』(서울: 아카데미리서치), 2074쪽.

나,[6] 정당 간 경쟁과 정권교체 가능성을 기준으로 한 정의,[7] 혹은 정당의 수와 이념, 정당 조직과 지지의 성격, 정당 간 세력 관계에 초점을 둔 연구[8] 및 정당의 수와 이념을 중심으로 한 이론[9] 들에 의해 설명되어 왔다.

그러나 이 입장들은 정부와 정치 사회 및 시민 사회의 역사·환경적 요인 및 구조적 요인과 행위자적 요인을 종합적으로 고려하는 분석에는 적합하지 않다. 민주화된 정당 경쟁이 존재하는 경우에 한정해서 볼 때 특히 우리나라는 민주화와 더불어 비로소 정당 체제가 자리 잡기 시작했다는 점에서 시민 사회 요인들을 함께 볼 필요가 있기 때문이다. 사회 균열 구조를 통해 정당 체제를 설명하는 이론들[10]이나 합리적 선택 이론[11] 및 카르텔 이론[12]도 우리나라의 특수성을 고려하는 관점에서 볼 때 어느 하나의 개념만으로는 종합적 정의를 내리는 데 적합하지 않다.

그러므로 정당 체제는 정부와 정치 사회 및 시민 사회에서 모두 작동

---

6 Duverger, Maurice, 1963, *Political Parties: Their Organization and Activity in the Modern State*, translated by B.and R North C. (New York: Wiley, Science Ed.).

7 LaPalombara, Joseph and Myron Weiner (eds.) 1966, *Political Parties and Political Development* (Princeton, NJ: Princeton University Press).

8 Blondel, Jean, 1969, *An Introduction to Comparative Government* (New York: Praeger Publishers).

9 Sartori, Giovanni, 1976, *Parties and Party Systems: A Framework for Analysis* (New York: Cambridge University Press).

10 Lipset, Seymour M. and Stein Rokkan, 1967, "Cleavage Structures, Party Systems and Voter Alignments: An Introduction," Seymour M. Lipset and Stein Rokkan (eds.), *Party Systems and Voter Alignments* (New York: The Free Press), pp.1~64; Schattschneider, Elmer E., 1975, *The Semisovereign People: A Realist's View of Democracy in America*, 2nd ed. (Hinsdale, Ill.: Dryden Press).

11 Downs, Anthony, 1957, *An Economic Theory of Democracy* (New York: Harper & Row).

12 Katz, Richard S. and Peter Mair, 1995, "Changing Models of Party Organization and Party Democracy: The Emergence of the Cartel Party," *Party Politics*, vol.1, no.1, pp.5~28.

하는 기제로 보는 것이 적절하다. 이때 정치 사회(political society)는 정치 행위자들(정치인, 정당, 정치 단체)이 공공 권력과 국가 기구를 장악하기 위해 정치적 경쟁을 벌이는 장을 의미하며, 시민 사회(civil society)는 다양한 사회 운동과 사회 조직들이 스스로를 표현하고 자신들의 이익을 확대하기 위해 노력하는 공간을 말한다.[13] 따라서 정당 체제는 정당들 간 관계를 넘어 정당과 정부, 정당과 기타 정치 사회, 정당과 시민 사회 간에 이루어지는 일련의 상호 작용 기제로 정의할 수 있다.[14]

하지만 선거 연합 정치와 관련해 정당 체제를 논할 뿐 아니라 여러 국가들을 비교 분석할 때 이러한 정의는 바람직함에도 불구하고 그 복잡성으로 인해 쉽게 사용하기 어렵다. 이 글은 선거 제도가 각기 대조적인 여러 나라들을 사례로 정당 체제와 선거 연합 정치의 상호 관계를 분석하는 것을 목적으로 하는 만큼 비교에 더 집중할 필요가 있다.

그러므로 위와 같은 정의를 토대로 하되 그 유형 구분에서는 유의미한 정당의 수와 그들 간 힘 관계를 기준으로 삼는 것에 만족한다. 이때 유의미한 정당은 의회 진출 정당들 중에서 실질적 연합 상대로 고려되는 정당들을 말한다. 곧, 이 정당들의 수와 정당들 간 힘 관계에 따라 일당 지배제, 양당제 혹은 양당 중심제, 삼당제, 다당제로 구분하는 방식을 따른다.[15] 다만 정당 수는 의회 의석수를 기준으로 한다. 프랑스처럼 다수 대표

13 군대와 사법부처럼 정당 활동의 영역이 아닌 국가 기구도 있으므로 정부 외의 국가 기구들을 제외한 점이 Stepan의 분류와 다르다. 정당 체제 논의에서는 군대와 사법부 같은 정부 외 국가 기구들이 의미가 거의 없기 때문이다. 그리고 시민 사회의 '시민'은 공민(公民)이냐 부르주아냐의 개념 논쟁과 무관하게 한 사회의 구성원을 지칭하는 개념으로 사용한다. Stepan, Alfred C., 1988, Rethinking *Military Politics: Brazil and the Southern Cone* (Princeton, NJ: Princeton University Press), pp.3~4.

14 홍득표(2007, 61)는 여기에 정당 내부 관계도 포함하지만, 이 글에서는 정당 내부를 고찰하지 않으므로 정당 내부 관계는 제외한다.

15 정병기, 2011a, "통일 독일 구동독 지역 정당 체제: 연방주별 특수성이 반영된 새로운 다양성," 한국정치학회보 제45집 4호(한국정치학회), 323쪽; 정병기, 2015a, "프랑스 제5공화국의 선거

제일 경우는 사실상 득표율이 정당의 실제 역량을 결정하지 않고 혼합제의 경우에도 득표율과 의석률의 관계가 왜곡되는 경우가 많기 때문이다.

사르토리(Sartori)[16]가 언급한 이데올로기 거리는 정당 체제 규정에 포함하지 않는다. 이탈리아에서 사회당이 기민당과 연립 정부를 구성하고 공산당도 각외 연합을 통해 기민당 소수 정부와 연합한 적이 있으며, 스페인에서도 소수 정부를 지지하기 위해 각외 연합과 유사한 정책 협의가 이뤄진 적이 있기 때문이다.

우선, 일당 지배제는 한 정당이 총 의석의 2/3 이상을 차지하는 경우나, 2/3 미만 과반수를 차지한 정당이 존재하고 제2당의 의석률이 나머지 전체 의석률의 2/3 이상이 되지 않는 경우를 말한다. 이런 경우는 장기적으로 다른 한 정당이 주도하는 정권 교체가 불가능하기 때문이다. 여기서 총 의석의 2/3는 대개 개헌 정족수를 말하며, 나머지 전체 의석률의 2/3라는 기준은 정당 연합이 형성되더라도 그 연합 내에서 가장 큰 정당의 의석률이 다른 모든 정당 의석률 합의 두 배 이상을 의미하므로 이 정당이 연합을 독점적으로 주도할 수 있기 때문이다.[17]

양당제 혹은 양당 중심제는 과반수 의석을 획득한 정당이 존재하지 않거나 근소하게 초과한 정당이 존재하더라도 제2당이 나머지 의석의 2/3 이상을 점유하여 대항 연합을 구성해 주도할 수 있는 경우를 말한다. 양당제 대신 양당 중심제라는 개념을 사용할 때는 독일과 이탈리아 혹은 스페인의 경우에 주로 해당되는데, 그것은 실제 단일 정당이 정부를 구성

연합 정치: 선거 제도와 정당 체제에 따른 특징," 『유럽연구』 제33권 1호(한국유럽학회), 51~53쪽 참조.

16 Sartori, Giovanni, 1976, *Parties and Party Systems: A Framework for Analysis* (New York: Cambridge University Press).

17 이는 기타 정당들의 영향력을 0.5라는 수치로 환산한 블론델(Blondel)의 정당 체제 개념을 염두에 둔 것이다. Blondel(1969).

하는 경우가 거의 없거나 소수 정부로 구성되는 상황을 고려한 것이다.

그리고 삼당제는 과반수 의석을 획득한 정당이 존재하지 않는 가운데 제2당 이하 두 정당이 연합할 경우 제1당의 의석률을 초과하면서 통치 연합 구성이 가능하고 이 통치 연합 내에서 어느 한 정당 의석률이 다른 정당 의석률의 두 배 미만인 유형을 뜻한다.

마지막으로 다당제는 네 개 이상의 정당이 의회에 진출하고 과반수를 차지한 정당이 없는 가운데 위의 두 경우에 해당하지 않는 유형을 말한다.

제3장

선거 연합 연구의 검토와 이론 재구성

선거 연합에 대한 연구가 현재까지 전혀 없었던 것은 아니지만, 있어도 주로 한 국가나 특정 선거 사례에 국한되어 일반 이론을 제공하지 못했다.[1] 골더(Golder)가 처음 일반 이론을 제공하려는 노력을 보이면서 기존 연구들의 한계를 넘어서기는 했지만, 그도 역시 시도와 달리 기존 이론들을 정밀하게 분류하고 일반 이론을 제공하는 단계까지 나아가지 못해 이를 위한 새로운 작업이 요구된다.

따라서 이 장은 비록 기존 연구들이 특정 국가와 선거에 한정되기는 했지만 이 연구들의 합리적 핵심을 파악해 분류하고 그 한계들을 고찰해 보편성을 도출함으로써 일반 이론 구성에 기여하고자 한다. 하지만 모든 선거 연합에 적용될 수 있는 공리와 같은 일반 이론은 다양한 현상들의

1 Golder, Sona N., 2005, "Pre-electoral Coalitions in Comparative Perspective: A Test of Existing Hypothesis," *Electoral Studies*, vol.24, no.4, p.645; Golder, Sona N., 2006, *The Logic of Pre-Electoral Coalition Formation* (Columbus, Ohio: The Ohio State University Press), pp.4~5.

특수성을 설명하기보다 제한된 일부분에 대한 일반성을 설명한다는 점을 고려해 한 가지 보편적 공리를 도출하고자 하지는 않는다. 다만 기존 연구들의 성과와 한계를 상세히 고찰하고 재구성함으로써 향후 선거 연합 이론이 분석하고 고려해야 할 요인들을 제시하는 데 만족하고자 한다.

우선, 선거 연합에 관한 기존 연구들을 검토 및 분류하는 것으로부터 시작한다. 그동안 선거 연합 연구들이 연립 정부 같은 통치 연합 연구 안에서 진행되면서 연합 정치의 다양한 개념들이 제대로 구분되어 정의되지 않았고 기존 연구 검토와 이론 분류도 선거 연합에 특화되어 이루어지지 못했기 때문이다. 이어 앞 장에서 다룬 정의와 유형을 토대로 각 연구와 이론들의 논리와 성과 및 한계를 차례로 짚어보며, 마지막으로 일반 이론 구성을 위한 시론(試論)을 제시한다.[2]

선거 연합 연구의 검토와 이론 분류

실제 연합 정치는 대부분 정당 정치가 발달한 선진 민주주의 국가에서 정부 구성을 위해 선거 이후에 구성되는 정부 연합의 형태로 발전했기 때문에, 연합 정치 연구도 주로 정부 연합에 관한 이론을 중심으로 이루어졌다.[3] 그러므로 선거 이전에 이루어지는 선거 연합에 대한 관심은 상대적

---

2 이 장은 필자의 다음 논문을 보완한 글이다: 정병기, 2014a, “선거 연합 연구의 한계 검토와 재분류 및 일반 이론 구성을 위한 메타 이론적 시론(試論),” 『한국정치연구』 제23집 1호(서울대학교 한국정치연구소), 51~73쪽.

3 연합 정치 연구의 고전으로 꼽히는 1960년대 Gamson과 Riker의 연구 및 1970년대의 Axelrod, De Swaan, Dodd 등이 대표적이다: Gamson, William A., 1961a, “A Theory of Coalition Formation,” *American Sociological Review*, vol.26, no.6, pp.373~382; Gamson, William A., 1961b, “An Experimental Test of a Theory of Coalition Formation,” *American*

으로 부족하다.[4] 물론 1980년대 이후에는 드물지만 선거 연합에 관심을 가진 연구들이 나타났으며, 2000년대에는 골더에 의해 그 기초가 닦이기 시작했다. 그러나 골더[5]에 따르면, 이 연구들도 연합 행위의 공식 모델에 선거 연합을 포함시키는 데 실패했거나,[6] 특정 이슈와 국가에 한정함으로써 비교 연구를 통한 일반 이론 구축으로까지 나아가지는 못했으며,[7] 골더 또한 연합 정치의 정밀한 분류와 일반 이론 구축에 성공하지는 못했다.

그밖에 집권 후 공직과 정책의 배분이 연합 정당들의 의석률에 비례

Sociological Review, vol.26, no.7, pp.565~573; Riker, William H., 1962, *The Theory of Political Coalitions* (New Haven: Yale University Press); Axelord, Robert, 1970, *Conflict of Interest: A Theory of Divergent Goals with Applications to Politics* (Chicago: Markham); De Swaan, Abram, 1973, *Coalition Theories and Cabinet Formation: A Study of Formal Theories of Coalition Formation Applied to Nine European Parliaments after 1918* (Amsterdam: Elsevier); Dodd, Lawrence C., 1976, *Coalitions in Parliamentary Government* (Princeton, NJ: Princeton University Press).

4 통치 연합의 하나인 정책 연합과 두 대항 연합도 의회 정치 연구를 통해 일정하게 분석되었지만 연합 정치의 맥락에서 핵심 주제로 연구되지는 못했다. 하지만 이 글의 대상은 선거 연합이고 앞 장의 유형 분류도 선거 연합 분석을 위한 개념적 전제를 위해 필요하므로 여기에서 연합 정치의 다른 형태들에 대해서는 다루지 않는다.

5 Golder(2005), p.644.

6 예를 들어 Baron, David P. and John A. Ferejohn, 1989, "Bargaining in Legislatures," *American Political Science Review*, vol.83, pp.1181~1206; Laver, Michael, 1986, "Between Theoretical Elegance and Political Reality: Deductive Models and Cabinet Coalitions in Europe," Geoffrey Pridham (ed.), *Coalitional Behaviour in Theory and Practice* (New York: Cambridge University Press), pp.32~43; Austin-Smith, David and Jeffrey Banks, 1990, "Stable Portfolio Allocations," *American Political Science Review*, vol.84, pp.891~906; Diermeier, Daniel, Hülya Eraslan and Antonio Merlo, 2003, "A Structural Model of Government Formation," *Econometrica*, vol.71, no.1, pp.27~70.

7 예를 들어 Mitchell, Paul, 1999, "Government Formation: A Tale of Two Coalitions," Michael Marsh and Paul Mitchell (eds.), *How Ireland Voted 1997* (Colorado: Westview), pp.243~263; Hanley, David, 1999, "Compromise, Party Management and Fair Shares: The Case of the French UDF," Party Politics, vol.5, no.2, pp.171~189; Saalfeld, Thomas, 2000, "Germany: Stable Parties, Chancellor Democracy, and the Art of Informal Settlement," Wolfgang C. Müller and Kaare Strøm (eds.), *Coalition Governments in Western Europe* (Oxford: Oxford University Press), pp.32~85 등. 특히 사례 연구들은 이후 크게 늘어났다.

한다는 갬슨의 법칙(Gamson's Law)을 확대 발전시킨 캐롤과 콕스(Carroll and Cox),[8] 선거 연합에 대한 유권자들의 대응을 연구한 그쉬웬드와 후그(Gschwend and Hooghe)의 연구[9] 및 전통적인 공직 및 정책 중심 모델을 넘어 제도적·문화적 차원을 보완해 정치적 심장 모델(political heart model)을 제시한 디버스(Debus)[10]가 선거 연합 이론을 확대하고 새로운 관심 영역을 개척했다.

그러나 이들의 작업도 선거 연합이 일정한 대표 장벽을 극복하기 위한 수단으로 형성된다는 비비례성 가설(disproportionality hypothesis)과 장차 성립될 정부의 성격을 확인하려는 유권자들의 요구에 부응해 형성된다는 신호 가설(signalling hypothesis)을 검증 혹은 반증하거나 이를 확대 적용시키는 수준이 아니면, 역시 선거 연합을 정부 연합과 연관시켜 연구한 과거 경향의 일정한 반복이라는 비판을 벗어나기 어렵다.

한국의 경우에도 선거 연합에 대한 연구는 서구 연합 이론의 적용에 머물거나 이론적 논의 자체가 부족해 선거 연합 이론을 비교적 상세히 다룬 연구는 2012년에 발표된 조성대, 홍재우, 한상익의 논문 세 편에 불과하다.[11] 이 연구들은 연합 정치 연구가 저조한 한국의 상황을 반영해 기존

---

8 Carroll, Royce and Gary W. Cox, 2007, "The Logic of Gamson's Law: Pre-election Coalitions and Portfolio Allocations," *American Journal of Political Science*, vol.51, no.2, pp.300~313.

9 Gschwend, Thomas and Marc Hooghe, 2008, "Should I Stay or Should I Go? An Experimental Study on Voter Responses to Pre-electoral Coalitions," *European Journal of Political Research*, vol.47, pp.556~577.

10 Debus, Marc, 2007, *Pre-electoral Alliances, Coalition Rejections, and Multiparty Governments* (Baden-Baden: Nomos).

11 홍재우, 2012, "선거 제도와 연합 정치: 이론, 원칙 그리고 쟁점," 『선거연구』 제2권 2호(한국선거학회), 87~126쪽; 한상익, 2012, "제5회 동시 지방 선거 선거 연합의 특징과 효과에 대한 시론적 연구: 선거구 경쟁 조건, 선거 효과를 중심으로," 『한국정치연구』 제21집 1호(서울대학교 한국정치연구소), 55~77쪽; 조성대·홍재우, 2012, "연합 정치의 비교 정치적 맥락과 한국적 수용," 『역사비평』 제98호(역사문제연구소), 24~56쪽.

이론들을 상세히 정리해서 소개하고 한국적 수용을 위해 노력했다. 그러나 이 연구들도 사례 연구에 국한되거나 선거 연합과 통치 연합의 구분을 명확히 하지 않아 선거 연합 일반 이론의 수립을 도모하지는 않았다.

이미 오래 전에 선거 연합에 관해 이론적 관심을 보인 선구적 연구들도 없지 않다. 신기현의 연구와 진영재의 연구[12]가 대표적이다. 그러나 이 연구들은 기존의 연합 이론 전반을 교과서적으로 정리하거나, 선거 연합보다 유효 정당 수 계산을 대상으로 함으로써, 선거 연합에 대해 직접적인 관심을 보이지 않았다. 가장 최근에는 최용환 등이 경기도 연합 정치를 다룬 정책 연구 보고서가 있으나, 해당 연구를 위해 필요한 이론적 배경으로 다루었을 뿐이다.[13]

물론 상대적으로 선거 연합을 직접 다루고 그 이론 형성에 기여한 기존 논의들은 2000년대에 들어 적지 않게 발표되고 있음을 부인할 수는 없다. 따라서 이 연구들을 일정한 기준에 따라 분류하고 종합하는 작업이 필요하다. 대부분의 기존 이론들은 정부 연합 연구의 틀을 이어받아 선거 연합 연구도 공직 접근론과 정책 접근론으로 분류하며, 때로는 자원 접근론을 별도로 분류하기도 한다.

이 이론들은 의석수나 정책과 같은 정치 행위자들의 자원이나 이념이 미리 정해져 있다고 전제한다. 하지만 선거 연합의 경우에는 득표 제고나 정치적 영향력 행사 혹은 확대를 목표로 하기 때문에 의석수가 정해지기 전에 이루어질 뿐만 아니라 공약이 정해지기 전에 결성되는 경우도 없지 않다. 때문에 이 분류는 정부 연합 연구에는 적절하지만 선거 연합

---

12 신기현, 1984, "연립 이론과 연립 형성에 관한 연구,"『사회과학연구』 제11집(전북대학교 사회과학연구소), 143~165쪽; 진영재, 1999, "'유효정당 수'(Effective Number of Parties) 계산법의 문제점: 정당 연합 이론을 중심으로,"『한국정치학회보』 제33집 4호(한국정치학회), 327~341쪽.

13 최용환·최성환·김소연·김종갑·임정관, 2016,『경기도 연합 정치의 평가와 과제』, 정책연구 2016-20, 경기연구원.

연구에는 분명한 한계를 갖는다.

한편 과정 접근론은 협상 과정에 초점을 두어 연구하는 경향으로 따로 분류될 수도 있지만, 이것도 역시 연합의 목적이나 결과로 보면 여전히 공직, 정책, 자원 중의 하나로 귀결된다. 예외적으로 골더는 기존 이론들을 비비례성 가설(disproportionality hypothesis)과 신호 가설(signaling hypothesis)로 엮어 정당 수를 중요한 변수로 추가하여 설명하기도 하는데,[14] 이것은 새로운 분류라기보다 기존 연구에서 경시된 변수를 추가하여 설명을 시도한 경우에 해당한다.

따라서 기존 선거 연합 연구들을 선거 연합의 특성을 고려한 적절한 기준에 따라 새롭게 분류할 필요가 있다. 그 기준은 연합 결성의 목적이 아니라 각 연구들이 다루는 주요 분석 대상으로 설정한다. 곧, 선거 연합의 결성과 효과 및 성격을 분석하는 것이 목적이라면, 종속 변수가 되는 이 목적의 주요 독립 변수인 연합 결성 요인에 따라 기존 연구들을 분류한다는 것이다. 물론 각 연구들이 초점을 두는 분석 대상이 중복되어 관점에 따라서는 달리 해석될 수도 있다. 이러한 경우에는 가장 중요하게 다루는 대상을 기준으로 할 수밖에 없다.

이 기준을 적용해 기존 연구들을 분석 대상에 대한 접근 방법에 따라 분류하면, 정치 제도 접근론, 유권자 접근론, 연합 행위자 접근론이라는 세 가지로 나타난다. 정치 제도 접근론은 비비례성 가설이나 정부 형태 연구와 같이 선거 제도나 정부 형태에 따라 선거 연합을 설명하는 연구들이며, 유권자 접근론은 유권자의 지지 구조에 초점을 두고 선거 연합을 분석하는 연구들이다. 그리고 연합 행위자 접근론은 정당이나 정치·사회단체 등 연합을 결성하는 정치 행위자들의 사회적 존재 형태와 행위를 중심으로 선거 연합을 연구하는 입장을 말한다.

---

14 Golder(2006).

그중 유권자 접근론은 정부 연합 연구 유형의 하나인 정책 접근론과 유사한 점이 많다. 유권자들의 지지 경향에 따라 선거 연합이 결정되므로 정치 행위자들의 정책이 중요해지기 때문이다. 마찬가지로 연합 행위자 접근론과도 혼동될 수 있다. 정책은 정치 행위자들의 성격을 의미하기도 하기 때문이다. 그러므로 유권자 접근론은 유권자들의 지지 경향을 구조적 요인으로 보고 가장 중요하게 부각시키는 구조 접근 방법에 국한한다. 연합 행위자 접근론도 과정 접근론과 유사한 점이 적지 않다. 그러나 연합 협상을 중시하는 과정 접근론은 협상의 목적과 방법에 따라 다른 모든 유형과 중첩될 수 있다. 따라서 협상 중심 연구들 중 유권자 변수를 중시하지 않고 정치 행위자들의 사회적 존재 형태와 행위에 초점을 두는 연구들만을 연합 행위자 접근론에 포함시킨다.

또 한 가지 유념할 것은 많은 연구들이 여러 요인들을 동시에 고려하고 있어 어느 한 이론 유형으로만 분류하기에는 어려움이 있다는 것이다. 따라서 이 이론 유형들은 가장 중요하게 다루는 요소를 중심으로 분류되지만, 적지 않은 경우에 메타 이론 구성을 위해 설정한 이념형으로서 기능한다.

정치 제도 접근론의 내용과 한계

선거 연합과 관련해 정치 제도는 대통령 중심제나 의회 중심제 같은 정부 형태와 비례 대표제나 다수 대표제 같은 선거 제도를 의미한다. 정치 제도는 주로 선거 연합 결성의 배경으로 작용하므로 선거 연합 연구에서 정치 제도 자체의 영향만을 분석하는 경우는 거의 없다. 그렇지만 기존 연구들은 대부분 비비례성 가설에 의존했으며, 이것은 골더에 와서야 실증적으로 부정되었다.

골더에 따르면, 실제 다수 대표제 국가에서보다 비례 대표제 국가에서 선거 연합이 더 많이 결성되었다.[15] 특히 정당 정치의 역사가 오래 된 서유럽의 경우 대부분 비례 대표제를 채택하고 있으며, 연합 정치는 일상화되었다고 할 수 있을 정도로 정치 관행으로 굳어져 왔으며 선거 연합도 점차 증가되는 추세에 있다. 특히 이탈리아 '제2공화국 제2기'(2005년 이후)의 경우 비례 대표제로 다시 복귀했음에도 선거 연합 정치는 여전히 지속되고 있다.[16]

하지만 비비례성 가설의 역도 반드시 참이 되지는 않는다. 비례 대표제가 반드시 선거 연합을 촉진시키지는 않는다는 것이다. 예를 들어, 골더는 비례 대표제에서도 봉쇄 조항과 정당의 수를 곱한 변수가 더 중요하다고 한다.[17] 다수 대표제에서도 정당 수 감소 경향이 나타나 선거 연합이 줄어들 수 있지만, 비례 대표제에서도 정당 수가 많아지는 반면 봉쇄 조항이 높아지면 정당 수가 줄어들어 선거 연합 형성이 어려워진다는 것이다. 따라서 골더는 정당 수와 봉쇄 조항의 상호 작용을 중요하게 본다.

그밖에 공직 접근론과 달리 정책 접근론도 비비례성 가설과 그 역에 대해 중요한 제약 조건을 제시했다. 공직 접근론은 공직 배분에 유리하게 연합을 결성하는 경향을 강조하므로 선거 제도에 의한 직접적인 영향을 중시하지만, 정책 접근론은 이데올로기 스펙트럼상 양 극단에 위치한 정치 행위자들이 연합하는 교량 연합(bridge coalition)이 쉽게 결성되지 않는 것처럼 정당들이 당의 이념이나 정책의 인접성에 따라 연합한다고 보기

---

15 Golder(2006), p.30.

16 정병기, 2012a, "이탈리아 '제2공화국' 선거 연합 정치의 주요 요인과 특징," 『한국정치학회보』 제46집 4호(한국정치학회), 73~99쪽.

17 Golder(2005), p.654, p.657.

때문에 선거 제도의 영향을 중시하지 않는다. 따라서 비비례성 가설은 다른 많은 제약 조건을 가진 조건부로만 지지될 수 있다.

한편, 정부 형태와 관련해 대통령 중심제는 권력의 불가분성을 이유로 선거 연합 회피 요인으로 다루어졌다.[18] 그러나 이것은 비비례성 가설과도 모순된다. 비비례성 가설은 선거 제도가 비례 대표의 성격이 약하고 다수 대표의 성격이 강할수록 선거 연합이 촉진된다고 설명하기 때문이다. 대통령 중심제에서 대통령 선거는 기본적으로 다수 대표제일 수밖에 없다. 따라서 비비례성 가설로 보자면 대통령 중심제는 선거 연합을 회피하는 요인이 아니라 촉진하는 요인으로 간주되어야 한다. 프랑스 대선에서 선거 연합이 자주 이루어지는 것이 그 실례이며 실제 대통령 중심제에서 총선뿐만 아니라 대선에서도 선거 연합을 비롯한 연합 정치가 매우 활성화되었다는 연구들이 있다.[19]

대통령 중심제에 대한 이러한 오류는 라이커(Riker)[20] 등 정부 연합 이론의 초기 연구들인 공직 접근론에서 대표적으로 나타난다. 즉, 연합 형성의 목적을 공직 배분에 둠으로써 대통령 한 사람이 권력을 독점하는 대통령 중심제 정부 형태에서는 연합이 형성되기 어렵다는 가정을 묵시적이지만 기본 전제로 한다. 또한 악셀로드(Axelrod)[21] 등 정책 접근론도 명시적으로 언급하지는 않지만 대개 이 관점에 입각해 있다. 대통령 중심제에서는 대통령이 행정부의 수장으로서 의회의 지지에 의존하지 않고 정책을 결정 및 집행할 수 있다는 점을 중시하기 때문이다.

---

18 장훈, 2001, "한국 대통령제의 불안정성의 기원: 분점 정부의 제도적, 사회적, 정치적 기원," 『한국정치학회보』 제35집 4호(한국정치학회), 118쪽; 조성대·홍재우(2012), 31쪽 참조.

19 조성대, 2013, "민주화 이후 한국 대통령 선거에서 제3후보 현상과 선거 연합에 관한 연구," 『선거연구』 제3권 1호(한국선거학회), 73~107쪽; 조성대·홍재우(2012) 참조.

20 Riker(1961a; 1961b).

21 Axelrod(1970).

우리나라에서도 의회 중심제 국가인 일본과 대통령 중심제 국가인 한국의 선거 연합을 비교 연구한 김기석[22]과 한국의 정부 형태에서 연합 정치의 가능성과 한계를 논한 조성대·홍재우[23] 및 선거법이라는 게임의 규칙 하에서 전개되는 한국 선거 연합을 연구한 홍재우[24] 등이 정치 제도 접근론을 사용하거나 이론적 배경으로 전제했다. 그러나 이 연구들은 선거 연합이 더 이상 의회 중심제 국가의 전유물이 아니라 대통령 중심제에서도 자주 나타난다는 사실을 드러냈다는 점에서 기존 연구들을 넘어섰다.

결국 정부 형태든 선거 제도든 정치 제도가 선거 연합에 미치는 영향은 매우 제한적이라는 것이 최근 연구들의 공통적인 결론이라고 할 수 있다. 따라서 정치 제도 접근론은 선거 연합에 미치는 정치 제도의 영향을 분석한다는 특정한 목적을 위해서는 여전히 중요한 방법론이지만, 다른 제약 조건들을 충분히 고려함으로써만 그 고유의 의미를 살릴 수 있다. 또한 이 접근론은 선거 연합의 형성이나 촉진 혹은 회피나 해체 요인을 설명하는 데 중요하게 기여하지만, 그 전략이나 결속 강도 및 효과를 분석하는 데에는 커다란 한계를 갖는다. 그러므로 제약 조건들을 열어두어 유권자의 지지 구조와 연합 행위자의 행위를 고려하고 선거 연합의 전략과 결속 강도 및 효과를 염두에 둘 필요가 있다.

---

22 김기석, 2003, “대통령제와 내각 책임제 하에서의 연립 정권 비교 연구: 1990년대의 한국과 일본,” 『국제정치논총』 제43집 2호(한국국제정치학회), 151~174쪽.

23 조성대·홍재우(2012).

24 홍재우(2012).

유권자 접근론의 내용과 한계

유권자 접근론은 투표 경향이라는 유권자들의 지지 구조에 초점을 두는 구조 접근 방법을 말한다. 이 지지 구조는 유권자들의 이데올로기 구조를 의미하는 균열 구조와 그에 따라 형성되는 정당 체제를 포괄한다. 골더가 언급한 신호 가설에 따른 연구들이 대표적으로 이 유형에 속한다. 곧, 연합하려는 정당들이 유권자들에게 정부 구성에 대한 신호(signal)를 강하게 보낼수록 선거 연합이 촉진된다는 것이다.[25] 이 이론은 기본적으로 연합 행위자들의 신호 발신에 초점을 두지만, 궁극적으로 연합을 촉진하는 것은 유권자들의 선택이라는 점에 주목한다. 그리고 이 유권자의 선택은 지지 구조에 의해서 결정되며 특정한 상황에서 이 구조는 변할 수 있다고 전제한다.

정책 접근법에 따른 악셀로드(Axelrod)[26] 등의 연구들도 대개 유권자 접근론에 속한다. 이데올로기 거리가 가까운 정당들이 연합한다면, 이것은 유권자들의 지지 구조에 따라 연합이 결정된다는 것이기 때문이다. 정당들 간 경합성에 초점을 두거나[27] 정당의 경쟁력을 강조하는 분석들[28]도

---

25 홍재우는 골더(Golder 2005)가 비비례성 가설은 증명했지만 신호 가설은 증명하지 못했다고 한다. 그에 따르면 골더는 신호 가설의 정당 신호를 유효 정당 수로 대체했는데, 유효 정당을 정당의 신호로 쉽게 대체하기는 어렵다고 보고 골더가 조작 정의에 실패해 추상화의 사다리를 잘못 타고 내려왔다고 비판했다(홍재우 2012, 97, 각주 3).

26 Axelrod(1970).

27 Blais, André and Peter John Loewen, 2009, “The French Electoral System and its Effects,” *West European Politics*, vol.32, no.2, pp.345~359; 도묘연, 2012, “기초 의회 정당 구도와 선거 연합의 관계성에 대한 탐색적 연구: 제5회 시·군·구 선거 연합을 사례로,” 『21세기정치학회보』 제22집 3호(21세기정치학회), 239~265쪽 등.

28 손성민·김준석, 2012, “후보 단일화 그리고 ‘권력 나누기’의 메커니즘: 한국 대통령 선거 연합 형성의 신호 게임(Signaling Game) 접근,” 『한국정당학회보』 제11권 1호(한국정당학회), 113~138쪽 등.

마찬가지다. 선거구 내 경합이 치열해 적은 득표수 차이로 선거 결과가 바뀔 가능성이 높을 때 선거 연합 형성의 가능성이 높아진다는 것은 결국 유권자들의 지지와 선택의 구조가 경합적이라는 것을 뜻하고 또 이것이 가장 중요한 변수라는 의미이기 때문이다. 또한 정당의 경쟁력도 유권자들의 지지 경향이 얼마나 밀집되어 있는가와 관련된다. 정당 수를 기준으로 하는 정당 체제와 선거 연합의 관계를 논하는 연구도 이와 유사하다. 정당 수는 유권자들의 이데올로기 구조와 그에 따른 균열 구조가 다양하게 형성되어 있다는 의미를 갖기 때문이다.

이러한 의미에서 골더의 연구도 선거 연합 형성 요인을 분석할 때에는 유권자 접근론에 포함시킬 수 있다. 그가 지적하는 선거 연합 형성의 유리한 상황은 연합 정당들 간 이데올로기 거리가 가까울 때, 연합 규모가 크지만 아주 크지 않을 때, 연합 정당들의 크기가 유사할 때, 정당 체제가 이데올로기적으로 극단화되어 있고 선거 제도가 비비례제일 때[29]인 까닭이다. 물론 선거 제도가 비비례적일 경우도 거론하므로 정치 제도 접근법에도 속할 수 있다. 하지만 이것은 상술한 바와 같이 정당 수라는 요소에 의해 다시 크게 제약되므로 부차적인 요인으로 취급된다.

1900년 이래 미국 대선 예비 선거를 분석한 갬슨(Gamson)의 1962년 논문[30]도 유권자 접근론에 속한다. 이 연구에 따르면, 선거 연합은 대의원들의 다수가 다른 후보로 지지를 바꾸어 일정 기간 동안 이 지지를 유지할 때 형성된다. 즉, 유권자들의 지지 구조가 변경되어 그 결과가 예측 가능할 때 연합이 결성된다는 것이다. 한국의 경우에는 지역주의 투표 행태에 주목해 연합 정치를 분석한 사례[31]도 있으며, 그밖에 정당 체제와 선거

29 Golder(2006), p.9.

30 Gamson, William A., 1962, “Coalition Formation at Presidential Nominating Conventions, *The American Journal of Sociology*, vol.68, no.2, pp.157~171.

연합의 관계를 분석하면서 세대별 투표 경향과 보수-진보의 이념 변수도 중요하게 다룬 연구[32]가 있다.

디버스(Debus)[33]의 정치적 심장 모델(political heart model)도 중요한 유권자 접근론이다. 디버스는 연합 행위자의 성격을 다양하게 파악했지만 그의 연구가 최종적으로 도달한 것은 균열 구조의 다차원성에 기반한 정치적 심장의 존재와 성격이었다. 그의 이론에서 정치적 심장은 특정 스펙트럼상에서 최대 다수 의석 정당이나 이념적 중도 위치에 있어 연합의 중심이 되는 정당을 말한다. 모든 이슈 축 혹은 균열 축이 하나의 중심과 연결되어 하나만 존재하는 중심을 '구조적으로 안정적인 중심(structurally stable core)'이라 하고, 두 개 이상 존재하는 중심을 '구조적으로 불안정한 중심(structurally unstable core)'이라 부른다.[34] 이 이론은 유권자 지지 경향에 따른 균열 구조가 중첩되는 정도에 따라 선거 연합의 형성과 성격을 설명한 새로운 시도로 평가된다.

한편 그쉬웬드와 후그(Gschwend and Hooghe)[35]는 유권자 접근론을 사용해 실제 유권자들의 성격에 따라 선거 연합에 대한 대응이 어떻게 나타나는지를 구체적으로 실험하기도 했다. 1,255명의 벨기에 대학생들을 대상으로 한 이 실험은 연합 파트너에 대한 호오, 연합 파트너들 간 이데올로기적 수렴, 기존 선호 정당의 크기, 특정 후보의 매력에 따른 투표 행위를 분석했다. 이 연구의 중요한 발견은 무엇보다 연합 파트너에 대한 호

31 이정진, 2003, "정당 연합과 지역주의," 『한국과 국제정치』 제19권 3호(경남대학교 극동문제연구소), 111~138쪽.

32 정병기, 2012b, "19대 총선과 정당 체제 전망: 연합 정치의 효과," 『의정연구』 제18권 2호(한국의회발전연구회), 65~94쪽.

33 Debus(2007).

34 Debus(2007), p.101.

35 Gschwend and Hooghe(2008).

오가 이데올로기 거리로 설명될 수 없다는 것과, 정당 크기에 따라 그 지지자들의 연합 잔류 여부가 크게 결정된다는 것이었다. 이 논문은 비록 대학생이라는 표본 집단의 대표성 문제가 제기될 수 있지만 선거 연합에 대한 유권자들의 구체적 반응을 최초로 실험한 연구로서 유권자 접근론뿐 아니라 선거 연합 연구 전체에 중요한 기여를 했다. 또한 유권자들의 잔류 여부를 분석함으로써 선거 연합의 효과를 측정하고 그 원인을 파악할 수 있는 가능성을 제시하기도 해 선거 연합 연구의 영역을 확대했다.

이와 같이 유권자 접근론은 지지 구조라는 구조적 요인에 천착함으로써 정치 제도 접근론에 비해 선거 연합의 형성과 회피를 설명하는 데에서 더 나아가 그 효과도 측정할 수 있게 했다. 또한 이 구조적 요인은 미리 결정되어 고착된 것이 아니라 변할 수 있다는 점도 놓치지 않음으로써 선거 연합의 역동성을 파악하고자 했다. 그러나 균열 구조의 다차원성에 주목했음에도 불구하고 균열의 성격을 단일한 것으로 파악함으로써 연합 행위자들을 정당에 한정하는 오류를 범하고, 균열 구조와 선거 연합 전략의 관계를 경시하고 또 그로 인해 연합 결속의 강도를 고려하는 데 실패했다.

우선, 균열은 정치화의 정도에 따라 사회 균열, 정치 균열, 정당 균열로 구분해서 파악할 필요가 있다. 사회 균열은 고유한 사회적 특징에 따른 갈등 잠재력을 가진 사회 집단이 사회적 갈등 차원에서만 구분되거나 형성된 균열을 말하고, 정치 균열은 이 사회집단이 정치적 갈등 집단으로 결집되고 전환하지만 정당으로까지 발전하지는 않은 균열을 의미하는 반면, 정당 균열은 정치적 갈등 집단이 집단적 이해관계에 근거하여 의미 있는(relevant) 정당으로 발전한 균열을 지칭한다.[36] 이와 같이 정치화 정도에 따라 구분되는 균열 개념은 세 단계에서 모두 그 갈등이 심화될 때 정당뿐 아니라 사회 단체와 비정당 정치 단체들도 선거 연합에 참여한다

36 정병기(2012b), 70쪽 참조.

는 점을 고려할 수 있게 한다.

또한 유권자 접근론은 균열 구조의 다차원성을 연합 정치의 전략과 연결시키지 못했다. 물론 선거 연합의 전략은 연합 행위자 접근론의 대상이기도 하다. 그러나 이 전략은 선거 연합의 결속 강도와 관계될 뿐 아니라 균열 구조를 중요한 결정 변수로 하기 때문에 유권자 접근론에서도 다루어질 필요가 있다. 그럼에도 유권자 접근론은 정치 제도 접근론과 마찬가지로 이 인과관계에 관심을 기울이지 않아 전략의 개념에 대해 고민하지 않았다.

선거 연합과 관련해 대표적으로 구사되는 전략은 연대 전략(solidarity strategy)과 전선 전략(front strategy)으로 구분할 수 있다. 적을 대하는 전선 전략과 동조 세력을 대하는 연대 전략은 때로 엄밀히 구분할 필요가 있기 때문이다. 주요 균열 구조가 단선적이어서 단일 이슈가 지배적이라면, 양대 정당 혹은 진영 대립 구도가 형성되고 이때는 연대 전략보다는 전선 전략이 중요해진다. 적과 대치하면서 그와 다른 자기 진영의 선명성을 드러내는 것이 핵심 전략이 되기 때문이다. 반면 균열 구조가 다차원적이어서 지배적 이슈가 존재하지 않을 때에는 다양한 정치·사회 세력들이 형성되어 복잡한 정당 체제가 형성되고 그에 따라 공동의 이해관계나 목적을 형성해내는 연대 전략이 중요해진다. 예를 들어 한국의 경우, 독재-민주 구도가 점차 사라지고 지역주의를 포함해 균열 구조와 이슈 구성이 다차원적으로 변했다는 점에서 이러한 구분은 유용하다.

연합 행위자 접근론의 내용과 한계

연합 행위자 접근론은 정치 제도를 정해진 것으로 보고 유권자 지지 구조와 상관없이 연합 행위자의 연합 행위에 따라 연합이 결성되며 유권자들은 이에 반응할 뿐이라고 가정한다. 그 극단적인 경우가 연합은 정당 지도자가 결정하고 지지자들은 오로지 그 결정에 반응하는 데 불과하다는 호프만-랑에(Hoffmann-Lange)[37]의 주장이다. 그 이유로는 지도자들이 정당 내 정치 변화를 더 잘 알아서 상황에 더 빨리 대응하고 정당 의사 결정에 선행하는 여론 형성 과정에 스스로 참여하는 것을 든다.[38]

기존의 연합 행위자 접근론이 설정하는 연합 행위자들은 정당과 후보로 압축되며, 연합 행위자 요소는 정당이나 후보의 적대감 같은 상호 관계와 조직 행위자 내부의 수평적·수직적 권력 관계 같은 내부 요인을 중심으로 한다. 정치 제도 접근론 및 유권자 접근론과 다른 또 한 가지 뚜렷한 특징은 구체적인 협상 과정에 더 천착하는 과정 중심론의 성격을 강하게 띤다는 것이다.

대표적으로 공직 접근법이 정치 제도 접근론의 비비례성 가설의 제도적 배경을 전제하지만, 게임 이론을 통해 선거 연합 형성의 가능성을 논하는 점에서는 연합 행위자 접근론에 속한다. 레이버(Laver)[39]는 공직 접근법처럼 게임 이론을 사용하는 선거 연합 연구들을 연역적(deductive)인 형식 이론(formal theories)으로 규정한다. 그에 따르면, 이 형식 이론들의 선험적인 핵심 전제는 ① 연합 게임의 행위자들은 단일한 협상체로서 다루어지는 통합된 정당이고, ② 정부 연합은 입법부의 다수를 획득해야 하며, ③ 정당들은 정권 장악과 기본 정책 목표 실현이라는 두 가지 목적 중 최소한 한 가지를 추구하지만 전자가 후자의 전제가 되고, ④ 모든 승리 연합은 정부 연합 형성으로 이어질 수 있으나 어떤 연합들은 그 성립

---

37 Hoffmann-Lange, Ursula, 1986, “Changing Coalitional Preferences among West German Parties,” Geoffrey Pridham (ed.), *Coalitional Behaviour in Theory and Practice* (New York: Cambridge University Press), pp.45~71.

38 Hoffmann-Lange(1986), p.67.

39 Laver(1986).

개연성이 더 높다는 것이다.[40]

갬슨(Gamson)의 경우도 이 이론들의 이론적 전제를 ① 각자의 보상을 극대화하려는 셋 이상의 행위자가 존재하고, ② 어떤 단일 대안도 모든 참가자들의 보상을 극대화하지 않을 것으로 예상하며, ③ 어떠한 참가자도 독재 권력을 보유하지 않아 누구도 독자적으로 결정을 통제할 수 있을 만큼 충분한 자원을 보유하지 않고, ④ 어떠한 참가자도 비토권을 보유하지 않음으로써 모든 승리 연합에 포함되는 행위자가 없어야 한다고 설정한다.[41]

다시 말해, 연합 행위자 접근법은 자유 의지에 따라 연합 협상에 참가하고 연합 결정을 내릴 수 있는 단일한 행위자를 가정한다. 그리고 어떠한 정치 제도적 혹은 지지 구조적 조건도 이들의 행위를 제약하지 않는 상황을 전제하며 심지어는 연합의 다양한 목표의 존재 가능성도 열어놓지 않는다. 곧, 형식 이론으로서의 연합 행위자 이론은 장차 구성될 연합 정부의 구성원 정당, 연합 정당들 사이의 내각 자리 배분, 연합 협상의 결과인 정책 패키지 등이 모두 주어진 상태 혹은 갖추어진 체제 내에서 진행되는 연합 게임이라는 합리적 선택 상황을 가정하므로 정적(static) 이론이라고 할 수 있다.[42]

형식 이론으로서의 연합 행위자 이론은 그 정적 성격에도 불구하고 엄밀한 선험적 전제를 통해 주어진 조건 하에서(ceteris paribus) 일반 공리를 도출하는 데 중요하게 기여했다. 그러나 실제 연합 정치의 현실에서 연합 행위자는 단일한 존재가 아니며, 연합 행위자들 간의 관계도 매우 다양하게 나타날 뿐만 아니라 연합의 목적도 공직 추구만으로 설명될 수

---

40 Laver(1986), p.34.

41 Gamson(1962), pp.157~158.

42 Laver(1986), p.33.

없다. 곧, 정당 내부의 권력 관계에 따라 정당의 의사를 예측하기 어려울 수 있고, 특정 정당들 간의 적대감이 크게 작용하기도 하며,[43] 장기적 득표 제고를 위해 연합에 대한 태도가 달라지는 현상을 형식 이론은 설명하지 못한다. 또한 연합 행위자를 정당에 한정함으로써 다수 대표제의 상황에서 나타나는 후보 요소와 그 밖의 다른 연합 행위자를 염두에 두지 못한다. 이와 같은 현실의 구체적인 예는 이탈리아에서 교량 연합이 이루어지지 않고, 1990년대 이후 독일에서 자민당(FDP)-기민/기사연(CDU/CSU) 진영과 사민당(SPD)-녹색당(Bündnis 90/Grüne) 진영이 항상적으로 대립하며, 네덜란드에서 노동당(PvdA)과 자민당(VVD)이 상호 연정을 거부해온 역사로 나타난다.[44] 우리나라에서도 오랫동안 특정 대선 후보자들 간의 상호 적대감은 연합 회피 요인으로 작용해 왔다.

물론 연합 행위자 접근론을 다른 접근론들과 함께 사용함으로써 단점들을 보완한 사례도 있다. 특히 골더가 대표적인데, 선거 연합 형성의 요인을 분석할 때에는 유권자 접근론을 사용하고, 구체적인 협상 과정을 분석할 때에는 연합 행위자 접근론을 사용한다. 곧, 골더는 이른바 골더 모델이라는 협상 게임(3명이지만 한 명은 참가하지 않음)을 통해 연합 형성 가능성을 타진했다. 더 구체적으로 살펴보면, 정당 B의 유보 가격(reservation price: 연합하지 않을 때 얻는 기대 효용)이 첫 번째 협상 전체 파이에서 정당 A의 유보 가격을 뺀 값보다 크면($R_B > \Omega^1 - R_A$) 어떤 정당도 연합을 제안하지 않지만, 다른 두 경우($R_B < \Omega^2 - R_A$와 $\Omega^2 - R_A \leq R_B \leq \Omega^1 - R_A$)에는 내쉬 균형(Nash equilibrium)[45]이 이루어져 연합이 성사된다는 것이었

43 Laver(1986), p.36, pp.40~41.

44 Debus(2007), pp.47~69 참조.

45 게임 이론에서 각 참여자(Player)가 상대방의 전략을 주어진 것으로 보고 자신에게 최적인 전략을 선택할 때 그 결과가 균형을 이루는 최적 전략의 집합을 말한다.

다.[46] 하지만 상술한 바와 같이 골더는 유권자 접근론을 통해 여러 장치들을 둠으로써 이 협상 게임 분석에서 형식 이론적 한계를 그대로 답습하지는 않았다.

그러나 골더도 연합 목적의 다양성이나 균열 구조에 따른 연합 행위자의 다양성을 고려하지는 못했으며, 그에 따라 연합 결속의 강도와 연합의 전략에 대해서도 관심을 갖지 못했다.[47] 다른 접근론을 통해 보완했지만 그 보완이 충분히 이루어지지 못한 경우라고 할 수 있다. 이와 같이 연합 행위자 접근론도 다른 접근론들을 통해 보완될 필요가 있다. 하지만 이 접근론 자체로도 연합 행위자의 성격과 상호 관계의 다양성 및 연합 목적의 다양성을 고려하고 연합 전략과 연합 결속의 강도를 분석에 포함시킬 필요가 있다.[48]

메타 이론의 시론(試論)적 재구성

선거 연합에 관한 기존 연구들을 크게 정치 제도 접근론과 유권자 접근론 및 연합 행위자 접근론으로 분류했다. 각 접근론이 선거 연합을 분석하기

46 Golder(2006), pp.48~53.

47 골더 이론의 연합 강도 경시에 대한 비판은 홍재우가 잘 제시했다. 다만, 이 글에서 정의한 선거 연합의 유형들(후보 단일화, 공동 후보 명부 작성, 교차 투표 지시, 차순위 투표 지시, 통치 연합 결성 선언)을 홍재우는 연합의 전략으로 보고 있어 그가 말하는 강도는 전략의 강도로 이해된다. 하지만 이 글에서 말하는 전략은 연대 전략과 전선 전략을 의미하므로, 강도는 선거 연합 결속의 강도를 말한다. 곧, 선거 연합 유형들을 선거 연합 결속의 강도로 파악할 수 있다는 것이다. 홍재우(2012), 96~97쪽.

48 이러한 시도는 다행히 최근 사례 연구들에서 이루어지고 있어 발전 가능성을 보이고 있지만 아직 이론적 종합으로 연결되지는 못했다. 정병기(2012a); 정병기(2012b); Golder(2006); 장훈(2001); 홍재우(2012) 등.

위해 설정한 주요 요인들은 정치 제도 접근론에서 선거 제도와 정부 형태, 유권자 접근론에서 유권자 지지 구조, 연합 행위자 접근론에서 연합 행위자의 자유 의지와 사회적 존재 형태 및 그에 따른 행위로 정리할 수 있다.

이 접근론들의 주요 주장도 달리 나타났다. 우선, 정치 제도 접근론은 주로 비비례성 가설을 옹호하거나 대통령 중심제를 선거 연합 회피 요인으로 설명했으며, 공직 접근론과 정책 접근론이 설정한 제도적 전제들도 이와 관련된다. 유권자 접근론은 신호 가설을 이용하거나 정치적 심장 이론을 주장하고, 혹은 이데올로기적 거리를 강조하는 정책 접근론이나 정당 체제와의 관계를 논하는 경우에서 볼 수 있었으며, 골더의 선거 연합 형성 요인 설명에서도 나타났다. 연합 행위자 접근론은 공직 접근론에서 대표적으로 드러났고, 후보들 및 정당들 간 적대감의 중시 및 합리적 선택론에 입각한 형식 이론들로 현상했다.

각 이론들은 기존 연구들의 한계를 지적하면서 그 내부에서 결함들을 보완하려는 시도들도 보였다. 또한 각 접근론들을 결합해 개별적 결함들을 종합적으로 시정하려는 노력도 나타났다. 그러나 여전히 이론적 종합으로서 부족한 점이 남아 있는 것도 사실이다.

정치 제도 접근론은 제도적 배경을 설명하는 데에는 유용할 수 있지만, 이 제도들의 영향을 제약하는 다른 구조적, 행위자적 요소를 보지 못했으며, 유권자 접근론은 구조적 요인을 잘 파악했지만 균열의 다양성, 연합의 전략과 연합 행위자의 자유 의지를 고려하지 못했다. 한편 연합 행위자 접근론은 특수한 상황에서 적용되는 공리를 세우는 데 중요한 기여를 하고 지속적으로 보완 과정을 밟고 있지만, 역시 균열 구조에 따른 연합 행위자의 다양성을 경시하고 연합 목적의 다양성도 충분히 고려하지 못했다.

이 접근론들이 공통적으로 간과하거나 경시한 선거 연합 정치의 결과로는 선거 연합의 결속 강도와 전략이다. 그리고 선거 연합의 형성, 회피, 효과, 강도 및 전략을 종속 변수로 할 때 역시 간과하거나 경시한 독립 변수들은 균열의 성격과 다차원성, 정당 내부 요인 및 연합의 목적이다.

따라서 선거 연합 연구의 분석 대상을 선거 연합의 성격 및 결과와 그에 대한 영향 요인으로 나누어 정리하면 다음과 같다.

(1) 선거 연합의 성격과 결과
- 선거 연합의 형성·촉진이나 회피·해체
- 선거 연합의 결속 강도와 전략
- 선거 연합의 효과

(2) 선거 연합의 영향 요인
- 제도적 요인: 정부 형태와 선거 제도
- 구조적 요인: 균열의 성격과 다차원성, 정당 체제
- 행위자적 요인: 행위자의 사회적 존재 형태, 연합의 목적, 행위자 외부 요인, 행위자 내부 요인

우선, 선거 연합의 성격과 결과는 선거 연합의 형성 혹은 촉진, 선거 연합의 회피 혹은 해체, 선거 연합의 결속 강도와 전략, 선거 연합의 효과를 말한다. 선거 연합의 형성 혹은 촉진은 선거 연합이 처음 형성되는 경우나 형성된 선거 연합이 확대되는 경향이며, 선거 연합의 회피 혹은 해체는 선거 연합의 형성을 저해하는 경우나 이전 선거에서 형성되어 유지되어온 선거 연합이 차기 선거에 즈음해 해체되는 경향이다. 선거 연합의 결속 강도는 선거 연합의 다섯 가지 유형(후보 단일화, 공동 후보 명부 작성, 교차 투표 지시, 차순위 투표 지시, 통치 연합 결성 선언)을 결속 강도에 따라 분류하거나 그 결속 강도를 측정하는 경우가 될 수 있다. 그리고 선거 연합의 전략은 형성된 선거 연합이 전선 전략을 사용하는가 아니면 연대 전략을 사용하는가와 관련되며 그 전략의 구체적인 내용도 의미한다. 끝으로 선거 연합의 효과는 선거 연합이 연합 구성 정당들의 득표율 제고나 연합 정당들

간 이데올로기적 수렴에 과연 그리고 얼마나 기여하느냐의 문제다.

선거 연합의 영향 요인 중 제도적 요인은 정부 형태와 선거 제도라는 오랜 연구 대상을 뜻한다. 반면, 유권자의 지지 구조를 말하는 구조적 요인은 정당 수와 정당들 간 이데올로기 거리 및 경쟁성을 의미하는 정당들 간 관계 구조 외에도 사회 균열, 정치 균열, 정당 균열이라는 균열의 성격과 이 균열들의 다차원성 여부와 정도라는 새로운 요소를 포괄한다. 행위자적 요인도 마찬가지로 합리적인 단일한 행위자로서 정당을 가정하는 데에서 끝나지 않고, 행위자의 사회적 존재 형태, 연합의 목적, 정당 내·외부 요인이라는 최근 등장한 연구 대상이나 전혀 새로운 연구 대상들을 포함한다. 연합 행위자의 사회적 존재 형태는 연합 행위자가 정당, 후보, 비정당 정치 단체, 사회 단체를 아우르는 문제, 즉 어떤 형태의 행위자인가를 의미하고, 연합의 목적은 공직 추구와 정책 추구뿐 아니라 영향력 행사 및 장기적 관점에서의 득표율 혹은 영향력 제고를 포함해야 한다는 것이다. 정당 외부 요인은 정당 체제 이외 후보 및 정당들의 친밀감이나 적대감을 말하고, 정당 내부 요인은 중앙당과 지방당의 관계 및 파편화나 집중화 정도를 포함한 당내 수평적·수직적 권력 관계를 의미한다.

이를 거시적 관점에서 선거 연합의 독립 변수와 종속 변수라고 부를 수도 있다. 다만 선거 연합의 강도와 전략은 과정의 하나로 볼 수 있고, 이때에는 다른 종속 변수들에 대한 독립 변수가 될 수도 있다. 또한 균열의 성격을 논할 때 언급한 것처럼 균열의 성격과 다차원성이 연합의 목적과 행위자의 사회적 존재 형태 같은 연합 행위자적 요인에 영향을 미칠 수도 있으며, 이때에는 이들의 관계가 다시 독립 변수와 종속 변수로 재설정된다. 다시 말해 거시적 관점에서 각 독립 변수와 종속 변수의 상관관계를 설정해 연구할 수도 있지만, 미시적 관점에서 이 종속 변수들 내에서나 독립 변수들 내에서도 독립 변수와 종속 변수의 새로운 관계를 설정해 연구할 수도 있다는 것이다.

하지만 특정 부분의 공리를 벗어나는 일반 이론이라면 이러한 변수들을 모두 고려해서 수립되어야 한다는 것도 강조될 필요가 있다. 이러한 특정 부분의 공리는 일반 이론들로부터 도출되거나 그에 기반하며, 일반 이론들은 다시 그 보편성을 통해 구성되는 메타 이론을 통해 도출되거나 적어도 그에 기반한다. 따라서 선거 연합의 원인과 과정 및 결과를 모두 천착해 기존 연구들을 분류하고 재구성해 일반 이론의 토대를 구축하고자 한 이 장은 메타 이론 구성을 위한 시론(試論)적 작업이라고도 할 수 있다.

제4장

선거 제도, 정당 체제와 선거 연합

앞 장에서 밝힌 바와 같이 듀베르제(Duverger)는 다수 대표제가 양당제를 촉진하는 경향이 있고 비례 대표제가 다당제를 촉진하는 경향이 있다고 했다.[1] 물론 우리나라처럼 지역주의 같은 제3의 변수가 강하게 작용하는 경우, 그 법칙은 적용되지 않을 수 있다. 그러나 선거 제도와 정당 체제의 관계는 여전히 밀접하다는 데 대부분 동의하고 있어, 위의 언명은 '듀베르제 법칙'으로 불린다.

이 장에서는 정당 체제와 선거 연합에 대한 분석에 앞서 듀베르제 법칙을 중심으로 선거 제도가 정당 체제에 미치는 영향을 살펴본다. 선거 제도가 정당 체제에 미치는 영향이 듀베르제의 주장처럼 철칙으로 작용한다면 사실상 선거 연합의 영향을 분석할 의미가 크게 줄어들기 때문이

---

1 Duverger, Maurice, 1963, *Political Parties: Their Organization and Activity in the Modern State*, translated by B.and R. North (New York: Wiley, Science Ed.), p.217, p.239.

다. 따라서 선거 제도의 영향이 선거 연합에 의해 제한된다는 점을 밝히는 것이 이 장의 목적이다.

분석 대상 국가는 지중해 연안 유럽 4개국인 프랑스, 이탈리아, 스페인, 그리스다. 이 국가들은 비단 지중해 연안에 위치한 라틴 국가들이라는 공통점 외에도 다수제와 비례제 및 그 혼합형으로 각각 대조적 선거 제도를 가지고 있어 비교 대상으로 적합하기 때문이다.[2]

이 장이 분석할 주요 문제는 다음 두 가지다: 1) 선거 제도가 정당 체제에 어떠한 영향을 미치는가? 2) 미치지 않는다면 그 영향을 차단하는 요인은 무엇인가? 첫 번째 문제는 의석 배분 방식이기도 한 선출 방식과 관련된다. 구체적으로 비례 대표제가 다당제 경향을 촉진하는지를 묻는다. 그리고 두 번째 문제는 그렇지 않다는 것을 밝힌 다음 그 원인을 선거 연합이라는 행위자 요인에서 찾는다. 그러므로 이 문제와 관련해 구체적으로는 선거 연합에 의해 선거 제도의 영향이 차단되는지를 묻는다. 선거 연합은 주요 정치 행위자인 정당들이 주어진 선거 제도에서 그 영향을 이용하거나 극복하면서 자신의 세력을 신장하기 위해 구사하는 가장 중요한 전략이기 때문이다.

선출 방식에 따른 선거 제도의 특징

선거 제도는 하원에 국한해 고찰한다. 상원은 대개 지역의 이익을 대변하

2 이하 내용은 정병기, 2017, "정당 체제에 대한 선거 제도의 영향과 선거 연합의 차단 효과: 프랑스, 이탈리아, 스페인, 그리스," 『지중해지역연구』 제19권 2호(부산외국어대학교 지중해지역원), 95~123쪽을 재구성한 것임.

는 의회로 하원에 이은 제2의회로서 정당 체제 규정의 고려 대상이 아니기 때문이다(단, 그리스는 단원제, 이탈리아는 균형 양원제). 프랑스, 이탈리아, 스페인, 그리스는 각각 선출 방식(의석 배분 방식)에서 절대 다수 대표제, 다수 대표제 근간 혼합제, 비례 대표제, 비례 대표제 근간 혼합제라는 대조적인 특징을 갖는다.

물론 이는 현재 혹은 최근의 제도들을 말한다. 프랑스는 제5공화국(1958년 이후), 이탈리아는 '제2공화국'[3]의 1993~2005년 기간, 그리고 스페인과 그리스(제3공화국)는 민주화 이후(1970년대 중반)에 해당한다. 그중 이탈리아는 1993년 이전 '제1공화국'에서는 순수 비례 대표제였으며, 2005년 재개정을 통해 다시 비례 대표제로 복귀했다. 따라서 이탈리아는 비교 분석을 위해 1993~2005년 시기를 주요 대상으로 할 필요가 있다. 다만 2005년 이후에도 1993년 이래 형성된 정당 체제의 근간이 지속되고 있어 필요한 경우에는 2005년 이후 현재에 이르는 기간까지 간략히 살펴본다.

프랑스 제5공화국 선거 제도는 절대 다수 대표제라는 독특한 제도다.[4] 1986년 선거에서 예외적으로 비례 대표제가 실시되기도 했지만 다시 다수 대표제로 복귀했다. 대개 2차 투표를 결선 투표로 하는 절대 다수 대표제다(따라서 1986년은 정당 체제 분석에서 제외시킴). 1구 1인 소선거구제에서 다수 후보의 2차 투표 진출을 허용하며, 2차 투표는 1주일 후에 치러진다. 절대 다수 대표제가 처음 도입될 때 2차 투표 진출 봉쇄 조항은 총유권자의 5% 득표율이었다. 그러나 이 비율은 1966년 10%로 높아졌고,

---

3 정체 관련 개헌 없이 이루어진 선거법 개정과 정당 체제 격변에 따른 변화를 지칭하기 위해 사용되는 명칭이므로 작은따옴표를 붙인다.

4 Blais, André and Peter John Loewen, 2009, "The French Electoral System and its Effects," *West European Politics*, vol.32, no.2. pp.345~359; 백윤철, 2009, "프랑스 선거 제도에 관한 연구," 『세계헌법연구』 제15권 1호(세계헌법학회), 153~166쪽; 변해철, 1999, "프랑스 헌법상의 선거 제도: 하원 선거를 중심으로," 『국제지역연구』 제3권 2호(한국외국어대학교 국제지역연구센터), 3~25쪽.

1976년에 다시 12.5%로 변경되었다. 유권자의 12.5%라는 비율은 실제 선거에서 투표율을 고려할 때 대개 유효 투표의 17% 정도로 나타난다.

절대 다수 대표제에서 결선 투표는 2차 투표이므로(3위 이하 득표자들은 요건을 충족하더라도 대부분 출마를 포기해 2차 투표가 결선 투표가 되는 경우가 대부분이다), 1차 투표는 지지 분포를 확인하는 의미 이상을 갖기 어려워 사실상의 투표는 2차 투표가 되었다. 무엇보다 2차 투표에서 정당들 간 연합과 정당 투표자들의 규율이 매우 중요해졌다. 1960년대 이후 2차 투표에서 두 명의 후보자만이 경쟁을 벌이는 상황이 더 강화되었으며, 이것은 프랑스 정당 체제에 큰 영향을 미쳤다. 특히 좌파 정당들의 의회 진출 기회를 향상시킨 효과가 있는 것으로 알려졌다.

이탈리아 '제2공화국' 선거 제도는 기존의 순수 비례 대표제를 폐지하고 단순 다수 대표제를 근간으로 하는 혼합제를 도입하면서 시작되었다.[5] 새 선거 제도는 25%의 의석에 대해 비례 대표제를 유지하되, 나머지 75% 의석에 대해서는 1구 1인 단순 다수 대표제를 도입했다. 또한 비례대표 봉쇄 조항을 강화해 전국 유효 득표의 4%로 설정함으로써 군소 정당들의 입지를 더욱 좁혔다.

이 변화를 통해 정당 체제의 분극성과 다당제 성격이 점차 사라지고 여러 정당들이 연합하는 모습이 나타나기 시작했다. 그러나 이러한 상황에서도 정당 간 통합은 이루어지지 않아, 베버(Weber) 같은 학자는 비례 대표제가 공식적으로는 거의 폐지되었지만 실질적으로는 다수 대표제 안에 숨겨져 있다는 주장을 하기도 했다.[6] 결국 제2차 선거법 개정 논쟁이 일어

5 정병기, 2012a, "이탈리아 '제2공화국' 선거 연합 정치의 주요 요인과 특징, 『한국정치학회보』 제46집 4호(한국정치학회), 73~99쪽.

6 Weber, Peter, 1997, "Die neue Ära der italienischen Mehrheitsdemokratie: Fragliche Stabilität bei fortdauernder Parteizersplitterung," *Zeitschrift für Parlamentsfragen*, Jg.28, S.102.

났고, 그 결과 2005년에 후보 선출의 민주화를 일정하게 확보하는 선에서 비례 대표제로 회귀하는 동시에 선거 연합의 법적 인정과 다수파의 안정적 집권을 보장하는 제도로 다시 변경되었다. 그에 따라 1위를 한 정당 혹은 선거 연합에게 하원에서 전국 단위로 총 의석의 54%를 배정한다.

선거 제도와 관련해 스페인은 프랑스와 대척점에 서있다. 1975년 민주화 이후 제정된 새 선거법에 따라 1977년부터 실시된 선거 제도는 하원 총 350석 중 지역구별 3%의 봉쇄 조항을 둔 비례 대표제다.[7] 다만 기본 의석 2석이 배분되어 비례 대표제로 선출되는 다른 지역들과 달리 세우타(Ceuta)와 멜리야(Melilla) 주는 각 1석이 배분되어 다수 대표제로 선출된다.

이와 같이 순수 비례 대표제에 가까운 선거 제도에 걸맞게 스페인은 전형적으로 다당제의 모습을 보인다. 하지만 다른 3개국도 다당제를 보인다는 점에서 비단 이 제도적 요인만을 가지고 다당제로 보기는 어렵다. 또한 3%라는 봉쇄 조항의 작용도 있겠지만 다른 나라들에 비해 월등히 많은 수의 정당이 의회에 진출한다고 보기도 어렵다. 하지만 비례 대표제가 다당제 출현의 한 요인으로 작용하는 것은 분명한 사실이다.

그리스 선거 제도는 2005년 이전의 이탈리아 제2공화국처럼 혼합제다.[8] 하지만 당시 이탈리아와 달리, 추가 의석을 가미한 비례 대표제를 근간으로 하는 혼합제로서 보강 비례 대표제(Reinforced proportionality)로 불린다.[9] 지역구와 전국구를 혼합한 것도 특징적이다. 288석에 대해 56개 지역구로 나누어 선출하고, 12석은 전국구로 정당 비례를 보정하기 위해 비

---

7 고상두·기주옥, 2013, "극우 정당 출현의 제약 요인 분석: 스페인 사례 연구," 『한국정치학회보』 제47집 1호(한국정치학회), 195~196쪽; International Business Publications, 2016, *Spain: Electoral, Political Parties Laws and Regulations Handbook* (Washington, DC: International Business Publications), pp.82~85, pp.161~163, p.168.

8 정병기, 2012c, "2012년 그리스 총선," 『선거연구』 제2권 2호(한국선거학회), 241~250쪽.

9 이 제도는 1974년 제정 후 2007년에 최종 개정된 것으로 2012년 총선에서 처음 적용되었다(2009년 총선에서는 이전 선거법을 적용). 네 차례에 걸친 개정 중 중요한 내용은 1990년 3% 봉

례 대표제에 따라 선출 배정한다. 또한 56개 지역구들 중 48개는 인구수에 따라 다수의 의원을 선출하는 비례 대표제 선거구이고 8개 지역구는 1구 1인 단순 다수 대표제 선거구다. 봉쇄 조항은 250석에 대해 3%이며, 나머지 50석은 안정적 정부 구성을 위해 제1당에게 모두 할당된다. 그러므로 제1당으로 250석의 41%를 얻게 되면 과반수(151석)를 차지할 수 있다.

이 추가 의석 할당제는 개별 의석 배분에 적용되는 다수제의 유형에 속하지는 않는다. 하지만 제1당에게 일괄적으로 할당한다는 점에서 정당별로 보면 다수제의 성격을 띤다고 볼 수 있다. 그리고 이 50석 추가 의석 할당은 제1당의 헤게모니를 가능하게 한다.

하지만 특정 정당이 지속적으로 압도적 지지를 받는 상황이 아니라면, 추가 의석도 선거에서 제1당이 된 이후에 할당되는 것이므로 기본적으로 선거 경쟁에서는 정당 체제 변화에 결정적 영향을 미친다고 볼 수는 없다. 오히려 이탈리아보다 낮고 스페인과 동일한 3%라는 봉쇄 조항과 다수 대표제 도입이 더 중요한 요소다. 군소 정당의 의회 진출이 스페인에 비해 어렵지만 프랑스나 이탈리아에 비해서는 쉽다고 할 수 있다.

비례 대표제의 다당제 촉진 효과?

프랑스 정당 체제는 일반적으로 다당제로 알려져 있다.[10] 하지만 <표 4-1>에서 보는 것처럼 일당 지배제와 양당 중심제의 경험도 갖고 있다.

쇄 조항 도입, 2004년 40석 추가 의석 도입, 2007년 추가 의석 확대(총 50석)다.

10 정병기, 2015a, "프랑스 제5공화국의 선거 연합 정치: 선거 제도와 정당 체제에 따른 특징," 『유럽연구』 제33권 1호(한국유럽학회), 37~67쪽 참조.

<표 4-1> 프랑스 정당 체제 변화

<table>
<tr><th>연도</th><th>의회 진출 정당 수</th><th>제1당 의석률</th><th>제2당 의석률</th><th>정당 체제</th></tr>
<tr><td>1958</td><td>6</td><td>38.8</td><td>22.8</td><td rowspan="3">다당제</td></tr>
<tr><td>1962</td><td>7</td><td>44.8</td><td>13.3</td></tr>
<tr><td>1967</td><td>8</td><td>37.0</td><td>23.8</td></tr>
<tr><td>1968</td><td>5</td><td>55.4</td><td>11.7</td><td>일당 지배제</td></tr>
<tr><td>1973</td><td>6</td><td>33.0</td><td>20.4</td><td rowspan="2">다당제</td></tr>
<tr><td>1978</td><td>8</td><td>29.1</td><td>22.0</td></tr>
<tr><td>1981</td><td>7</td><td>54.0</td><td>16.1</td><td>일당 지배제</td></tr>
<tr><td>1986</td><td>9</td><td>34.0</td><td>25.5</td><td rowspan="4">다당제</td></tr>
<tr><td>1988</td><td>9</td><td>44.7</td><td>22.0</td></tr>
<tr><td>1993</td><td>8</td><td>42.5</td><td>36.9</td></tr>
<tr><td>1997</td><td>12</td><td>41.9</td><td>23.2</td></tr>
<tr><td>2002</td><td>10</td><td>61.0</td><td>24.3</td><td>일당 지배제</td></tr>
<tr><td>2007</td><td>12</td><td>54.2</td><td>32.2</td><td>양당 중심제</td></tr>
<tr><td>2012</td><td>14</td><td>48.5</td><td>32.1</td><td>다당제</td></tr>
<tr><td>2017</td><td>14</td><td>53.4</td><td>19.6</td><td>일당 지배제</td></tr>
</table>

- 프랑스는 의회 진출 군소 정당들이 많아(1968년에만 3석, 나머지 선거에서는 7~44석), 기타 정당들을 좌파(DVD), 우파(DVG), 기타(Others)라는 세 그룹으로 분류함. 따라서 기타 정당은 전체 3석 이하일 경우에만 총 1을 부여해 한 개로 계산하고, 나머지 경우에는 그룹별로 각각 1을 부여함(합계 3).
- UDF, UMP(2002)를 각각 단일 정당으로 계산

출처: Parties and Elections in Europe (http://www.parties-and-elections.eu) 자료로 계산

일당 지배제는 세 번 나타났는데, 1968, 1981, 2002년에 각각 공화국수호연합(UDR), 사회당(PS), 대통령다수연합(UMP)이 과반수 의석을 차지한 경우다. 당시 제2당인 공화국공회(RPR) 혹은 사회당은 나머지 의석들 중 2/3에 못 미치는 의석을 차지했다. 양당 중심제의 등장은 예외적으로 2007년 총선에 국한된다. 이 총선에서 국민운동연합(UMP)은 약화되어 54.2%의 의석을 차지한 반면, 사회당이 다시 강화되어 나머지 의석들의 70.7%를 차지했다. 다른 대부분의 기간에는 드골주의 정당과 사회당이 중심이 되는 프랑스의 고유한 다당제가 형성되었다.

하지만 일당 지배제든 양당 중심제든 그 기간이 길지 않았을 뿐 아니라 의회 진출 정당이 12개에서 많게는 27개에 달할 정도로 난립하는 가운데 주요 정당들 중 한둘이 다수석을 확보한 경우다.[11] 이것은 일반적으로 다수 대표제 선거 제도에서는 발생하기 어려운 상황으로 이해된다.

이와 같이 프랑스에서 다수 대표제는 양당제를 촉진하지 않았다. 양당 중심제는 오히려 예외적으로 등장하고 비록 두 개의 주요 정당이 존재하기는 하지만 기본적으로 파편화된 다당제가 일반화되다시피 했다. 다만 과도적으로 일당 지배제가 간혹 나타나는데, 이것도 파편화된 다당제 속에서 제1당이 과반을 획득한 경우로서 다당제와 결합된 현상이다. 뿐만 아니라 의회 진출 정당 수가 1960년대 후반에 잠시 감소하기는 했지만 이후부터는 갈수록 증가하는 추세를 보인다.

이탈리아 '제1공화국'의 정당 체제는 극단적 다당제라는 의미에서 '극화된 다원주의(polarized pluralism)'로 규정되거나,[12] 다당제에 근거한 양당 중심제(기민당 DC와 공산당 PCI)라는 의미의 '불완전 양당제(bipartitismo imperfetto)'로 불렸다.[13] 그에 따라 비례 대표제 선거 제도가 다당제를 촉진한다는 원칙의 대표적인 사례로 언급되었다. 이러한 다당제적 현상은 1993년 다수 대표제를 근간으로 하는 선거 제도가 도입되면서 일정하게 사라질 것으로 기대되기도 했다.

그러나 아래 <표 4-2>에서 보듯이 다당제는 그대로 유지되고 있다.[14] 프랑스의 경우처럼 2008년 이후 의회 진출 정당 수가 절반으로 줄어드

---

11 정병기(2015a)

12 Sartori, Giovanni, 1966, "European Political Parties: The Case of Polarized Pluralism," Joseph LaPalombara and Myron Weiner (eds.), *Political Parties and Political Development* (Princeton: Princeton University Press), pp.137~176.

13 Galli, Giorgio, 1967, *Il bipartitismo imperfetto, Comunisti e democristiani in Italia*, 2nd ed. (Bologna: Il Mulino).

는 현상을 보이고 있을 뿐이다. 하지만 이 감소는 다수 대표제의 장기적 결과도 아니다. 2005년 이탈리아 선거 제도는 다시 순수 비례 대표제로 복귀했기 때문에 역설적으로 이것은 비례 대표제의 결과로 보는 것이 더 적절하기 때문이다.

<표 4-2> 이탈리아 정당 체제 변화

연도	의회 진출 정당 수	제1당 의석률	제2당 의석률	정당 체제
1994	18	21.3	19.8	다당제
1996	17	27.9	19.5	
2001	18	30.6	21.7	
2006	20	22.2	19.5	
2008	7	43.8	34.4	
2013	10	47.1	15.6	

• 해외 정당 제외
• 기타 정당들은 수가 극히 적어(3석 이하) 1로 계산

출처: Parties and Elections in Europe (http://www.parties-and-elections.eu) 자료로 계산

이탈리아 정당 체제는 프랑스와 비교해 다당제라는 점에서 유사하지만 제1당의 규모가 훨씬 작아 파편화 정도가 더 심하다는 점에서 다르다. 일당 지배제나 양당 중심제 현상이 나타나지 않고 다당제가 지속되는 것은 이러한 이유에서다. 다만 전면 비례 대표제가 다시 도입된 후 양당제 (2008년 민주당 PD와 전진이탈리아 FI; 2013년 오성운동 MCS와 민주당 PD)[15]로 전환

14 정병기, 2011b, "이탈리아 정당 체제의 변화: '제2공화국' 경쟁적 양당제로의 재편," 『지중해지역연구』 제13권 1호(부산외국어대학교 지중해지역원), 213~246쪽.

15 2013년 오성운동이 득표율상 제1당으로 등장하는 이변을 일으키면서 전진이탈리아가 제3당으로 물러났지만, 세 정당의 득표율 차이는 미미하다. 그러나 의석수는 민주당이 월등히 높아지는 역전이 일어나고 전진이탈리아는 매우 적은 수에 머물렀다. 오성운동, 민주당, 전진이탈리아의 득표율은 각각 25.6%, 25.4%, 21.6%였다. 그러나 의석수는 각각 109석, 297석, 98석이다. 이것은 2005년 비례 대표제가 재도입되면서 안정적 다수 확보를 위해 그리스처럼 추가 의석 할당

하는 경향을 보이는데,[16] 이것은 정당 통합의 효과로 해석된다.

민주화 직후 그리스 정당 체제는 타협에 의한 민주화를 주도한 카라만리스(Constantine Karamanlis)가 창당한 신민주당(ND)의 압도적 승리에 의해 일당 지배제로 정초되는 듯했다.[17] 그러나 사회당(PASOK)이 빠른 속도로 성장함으로써 1977년 선거에서부터 양당제가 형성되었다(<표 4-3> 참조). 이러한 의미에서 1974년 선거를 과도 선거로 규정하고 1977년 선거를 정초 선거로 규정하는 것이 더 적절하다. 1989년 두 차례 선거에서 양대 정당의 세력이 다소 약화되어 양당 중심제 경향을 보이기도 했지만 양당제는 2009년까지 지속된다. 이탈리아에서 다당제가 지속된 것처럼, 그리스에서는 네 개 안팎의 정당이 의회에 진출하는 가운데 양당제가 지속되는 경향을 보인 것이다.

<표 4-3> 그리스 정당 체제 변화

연도	의회 진출 정당 수	제1당 의석률	제2당 의석률	정당 체제
1974	4	73.3	20.0	일당 지배제
1977	7	57.0	31.0	양당제
1981	3	57.3	38.3	
1985	4	53.7	42.0	
1989/1	4	48.3	41.7	양당 중심제
1989/2	4	49.3	42.7	
1990	4	50.7	41.3	양당제
1993	4	56.7	37.0	

제가 함께 도입되었기 때문이다.

16 이 추세를 지적해 키아라몬테와 디 비르질리오는 새로운 이탈리아 정당 체제를 '파편화된 양당제(bipolarismo frammentato)'라고 규정하기도 했다. Chiaramonte, Alessandro e Aldo Di Virgilio, 2006, "Da una riforma elettorale all'altra: Partiti, coalizioni e processi di apprendimento," *Rivista Italiana di Scienza Politica*, vol.36, no.3. pp.367~368.

17 정병기, 2015b, "그리스 제3공화국 정당 체제: 일당 우위제와 불완전 양당제의 해체 및 재편," 『지중해지역연구』 제17권 2호(부산외국어대학교 지중해지역원), 33~59쪽.

1996	5	54.0	36.0	
2000	4	52.7	41.7	
2004	4	55.0	39.0	
2007	5	50.7	34.0	
2009	5	53.3	30.3	
2012/1	7	36.0	17.3	
2012/2	7	43.0	23.7	다당제
2015/1	7	49.7	25.3	
2015/2	9	48.3	25.0	

• 기타 정당들은 수가 극히 적어(3석 이하) 1로 계산

출처: Parties and Elections in Europe (http://www.parties-and-elections.eu) 자료로 계산

하지만 2009년 선거는 그리스 정당 체제의 중대한 변화를 예고했다. 신민주당이 제1당을 유지하고 추가 의석 할당제에 의해 과반수 의석을 차지했지만 득표율은 2007년 41.8%에 비해 8.3%p 떨어진 33.5%에 머물렀으며 이후 지속적으로 약화되었다.[18] 이어진 2012년 총선은 해체되기 시작한 기존 정당 체제가 새로운 체제로 재편되는 본격적인 중대 선거였다. 특히 사회당은 2009년 선거에서 잠시 득표율을 제고하기도 했으나(2007년 38.1%, 2009년 43.9%) 2012년 선거 이후에는 10% 초반대로 급감하다가 급기야 2015년에는 4.7%(단독 득표율), 6.3%(사회당과 민주좌파 DIMAR의 선거 연합이 획득한 득표율)로까지 떨어져 존폐의 위기에 처했다.

반면 좌파 진영에서 시리자(SYRIZA)가 급격히 부상해 2012년 16.8%, 26.9%를 얻어 제2당을 차지하고 2015년에는 36.3%, 35.5%를 얻어 제1당이 되었다. 다양한 급진 좌파 세력들의 연합체로 출발한 시리자는 2012년 선거를 앞두고 단일 정당으로 전환한 후 현실주의 성격을 강화해 2015년 선거에서 정권을 장악했다.[19] 그러나 시리자의 성장이 아직은 양

18 Parties and Elections in Europe, http://www.parties-and-elections.eu/greece2b.html (검색일: 2017.06.07.)

당제를 형성할 정도는 아니어서 그리스 정당 체제는 의회 진출 정당 수까지 두 배로 증가해 전형적인 다당제 경향을 보이고 있다.

스페인 정당 체제는 양당제가 중심이 되어 다당제 경향을 겪기도 한다(<표 4-4> 참조). 1977년 정초 선거(founding election)에서 다당제가 형성되었지만, 민주화를 주도한 수아레스(Adolfo Suárez)가 창당한 민주중도연합(UCD)이 해산되는 대신 중도-우파[20] 정당들이 연합을 형성함으로써 1982년 양당제로 전환되었다. 물론 이 양당제는 뚜렷한 두 개의 정당에 의한 것이 아니라 사회당(PSOE)과 중도-우파 연합에 의한 것이다. 하지만 이 연합은 상시적 연합체로 활동하면서 이후 국민당(PP, 1989)으로 통합했으므로 하나의 정당으로 간주한다. 1986년 선거에서는 사회당의 급격한 성장으로 일당 지배제 경향까지 보이기도 했으나, 1989년 다시 양당제로 복귀했다. 하지만 사회당의 의석률이 50.0%를 차지해 사실상 양당제나 일당 지배제에 가까운 성격을 보인다.

<표 4-4> 스페인 정당 체제 변화

연도	의회 진출 정당 수	제1당 의석률	제2당 의석률	정당 체제
1977	11	47.4	33.7	다당제
1979	13	48.0	34.6	
1982	12	57.7	30.6	양당제
1986	12	52.6	30.0	일당 지배제
1989	13	50.0	30.6	다당제
1993	12	45.4	40.3	양당 중심제
1996	13	44.6	40.3	

---

19 Kretsos, Lefteris, 2012, "Greece's Neoliberal Experiment and Working Class Resistance," *Working USA: The Journal of Labor and Society*, vol.15. pp.523~524; Visser, Mark, Marcel Lubbers, Gerbert Kraaykamp and Eva Jaspers, 2014, "Support for Radical Left Ideologies in *Europe," European Journal of Political Research*. vol.53. pp.541~558 참조.

20 '중도-우파'처럼 붙임표를 사용한 경우는 중도파와 우파의 결합을 뜻하고 '중도 우파'처럼 붙임표를 사용하지 않은 경우는 중도 진영 내의 상대적 우파를 뜻하는 것으로 사용한다.

2000	13	52.3	35.7	양당제
2004	12	46.9	42.3	양당 중심제
2008	12	48.3	44.0	
2011	12	53.1	31.4	양당제
2015	11	35.1	25.7	다당제
2016	9	39.1	24.3	

• 기타 정당들은 수가 극히 적어(3석 이하) 1로 계산

출처: Parties and Elections in Europe (http://www.parties-and-elections.eu) 자료로 계산

1993년 선거는 양당제 혹은 양당 중심제를 형성하는 중요한 중대 선거(critical election)였다.[21] 이 선거를 통해 형성된, 사회당과 국민당이 주도하는 양당(중심)제가 이후 2015년까지 유지되기 때문이다. 또한 2015년 선거는 양대 정당이 급격히 약화되고 그중에서도 특히 사회당이 크게 약화됨으로써 군소 정당들이 약진해 다당제로 전환하는 새로운 중대 선거였다.

변화가 거듭된다는 점에서 스페인은 프랑스와 유사하다. 하지만 프랑스에서는 다당제가 더 잦은 반면, 스페인에서는 그리스처럼 양당제가 더 잦다. 다수 대표제 선거 제도를 가진 프랑스와 이탈리아가 다당제 경향이 강하고, 비례 대표제를 가진 스페인과 그리스에서 양당제 경향이 강하다는 것은 비례 대표제와 다당제의 정비례 관계라는 선거 제도의 영향과 배치된다.

나라별로 살펴본 정당 체제의 성격을 분석 대상 기간의 평균 정당 수로 비교해 나타내면 <그림 4-1>과 같다. 일반적으로 알려진 바와 달리 선거 제도가 정당 체제에 미치는 영향이 거의 없는 것으로 나타난다. 다수 대표제 국가군(전면 절대 다수 대표제인 프랑스와 다수 대표제 근간인 이탈리아)에서

---

21 Linz, Juan J. and José Ramón Montero, 2001, "The Party Systems of Spain: Old Cleavages and New Challenges," Lauri Karvonen and Stein Juhnle (eds.), *Party Systems and Voter Alignments Revisited* (Abingdon, UK and New York: Routledge), pp.150~196 참조.

비례 대표제 국가군(전면 비례 대표제인 스페인과 비례 대표제 근간인 그리스)에서보다 정당 수가 많다는 것은 위와 같은 판단에 배치되기 때문이다.[22] 게다가 프랑스의 경우 때로 44석에까지 달하는 군소 정당들을 도합 3개로 처리한 점을 고려하면, 실제 의회 진출 정당 수는 프랑스가 이탈리아보다 많다.[23]

<그림 4-1> 유효 정당 수로 본 선거 제도와 정당 체제

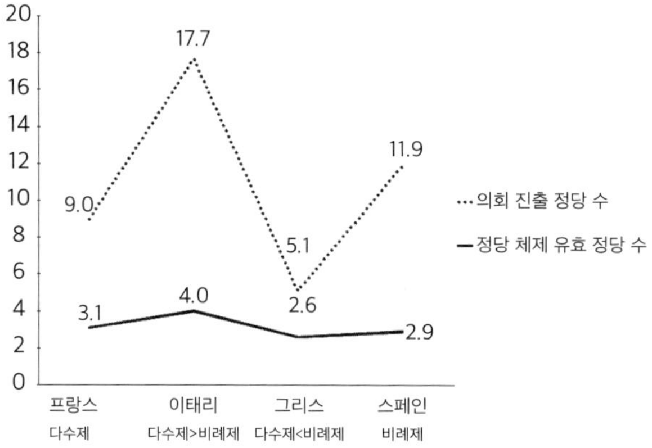

이때 총 의석수를 고려해야 한다는 반론이 제기될 수 있다. 프랑스와 이탈리아가 각각 577석과 630석으로 그리스와 스페인의 300석 및 350석의 두 배에 가깝기 때문에 정당 수가 더 많을 수 있다는 것이다. 그러나 총 의석수가 직접적인 영향을 미친다고 보기는 어렵다. 비례 대표제일 경우라도 대개 광역 지역구로 나누어 선거를 치르고, 그리스와 스페인처럼

---

22 듀베르제도 절대 다수 대표제의 결선 투표가 다당제를 촉진하는 경향이 있다는 것을 인정했다. 하지만 그 경향도 비례 대표제보다 크다는 것을 의미하지는 않으며, 설사 그렇다고 하더라도 네 나라를 비교해 도출한 결과를 반증할 수는 없다.

23 좌파 군소 정당과 우파 군소 정당을 하나하나 모두 계산하고 여기에도 속하지 않는 경우만 1로 계산하면, 1988~2012년 총선에서 의회 진출 정당 수는 평균 18.9개다. 정병기(2015a), 52쪽.

총 의석수가 적을 경우에도 제도적 효과가 차단될 정도로 작지는 않기 때문이다.

한편, 각 국가들을 해당 국가군 내부에서만 비교하면 다른 현상을 발견할 수 있다. 이탈리아가 프랑스에 비해, 그리고 스페인이 그리스에 비해 의회 진출 정당 수가 두 배를 넘고 정당 체제 유효 정당 수도 각각 0.7포인트 혹은 0.3포인트 높다. 국가군 내부에서는 각각 비례 대표제 성격이 강할수록 다당제적 성격이 강해진다는 것이다. 여기에서 정당 체제 유효 정당 수는 정당 체제 유형 분류에 산정된 정당의 수에 기반해 수치를 부여한 것이다. 즉, 일당 지배제, 양당제, 양당 중심제, 삼당제, 다당제를 순서에 따라 각각 1, 2, 2.5, 3, 4점을 부여했다.

이 결과들을 종합해보면, 선거 제도와 정당 체제의 관계는 비례 대표제와 다수당 경향과 관련해 적어도 이 사례 국가들에서는 아무런 영향 관계가 없다고 할 수 있다. 다만 다수 대표제 국가군과 비례 대표제 국가군으로 나누어 국가군 내부에서 볼 때에만 비례 대표제가 다당제를 촉진하는 경향이 발견될 뿐이다. 또한 이것도 프랑스의 경우 난립하는 군소 정당들의 수를 통제했을 경우에 한정된다.

선거 제도 효과에 대한 선거 연합의 영향

정당 체제를 결정하는 구조적 요인이 사회 균열 구조라는 것은 잘 알려져 있다. 남부 유럽 국가들에서도 사회 균열이 중요한 구조적 요인으로 작용한다. 하지만 이 장에서는 균열 구조를 정당 체제 형성의 주어진 조건으로 간주할 뿐 그 영향을 분석하지는 않는다. 다만 선거 연합의 영향을 분석할 때 필요할 경우 보완을 위해 사용한다.

선거 연합은 각 정치 행위자들이 정초 선거 이후 이미 인지된 지형이나 변화가 예상되는 시점에서 이루어지는 선거에서 자신들의 이해 대변을 더 효과적으로 실현하기 위해 서로 연합하는 현상이다. 구체적으로는 앞에서 설명했듯이 독립적으로 경쟁하지 않는 정당 등 여러 정치 행위자들이 공개적 교차 투표 지시, 차순위 투표 호소 등을 통해 자신들의 선거 캠페인을 조정하거나, 단일 후보 혹은 공동 후보 명부나 선거 이후 공동 통치에 합의함으로써 이루어진다.[24] 이 글은 정당 체제를 다루므로 연합의 정치 행위자를 정당에 한정한다.

프랑스의 선거 연합은 이른바 중첩 연합과 절대 다수 대표제로 인한 1, 2차 투표에서 연합이 달리 나타나기도 한다는 것이 가장 큰 특징이다. 이것은 기본적으로 의회 진출 정당이 십여 개 내지 수십여 개에 달하는 지형에서 다수 대표제에 대응하기 위한 정당들의 전략에 따른 것이다. 프랑스의 다당제는 극좌 정당에서 극우 정당에 이르는 파편화된 이데올로기 스펙트럼 및 지역주의와 탈물질주의 등 다른 다양한 사회 균열들이 병존하기 때문이다.

<표 4-5>는 선거 연합에 따른 의회 진출 정치 세력의 변화를 보기 위해 정당 및 선거 연합의 수를 계산한 결과다. 의회에 진출한 선거 연합은 최종 선거 연합의 수를 말하며, 의회 진출 단일 정당/선거 연합의 수는 선거 연합으로 묶인 정당들을 하나로 묶어 계산함으로써 선거 연합에 의해 의회 진출 정당 수가 얼마나 감소했는지를 나타낸다.

---

24 정병기, 2014a, "선거 연합 연구의 한계 검토와 재분류 및 일반 이론 구성을 위한 메타 이론적 시론(試論)," 『한국정치연구』 제23집 1호(서울대학교 한국정치연구소), 51~73쪽; Golder, Sona N., 2005, "Pre-electoral Coalitions in Comparative Perspective: A Test of Existing Hypothesis," *Electoral Studies*, vol.24, no.4, p.652; Golder, Sona N., 2006, *The Logic of Pre-Electoral Coalition Formation* (Columbus, Ohio: The Ohio State University Press), p.12.

<표 4-5> 프랑스 정당 정치의 선거 연합 효과

<table>
<tr><th>연도</th><th>의회 진출 정당 수</th><th>의회 진출 선거 연합 수</th><th>의회 진출 단일 정당/선거 연합 수</th><th>정당 체제</th></tr>
<tr><td>1958</td><td>6</td><td>0</td><td>6</td><td rowspan="3">다당제</td></tr>
<tr><td>1962</td><td>7</td><td>2</td><td>7</td></tr>
<tr><td>1967</td><td>8</td><td>2</td><td>8</td></tr>
<tr><td>1968</td><td>5</td><td>2</td><td>5</td><td>일당 지배제</td></tr>
<tr><td>1973</td><td>6</td><td>2</td><td>6</td><td rowspan="2">다당제</td></tr>
<tr><td>1978</td><td>8</td><td>2</td><td>8</td></tr>
<tr><td>1981</td><td>7</td><td>2</td><td>7</td><td>일당 지배제</td></tr>
<tr><td>1986</td><td>9</td><td>2</td><td>9</td><td rowspan="4">다당제</td></tr>
<tr><td>1988</td><td>9</td><td>2</td><td>9</td></tr>
<tr><td>1993</td><td>8</td><td>2</td><td>8</td></tr>
<tr><td>1997</td><td>12</td><td>2</td><td>12</td></tr>
<tr><td>2002</td><td>10</td><td>2</td><td>10</td><td>일당 지배제</td></tr>
<tr><td>2007</td><td>12</td><td>1</td><td>11</td><td>양당 중심제</td></tr>
<tr><td>2012</td><td>14</td><td>2</td><td>11</td><td>다당제</td></tr>
<tr><td>2017</td><td>14</td><td>3</td><td>10</td><td>일당 지배제</td></tr>
</table>

- 기타 정당은 전체 3석 이하일 경우에만 총 1을 부여하고, 나머지 경우에는 그룹별(좌파, 우파, 그 외)로 각각 1을 부여함(합계 3; 위 <표 4-1> 참조)
- 선거 연합 내 2개 정당 이상이 의회 진출한 경우와 최종 선거 연합만 계산

출처: Parties and Elections in Europe (http://www.parties-and-elections.eu) 자료로 계산

프랑스는 다수 대표제 국가이면서도 다당제 경향을 보인다. 이것은 선거 연합으로 인해 난립하는 정당들이 단일 정당으로 통합할 필요 없이 연합의 우산 아래에서 살아남을 수 있기 때문이다.

프랑스에서 드골주의로 대표되는 우파는 2002년 국민운동연합(UMP; 2015년 이후 공화당 LR)으로 단일화되기 전까지 오랫동안 여러 정당으로 분열되어 있었다. 이들은 서로 경쟁하기도 하지만 대개 온건 우파들까지 포함하는 선거 연합을 결성해 선거에 임했다.[25] 특히 프랑스민주연

25 정병기(2015a) 참조.

합(UDF)은 1978년 드골주의 정당에 대항해 지스카르 데스탱(Valéry Giscard d'Estaing)을 지지하는 비드골주의 우파 정당들(사회민주센터 CDS, 급진당 PR, 독립공화주의자 RI)의 선거 연합으로 결성되어 1997년까지 연합체로 존재했다. 프랑스민주연합은 그리스 선거 연합처럼 선거 연합체 시기에도 다른 연합체들과 달리 선거 때에만 작동하는 것이 아니라 항상적 조직으로 활동했다. 때문에 프랑스민주연합은 단일 조직체로서 1차 투표에서부터 드골주의 정당 등과 함께 상위 선거 연합을 다수 결성했다.

좌파 진영에서도 사회당과 공산당 및 급진 좌파 정당들이나 녹색당 그룹들이 연합을 형성했다. 사회당은 비례 대표제를 도입한 1986년을 제외하면 2002년까지 지속적으로 공산당과 선거 연합을 결성했으며, 2007년 이후 공산당과는 결별했지만 녹색당과는 선거 연합을 유지하고 있다.

특히 2017년 총선에서 의회 진출 선거 연합은 제5공화국 사상 가장 많은 3개를 기록했다. 좌·우 진영 연합 외에 새로 부상한 중도 진영의 전진공화국(LREM)이 민주운동(MoDem)과 연합을 구성했기 때문이다. 게다가 이 신생 연합은 총선뿐 아니라 대선에서도 결성되어 두 선거에서 모두 압승하는 결과를 보이기도 했다.[26]

이와 같이 다수 대표제 선거 제도에도 불구하고 지속된 다당제 기간에 프랑스 정당들은 다양한 선거 연합들로 자신들의 존재를 이어갔다. 특히 선거에서 최종적으로 승리하기 위해 중첩된 선거 연합을 구성했으며, 그 결과 최종 선거 연합은 좌우 진영 대립으로 나타나는 양대 선거 연합으로 나타났다. 그 결과 의회 진출 정당 수와 의회 진출 단일 정당 및 선거 연합의 수는 사실상 차이가 없게 되었다. 곧 프랑스에서는 선거 연합

---

26 "French legislative election, 2017," https://en.wikipedia.org/wiki/French_legislative_election,_2017 (검색일: 2017.06.22.); "French presidential election, 2017," https://en.wikipedia.org/wiki/French_presidential_election,_2017 (검색일: 2017.06.22.) 참조.

으로 인해 다수 대표제 선거 제도의 효과가 차단되는 것이다.

이탈리아는 선거 제도 변화에 따라 연합이 촉진된 대표적 사례다. 1993년 다수 대표제 선거가 도입된 후 처음 실시된 1994년 선거에서 선거 연합도 사상 처음 등장했다.[27] 그리고 1994년 선거에서 네 개로 결성되었던 선거 연합은 1996년부터 프랑스처럼 양대 진영으로 나뉘어 두 개의 연합으로 재편되었다. 이것은 역시 프랑스처럼 파편화된 이데올로기 스펙트럼과 지역주의 등 다양한 사회 균열 구조에 따라 성립된 다당제가 유지되는 데 결정적 기여를 했다.

구공산당의 후신인 좌파민주당(PDS)은 재건공산당(PRC) 및 사회당(PSI, 이후 SI)과 구기민당 좌파들의 신생 정당들 및 기타 신좌파 계열 정당들과 연합했다. 이후에도 구성원의 변화가 있었지만 중도-좌파 진영의 연합은 지속적으로 이어졌다. 우파에서는 구기민당 지형을 대부분 장악한 신생 정당인 전진이탈리아(FI)가 북부동맹(LN)과 네오파시스트(AN) 및 기타 구기민당 우파들의 신생 정당들과 연합을 형성했다. 다른 두 연합은 중도-좌파와 중도-우파의 연합들이었으나, 이들은 1994년 선거에서 의회 진출에 실패했고 이후 양대 연합에 통합되었다. 물론 이것은 양대 연합이 중도성을 강화해 나가는 과정과도 연결된다.

<표 4-6>에서 보는 바와 같이 다수 대표제를 근간으로 하는 기간 동안 이탈리아에서 선거 연합은 프랑스에서처럼 양대 연합이 중심이 되지만 급진 좌파 진영(2001)이 별도의 연합을 결성하는 경향을 보였다. 비례대표제로 복귀한 2006년에 연합의 수는 일시적으로 다시 증가하고 정당 수도 많아졌지만 곧 급감하는 추세로 돌아섰다.

27 정병기(2012a).

<표 4-6> 이탈리아 정당 정치의 선거 연합 효과

연도	의회 진출 정당 수	의회 진출 선거 연합 수	의회 진출 단일 정당/선거 연합 수	정당 체제
1994	18	2	16	다당제
1996	17	2	12	
2001	18	3	12	
2006	25	4	13	
2008	7	0	7	
2013	10	0	10	

- 해외 정당 제외
- 기타 정당들은 수가 극히 적어(3석 이하) 1로 계산
- 선거 연합 내 2개 정당 이상이 의회 진출한 경우만 계산
- 정당 명부 투표에서 단독으로 출마할 경우 연합으로 계산하지 않음.

출처: Parties and Elections in Europe (http://www.parties-and-elections.eu) 자료로 계산

이것은 연합으로 활동하던 오랜 기간 동안 통합성이 강화됨으로써 거대 연합들이 단일 정당으로 전환해간 결과다. 2007년 중도-좌파 연합 정당들의 통합으로 민주당(PD)이 창당되고, 2009년 전진이탈리아를 중심으로 중도-우파 진영에서 자유국민당(PdL)이 출현한 것이다(이후 자유국민당에서 전진이탈리아는 다시 분리됨).

그러나 다수 대표제 기간 동안에는 정당 수가 줄지 않았고 다당제가 지속되었다. 이것은 기존 정당들이 새로운 선거 제도에서 살아남기 위해 연합을 통해 선거에 임함으로써 이른바 "둥지 튼 게임(nested games)"을 벌인 결과라고 할 수 있다.[28] 성공적인 선거 연합을 통해 이탈리아에서는 프랑스에서보다 의회 진출 정치 세력의 수가 줄어들었다. 하지만 연합 이후에도 그 수는 여전히 12~16개를 유지해 큰 변화를 보인 것은 아니다.

---

28 Tsebelis, George, 1988, "Nested Games: The Cohesion of French Electoral Coalitions," *British Journal of Political Science*, vol.18, no.2, pp.145~170; Tsebelis, George, 1990, *Nested Games: Rational Choice in Comparative Politics* (California: University of California Press).

선거 연합과 관련해 대부분의 연구는 비례 대표제가 연합을 촉진하지 않는다(다수 대표제 성격이 강할수록 선거 연합이 촉진된다)는 비비례성 가설(disproportionality hypothesis)에 의존해 왔다. 그러나 골더(Golder)에 의해 이것은 무용한 것으로 증명되었다.[29] 그에 따르면, 비례 대표제에서도 봉쇄 조항과 정당 수에 의해 선거 연합은 촉진될 수 있다. 비례 대표제 국가에 속하는 그리스와 스페인은 이 두 가지 이론의 중요한 시험대라고 할 수 있다. 두 나라 모두 봉쇄 조항은 3%여서 그다지 높지 않다. 하지만 그리스는 정당이 많지 않고 스페인은 정당이 많은 편에 속한다.

<표 4-7>에서 보듯이 그리스에서 2012년 다당제가 본격화되기 전까지 정당은 네 개 안팎으로 유지되었고 선거 연합을 통해 의회에 진출한 경우는 없다. 골더의 반론이 적용되는 사례다.

<표 4-7> 그리스 정당 정치의 선거 연합 효과

연도	의회 진출 정당 수	의회 진출 선거 연합 수	의회 진출 단일 정당/선거 연합 수	정당 체제
1974	4	0	4	일당 지배제
1977	7	0	7	양당제
1981	3	0	3	
1985	4	0	4	
1989/1	4	0	4	양당 중심제
1989/2	4	0	4	
1990	4	0	4	양당제
1993	4	0	4	
1996	5	0	5	
2000	4	0	4	
2004	4	0	4	
2007	5	0	5	
2009	5	0	5	다당제
2012/1	7	0	7	

29 Golder(2005), p.654, p.657.

2012/2	7	0	7	
2015/1	7	0	7	
2015/2	9	1	8	

• 기타 정당들도 수가 극히 적어 1로 계산
• 선거 연합 내 2개 정당 이상이 의회 진출한 경우만 계산

출처: Parties and Elections in Europe (http://www.parties-and-elections.eu) 자료로 계산

물론 그리스에서도 선거 연합은 존재했으며 의회에 진출하지 못한 군소 정당들이 적지 않다. 1980년대 말에는 사회당이 급진 좌파 정당과 연합하기도 했으며, 공산당(KKE) 등 급진 좌파 정당들은 나름대로도 꾸준히 선거 연합을 결성해 왔다.[30] 현재 집권당인 시리자는 2012년 총선을 앞두고 단일 정당으로 통합한 것이다[공식 명칭은 SYRIZA-EKM(시리자-연합사회전선: SYRIZA - Enotiko Kinoniko Metopo)]. 하지만 이 선거 연합은 의회 진출에 성공하지 못했다. 2015년 두 번째 총선에서 등장한 선거 연합은 사회당과 민주좌파(DIMAR)의 연합이다.

따라서 그리스의 경우 의회 진출에 성공한 선거 연합은 거의 존재하지 않아 선거 제도의 영향은 거의 차단되지 않았다. 비례 대표제임에도 추가 의석 할당제 도입과 균열 구조의 특성에 따라 양당제 경향이 유지되고 있었으므로 선거 연합을 결성할 필요가 없었기 때문이다. 특히 다른 나라들에 비해 사회 균열 구조가 다양하지 않아 다수의 다양한 정당이 형성될 토양이 존재하지 않는다는 사실이 기본 배경으로 작용한다.

그렇지만 이것은 선거 연합의 선거 제도 영향 차단 효과를 반증하는 것이 아니다. 선거 연합을 통해 나타날 양당제 경향이 이미 드러나는 상

30 정병기, 2015c, “그리스 정당 체제의 변화와 급진좌파연합(SYRIZA)의 등장 및 특성과 전망: 2012년 총선 이후를 중심으로,” 『마르크스주의 연구』 제12권 4호(경상대학교 사회과학연구원), 214~240쪽 참조.

태에서 선거 연합은 결성될 계기가 형성되지 않았을 뿐이다. 오히려 이것은 선거 연합이 다당제 국가에서도 선거 제도의 영향을 차단함으로써 양당제를 촉진한다는 가설을 무작위적 혹은 환원적으로 지지하는 것으로 볼 수 있다.

2009년 선거에서 다당제 전환이 시작되고 2012년부터는 정당 수도 많아짐에 따라 그리스에서도 선거 연합의 토양이 형성되기 시작한 것은 이러한 판단을 뒷받침한다. 실제 시리자와 같이 성공적인 선거 연합이 등장해 이미 새로운 거대 정당으로 성장했다. 이것은 선거 연합을 통해 양당제로의 복귀가 이루어질 수도 있다는 예측을 가능하게 한다.

스페인도 그리스처럼 비례 대표제 국가이면서 오랫동안 양당제가 지속되었다. 게다가 전면 비례 대표제이면서도 그리스에 비해 의회에 진출한 선거 연합이 적지 않다(<표 4-8> 참조). 이것은 그리스보다 오히려 프랑스나 이탈리아와 더 유사한 현상이다. 무엇보다 정당 수가 많다는 점이 그리스와 다른 흐름을 보이는 주된 이유 중의 하나다.

스페인에서도 선거 연합은 복잡하게 나타난다. 양대 정당의 연합도 이루어지지만 군소 정당의 연합도 이루어지며, 최근에는 군소 정당 연합이 성공적으로 의회에 진출했다. 특히 양당제로 전환하는 중대 선거인 1982년 선거에서 우파 진영의 국민연맹(AP)과 민주국민당(PDP)이 여러 차례 선거 연합을 결성했고 이후 단일 정당인 국민당(PP)을 창당해 거대 정당으로 성장했다.[31] 좌파 진영에서도 1986년부터 공산당을 포함하는 선거 연합인 좌파연합(IU: Izquierda Unida)이 결성되어 이후 양당제 전환을 촉진했다.[32]

---

31 Linz and Montero(2001), p.156.

32 Chhibber, Pradeep and Mariano Torcal, 1997, “Elite Strategy, Social Cleavages, and

<표 4-8> 스페인 정당 정치의 선거 연합 효과

연도	의회 진출 정당 수	의회 진출 선거 연합 수	의회 진출 단일 정당/선거 연합 수	정당 체제
1977	11	1	10	다당제
1979	13	1	12	
1982	12	2	10	양당제
1986	12	2	10	일당 지배제
1989	13	2	11	다당제
1993	12	2	10	양당 중심제
1996	13	2	11	
2000	13	1	12	양당제
2004	12	2	10	양당 중심제
2008	12	2	10	
2011	12	2	10	양당제
2015	11	2	10	다당제
2016	9	2	9	

• 기타 정당들은 수가 극히 적어(3석 이하) 1로 계산

• 선거 연합 내 2개 정당 이상이 의회 진출한 경우만 계산

출처: Parties and Elections in Europe (http://www.parties-and-elections.eu) 자료로 계산

특히 2016년 선거에서 21.2%를 얻어 제3당으로 급부상한 포데모스(PODEMOS)는 2014년 1월 2개 그룹[좌파 인텔리겐차들과 극좌파 정당 반자본주의좌파(IA)]이 주도한 선거 연합으로 출발했다.[33] 이어 같은 해 3월에 단일 정당으로 창당되기는 했지만, 2016년 총선에서도 좌파연합(IU)과 선거 연합을 구성했다.

이러한 연합 정치는 비례 대표제일지라도 군소 정당들이 많을 경우에는 의회에 진출하는 교두보를 마련해주는 데 중요한 역할을 한다. 게다가 스페인은 이데올로기의 파편화 외에 지역주의가 심각해 지역주의

Party Systems in a New Democracy: Spain," *Comparative Political Studies*. vol.30, no.1, pp.37~38.

33 Rodríguez-Teruel, Juan, Astrid Barrio and Oscar Barberà, 2016, "Fast and Furious: Podemos' Quest for Power in Multi-level Spain," *South European Society and Politics*, DOI: 10.1080/13608746.2016.1250397, p.4.

정당들이 중앙 의회에 다수 진출한 독특한 국가다.[34] 군소 정당들이 난립하는 이러한 지형에서 양대 정당을 중심으로 하는 연합 정치는 1990년대 초반부터 양당제로 복귀하는 토대를 마련했으며, 2000년대 이후 연합 정치가 약화되자 양대 정당의 지지율이 떨어지고 오히려 연합을 결성한 신생 군소 정당들이 성장하는 양상을 보였다. 2015년 이후 스페인에서 다당제 경향은 이러한 흐름의 결과일 가능성이 높다. 스페인에서도 선거 연합이 비례 대표제 선거 제도의 다당제 경향성을 차단하는 기능을 수행했다고 볼 수 있다.

위에서 살펴본 네 나라의 흐름을 각 항목의 평균값으로 환산해 나타낸 것이 <그림 4-2>다. 그림에서 보듯이 선거 연합 수가 많을수록 의회 진출 정당 수와 의회 진출 단일 정당/선거 연합 수의 차이가 더 크다. 의회에 진출한 선거 연합이 많을수록 의회 진출 단일 정당/선거 연합의 수가 더 줄어드는 것이다.

<그림 4-2> 선거 제도와 정당 체제의 관계에 대한 선거 연합의 효과

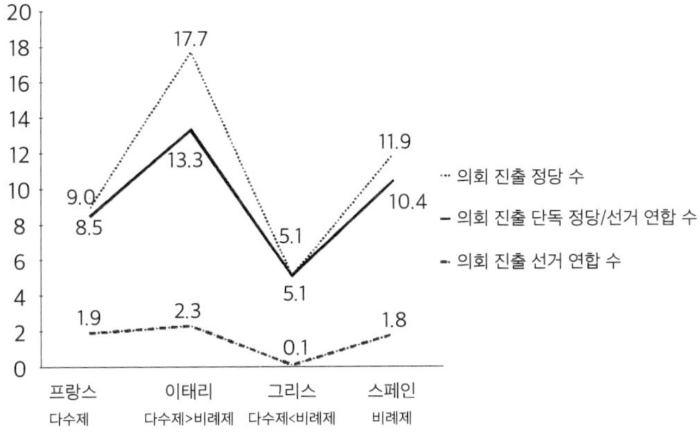

34 수렴과 연맹(CiU: 카탈루냐), 아마요르(Amaiur: 바스크), 바스크민족당(PNV)이 하원에서 10석 안팎을 보유하고 있으며, 갈리시아, 카나리아, 발렌시아, 아스투리아스, 아라곤 지역의 정당들도 하원에서 한두 석을 가지고 있다. 고상두·기주옥(2013), 191~192쪽.

물론 이것은 의회 진출에 성공한 선거 연합만 집계했으므로 당연한 결과다. 여기에서 중요한 것은 감소 폭이 크다는 사실이 아니라 오히려 감소 폭이 크지 않다는 사실이다. 이탈리아에서 감소 폭이 다소 크게 나타나지만 감소한 이후에도 의회 진출 정치 세력의 수는 13.3개나 된다. 다수 대표제인 프랑스와 비례 대표제인 스페인에서는 선거 연합 수도 동일하며 의회 내 정치 세력 수는 거의 감소하지 않은 수준이다.

만일 다수의 정당들이 거대 연합을 결성해 그중 많은 정당들이 의회에 진출한다면 결과는 달라질 수 있다. 이때에는 의회 진출 정당 수와 의회 진출 단일 정당/선거 연합 수의 차이가 더 크게 나타날 것이기 때문이다. 하지만 이탈리아를 제외하고는 비교 대상 국가들 중에서 그런 경우는 거의 없다. 군소 정당들은 대개 양대 정당들과 달리 집권을 위해서라기보다 주어진 선거 제도의 조건에서 자신들의 존속을 위해 최소한의 연합을 선호하기 때문이다. 이탈리아의 경우는 기존 정당 수가 워낙 많았다는 점으로 인해 일정한 조정 기대가 작동했을 수도 있지만, 진영 대립이 뚜렷한 상황에서는 거대 연합 안에 속해 있을 때 존속 가능성이 더 높기 때문이라고 할 수 있다.

이러한 결과는 앞에서 밝혀진 내용, 즉 선거 제도와 정당 체제의 관계가 거의 없다는 것을 의미할 뿐 아니라 선거 연합을 통해 그러한 무관성의 유지가 가능했다는 것도 의미한다. 다시 말해 선거 연합이 정당 체제에 대한 선거 제도의 영향을 차단한다는 것이다.

다수의 정당이 존재하는 지형에서 정치 행위자들은 다수 대표제의 효과를 차단하고 살아남기 위해 선거 연합을 결성하려 할 것이다. 마찬가지로 다수의 정당이 존재하는 비례 대표제의 환경에서 군소 정당들은 자신의 세력을 조금이라도 강화하려 하며 거대 정당들은 집권을 위해 이들을 통합하려는 연합의 유인이 발생한다. 따라서 다수 대표제 선거 제도일지라도 다수의 정당이 존재한다면 다당제를 유지하려는 경향이 생겨나고,

비례 대표제 선거 제도일지라도 다수의 정당이 존재하는 상황에서는 양대 정당을 중심으로 양당제로 전환하려는 경향이 생겨난다고 할 수 있다.

요약과 함의

지금까지 남부 유럽 네 나라의 선거 제도와 정당 체제를 살펴보고, 선거 제도가 정당 체제에 미치는 영향을 분석한 다음, 그 영향을 차단하는 선거 연합의 효과를 분석했다. 선거 연합은 선거 제도의 영향 속에서 정당들이 생존과 세력 강화를 위해 선택하는 핵심 전략으로서 중요한 행위자 요인이기 때문이다.

프랑스는 절대 다수 대표제를 가지고 있고, 이탈리아는 분석 대상 기간인 1993~2005년까지 단순 다수 대표제를 근간으로 하고 있어, 두 나라는 다수 대표제 국가군에 해당한다. 반면 그리스는 비례 대표제를 근간으로 하고 추가 의석 할당제라는 형식으로 다수 대표제를 가미했으며, 스페인은 전면 비례 대표제에 가까운 제도를 가지고 있어, 이 두 나라는 비례 대표제 국가군에 속한다.

비례 대표제의 성격이 짙을수록 다당제 경향이 강화된다는 기존 가설은 이 국가들에 거의 적용되지 않았다. 다수 대표제 국가군에서 다당제 경향이 강하고, 비례 대표제 국가군에서 오히려 양당제 경향이 강하게 나타났기 때문이다. 다만 국가군 내부에서 볼 때에만 비례 대표제 성격이 가미되면 다당제 성격이 강해지는 경향을 볼 수 있을 뿐이다. 게다가 그것도 프랑스에서 난립하는 군소 정당들의 수를 통제했을 경우에 한정된다.

그리고 선거 제도의 영향에 대한 이러한 차단 효과는 구조적 요인을 논외로 하면 선거 연합의 작용에 의한 것으로 밝혀졌다. 다수의 정당이 존재하는 다수 대표제 국가에서 정당들은 선거 연합을 결성해 선거 제도의 영향을 극복해 왔다. 다수의 정당이 존재하는 비례 대표제 국가에서도 정당들은 세력을 강화할 목적으로 연합을 형성해 다당제 경향을 피해 왔다.

다만 그리스에서는 선거 연합이 거의 결성되지 않아 그 차단 효과를 직접적으로 확인하기 어려웠다. 하지만 정당 수가 많지 않고 이미 양당제가 일정하게 정착되어 있는 상황이어서 선거 제도 영향을 차단할 필요가 없었다는 점에서 그것은 그 차단 효과를 반증하는 예가 아니라 환원적으로 증명하는 예로 볼 수 있다. 게다가 최근에는 그리스도 다당제로 전환하면서 성공적인 선거 연합이 결성되어 양당제로 회귀할 가능성을 보이고 있다.

이와 같이 다수 대표제 선거 제도일지라도 다수의 정당이 존재한다면 다당제를 유지하려는 경향이 생겨나고, 비례 대표제 선거 제도일지라도 다수의 정당이 존재할 때 양당제로 전환하려는 경향이 생겨날 수 있다. 그리고 이것은 선거 연합이라는 행위자 요인을 통해 촉진되며, 이는 선거 연합이 선거 제도의 영향을 차단하는 효과가 있음을 의미한다.

이러한 분석 결과는 선거 제도 변화를 통해 정당 체제를 개편하려는 시도에 중요한 시사점을 준다. 사회 균열이라는 구조적 요인 외에 무엇보다 주요 정치 행위자들의 연합 정치라는 행위자 요인을 신중하게 고려해야 한다는 것이다.

제5장

한국의 대선과 선거 연합

한국에서는 2010년 동시 지방 선거뿐만 아니라 2012년 총선과 대선에서도 선거 연합이 선택이 아니라 필수인 듯했다. 물론 2017년 조기 대선에 선거 연합은 결성되지 않았다. 하지만 더불어민주당이 정의당 혹은 국민의당과 연합하는 논의나 국민의당이 바른정당과 연합하는 논의들이 선거 기간 내내 회자되었을 뿐 아니라, 실제 바른정당은 국민의당에 비공식적인 제안을 하기도 했다. 더불어민주당이 압도적으로 승리할 것이 예측됨으로써 비록 선거 연합은 결성되지 않았지만, 다당제가 지속된다면 이후 지방 선거와 총선에서 선거 연합은 다시 불거질 수밖에 없다.

특히 지방과 지역구에서 선거 연합은 야당들뿐 아니라 여당에서도 논의되어 왔다. 선거 기간 내내 후보 단일화를 둔 협상과 타협이 진행되었으며, 정당 차원의 연합이 이루어지지 않더라도 후보자들 간 연합이 실제 성사되고 정당은 이를 허용하였다. 단순 다수제를 근간으로 하는 선거제도에서 총선 혹은 지방 선거 후보자들 간 연합은 대선 후보자들의 연합과 유사한 성격을 갖는다.

이 장은 우리나라 선거 연합 정치를 고찰하기 위해 우선 대선 선거 연합에 대해 분석한다. 이 장의 내용도 필자의 발표 논문[1]을 책의 구성에 맞추어 일부 추가하거나 삭제하여 재구성한 것이다. 구체적으로 살펴볼 문제는 첫째, 민주화 이후 한국의 정당 체제는 어떻게 변했으며, 이 변화가 선거 연합 형성에 어떤 영향을 미쳤는가, 둘째, 선거 연합의 목표는 어떠했으며, 그에 따라 어떠한 전략이 구사되었는가다.

첫째 문제는 정당 수뿐만 아니라 정당들 간 힘 관계(경쟁성)와 사회 균열, 정치 균열, 정당 균열의 변화와 성격을 통해 규명하며, 둘째 문제는 공직 배분과 정책 실현 중 어느 것에 더 중점을 두는가와 연합의 전략이 전선적인지 연대적인지를 중심으로 분석한다. 특히 1997년 최초의 선거 연합 형성과 관련해서는 여러 제도적 요인 및 다양한 정치적 요소들로 인한 '연합 회피 요인(coalition avoidance)'[2]이 어떻게 사라졌는지를 분석하고, 선거 연합이 시도되지 않았거나 실패한 대선의 경우에도 그 이유를 분석한다.

대선 선거 연합의 역사와 선행 연구

대통령 중심제와 단순 다수 대표제를 근간으로 하는 한국 정치에서 연합은 주로 대통령의 안정적 권력 기반을 확보하기 위한 중기적 전략으로 채택된 정당 통합으로 진행되었다. 한국 대선에서 선거 연합은 1995년 지

1 정병기, 2016, "한국 대선 선거 연합의 성격과 정당 체제적 요인," 『대한정치학회보』 제24집 3호(대한정치학회), 221~242쪽.

2 Strøm, Kaare and Jørn Y. Leipart, 1993, "Policy, Institutions and Coalition Avoidance: Norwegian Governments, 1945~1990," *American Political Science Review*, vol.87, no.4, pp.870~887.

방 선거의 부분 선거 연합을 거쳐 1997년(제15대) 대선에서 김대중의 새정치국민회의와 김종필의 자민련 간 후보 단일화라는 형태로 처음 결성되었다. 이후 2002년 제3회 전국 동시 지방 선거에서 새천년민주당, 자민련, 민국당이 정책 연합을 형성했고, 같은 해 제16대 대선에서 새천년민주당의 노무현과 국민통합21의 정몽준이 후보 단일화를 시도했다. 그리고 2010년 제5회 동시 지방 선거와 2012년 총선에서도 야권을 중심으로 광범위한 선거 연합이 이루어졌다.

하지만 노무현과 정몽준의 연합이 선거 직전에 파기됨으로써 대선 선거 연합 중 성사된 것은 김대중과 김종필의 후보 단일화 연합이 유일하다. 2007년 대선에서도 선거 연합이 시도되었으나 성사되지는 못했으며, 2012년 선거 연합도 무성했던 논의와 달리 실제 이루어지지는 못했다. 총선 선거 연합도 2012년 선거에서 처음 이루어진 것을 고려하면, 전국적인 차원의 선거 연합은 대선에서 먼저 이루어졌을 뿐 아니라 더 자주 시도되었다.

그럼에도 불구하고 대선 선거 연합에 대한 연구는 현재호, 김영태, 손성민·김준석, 조성대, 골더(Golder)의 연구가 전부다.[3] 그밖에 조현연과 최장집의 글들[4]도 대선 선거 연합을 다루고 있지만, 분석적인 연구가 아

---

3 현재호, 2004, "민주화 이후 정당 간 연합에 관한 연구: DJP 연합을 중심으로," 『아세아연구』 제47권 1호(고려대 아세아문제연구소), 147~214쪽; 김영태, 2003, "16대 대선 후보 선정 및 후보 단일화 과정에 대한 분석," 한국정치학회 춘계 학술회의 발표 논문; 손성민·김준석, 2012, "후보 단일화 그리고 '권력 나누기'의 메커니즘: 한국 대통령 선거 연합 형성의 신호 게임(Signaling Game) 접근," 『한국정당학회보』 제11권 1호(한국정당학회), 113~138쪽; 조성대, 2013, "민주화 이후 한국 대통령 선거에서 제3후보 현상과 선거 연합에 관한 연구," 『선거연구』 제3권 1호(한국선거학회), 73~107쪽; Golder, Sona N., 2006, *The Logic of Pre-Electoral Coalition Formation, Columbus* (Ohio: The Ohio State University Press).

4 조현연, 1997, "15대 대통령 선거와 'DJP 지역 연합'," 『동향과 전망』 제33호(한국사회과학연구소), 103~131쪽; 최장집, 2011, "선거/정치 연합과 '부분 체제' - 하나의 제언," 『노동연구』 제22집(고려대학교 노동문제연구소), 5~30쪽.

니라 DJP 연합을 비판하고 진보 진영의 독자적 행보를 주장하거나 민주당과 노동 단체의 연합을 주장하는 논평 혹은 평론에 가깝다.

현재호와 김영태는 DJP 연합이나 노무현-정몽준 연합만을 분석했으며, 골더는 2002년 이전까지만을 대상으로 했다. 그리고 손성민·김준석과 조성대는 신호 게임적 접근이나 제3후보에 집중해 다양한 연합의 요인들을 다루지 못했다. 특히 민주화 이후 정당 체제가 새롭게 재편되어 가는 역동적 상황에서 정당 체제 요인이 중요함에도 불구하고 정당 수와 이데올로기 및 정책적 거리 외에 이 요인의 다양한 측면에 주목한 연구는 이루어지지 않았다.

통치 연합에 대한 관심과 달리 선거 연합에 대한 관심은 세계적 차원에서도 2000년대 중반 골더의 연구[5]를 통해 비로소 각광받기 시작한 것처럼 한국에서도 대선 선거 연합뿐 아니라 선거 연합 자체에 대한 관심이 바로 촉발되지는 못했다. 선거 연합에 대한 본격적 관심은 2010년 지방 선거에서 야당과 진보 진영의 선거 연합이 큰 화두가 된 이후 나타나기 시작했다. 2009년에 정상호의 글[6]이 선거 연합을 언급하기는 했지만, 진보 진영의 노선과 정책을 분석하고 선거 연합을 분열 극복 방안으로 제시했을 뿐 선거 연합을 분석하지는 않았다. 2010년 지방 선거에서 나타난 선거 연합에 대해서는 상대적으로 많은 학자들이 관심을 가졌는데, 고원, 김범수, 도묘연, 배성인, 손호철, 한상익 등의 논문이 그러한 연구들이다.[7] 그리고 2012년 총선 선거 연합에 대해서는 정당 체제에 미친 영향을

---

5 Golder, Sona N., 2005, "Pre-electoral Coalitions in Comparative Perspective: A Test of Existing Hypothesis," *Electoral Studies*, vol.24, no.4, pp. 643~663; Golder(2006).

6 정상호, 2009, "진보 개혁 진영의 정책 이념의 현황과 연합 정치의 발전 과제," 『사회과학연구』 제33집 1호(전북대학교 사회과학연구소), 49~77쪽.

7 고원, 2010, "2010년 한국의 지방 선거와 연합 정치의 쟁점," 『동향과 전망』 제80호(한국사회과학연구소), 45~76쪽; 김범수, 2010, "연합 정치의 경험과 전망: 고양무지개연대 사례 연구," 『동향과 전망』 제80호(한국사회과학연구소), 77~105쪽; 도묘연, 2012, "기초 의회 정당 구도와 선거

다룬 정병기의 논문[8]과 진보 정당과 관련해 선거 연합을 분석한 배성인[9]의 연구가 전부다.

따라서 이 글은 민주화 이후 한국 대선에서 시도된 선거 연합들(1997년 김대중-김종필 연합과 2002년 노무현-정몽준 연합)을 대상으로 정당 수와 이데올로기 및 정책의 거리뿐 아니라 정당들 간 힘 관계와 균열의 성격을 고찰해 선거 연합의 형성 요인과 성격을 정당 체제의 측면에 맞추어 분석하려 한다.

최초의 선거 연합 'DJP 연합'의 형성과 결과

1992년 대선 이전에 성립된 3당 합당(민정당, 통일민주당, 공화당이 민자당으로 통합)을 논외로 하면,[10] 민주화 이후 한국 대선에서 최초로 결성된 선거 연합은 1997년 제15대 대선을 앞두고 성립된 새정치국민회의와 자민련 간의 이른바 DJP 연합이다. 이 선거 연합은 정책 연합을 거쳐 본격화되었

연합의 관계성에 대한 탐색적 연구: 제5회 시·군·구 선거 연합을 사례로," 『21세기정치학회보』 제22집 3호(21세기정치학회), 239~265쪽; 배성인, 2010, "6·2지방 선거와 선거 연합: 쟁점에 대한 이해와 분석," 『마르크스주의 연구』 제7권 2호(경상대학교 사회과학연구원), 170~200쪽; 손호철, 2010, "연합 정치를 말한다: 진보 정치의 재구성을 중심으로," 『진보평론』 제46호, 132~187쪽; 한상익, 2012, "제5회 동시 지방 선거 선거 연합의 특징과 효과에 대한 시론적 연구: 선거구 경쟁 조건, 선거 효과를 중심으로," 『한국정치연구』 제21집 1호(서울대학교 한국정치연구소), 55~77쪽.

8 정병기, 2012b, "19대 총선과 정당 체제 전망: 연합 정치의 효과," 『의정연구』 제18권 2호(한국의회발전연구회), 65~94쪽.

9 배성인, 2014, "19대 총선과 진보 정당: 이슈와 전망 - 평가, 야권 연대, 선거 전략," 『경제와 사회』 제103호(비판사회학회), 313~343쪽.

10 3당 합당이 1992년 대선을 겨냥해 이루어졌다는 점에서 이 합당도 선거 연합 혹은 연합 정치에 포함시켜 논의하는 경향이 대세였다. 그러나 서로 다른 행위자들이 독자적 정치 세력으로 연합을 이룬 것이 아니라 하나의 정당이라는 단일한 행위자로 통합한 것이므로 이 글에서는 선거 연합에 포함시키지 않는다.

는데, 1996년 총선의 선거 부정에 대한 편파 수사와 야당 의원 빼내 오기 등의 정치적 사안에 대한 공동 대응으로 나타난 사안별 정책 연합이 각종 법안과 국가 정책을 둘러싼 포괄적 정책 연합으로 발전한 것이다.[11] 특히 집권당인 신한국당이 안기부법 개정을 일방적으로 추진하고 자민련 의원들의 탈당과 신한국당 입당을 촉발하면서 새정치국민회의와 자민련은 급속도로 가까워졌다. 실제 자민련의 입장은 1996년 12월 의총에서 사안별 연합을 넘어 '존재론적 공조', '일심동체 투쟁' 등이 공식적으로 제기되면서 포괄적 연합으로 전환해갔다. 이에 새정치국민회의가 동의했고, 그에 따라 두 정당은 1997년 대선에서 후보 단일화로 나타나는 선거 연합을 결성하게 되었다.

사실 양 당의 공조는 1995년 6월 지방 선거에서 자민련이 새정치국민회의의 전신인 민주당의 서울시장 후보를 지지하고 강원도 도지사 선거에서 양 당이 연합함으로써 시작되었다. 이 공조는 그 해 9월 창당된 국민회의가 대통령 중심제와 소선거구제를 당 강령으로 정하면서 파기되었다가 15대 총선에서 당시 집권당(신한국당)이 다시 승리하면서 복원되었다.[12] 신한국당이 34.5%의 득표율로 전체 의석 299석 중 139석을 차지하고, 국민회의가 25.3% 득표율로 79석을 차지했으며, 자민련이 16.2% 득표율로 50석을 차지한 것이다.[13] 선거 다음 달인 5월에 김대중과 김종필이 회동해 여당의 부정 선거 시인 및 책임자 처벌, 과반수 확보를 위한 야권 당선자 영입 작업의 중단 및 부정 선거 방지를 위한 제도적 장치의 보장 등을 요구하는 합의문을 채택하고 이후 공동 보조에 합의해 선거 연합을 결성

11 조현연(1997), 106쪽.

12 심지연, 2004, 『한국 정당 정치사: 위기와 통합의 정치』(서울: 백산서당), 437~438쪽.

13 중앙선거관리위원회, 2009, 『대한민국 선거사』 제6집(1993.2.25.~1998.2.24.)(서울: 중앙선거관리위원회), 277쪽.

해갔다.[14]

그에 따라 양 당은 같은 해 서울 노원구청장 보궐 선거와 경기도 오산시장 재선거 및 이듬해 인천 서구와 수원 장안구 국회의원 보궐 선거에서 후보를 단일화해 승리했다.[15] 그리고 1997년 11월 김대중으로 대선 후보를 단일화하고, 집권하면 자민련이 총리를 맡아 공동 정부를 구성하며, 각료 배분과 지방 선거 후보 공천 등에서 양당의 비율을 동일하게 정하고, 1999년 말까지 의회 중심제로 개헌한다는 내용을 골자로 하는 합의문을 작성해 1997년 대선에 임했다. 이와 같이 연합으로 선거에 임한 김대중 후보(40.3%)는 분열한 신한국당의 이회창 후보(38.7%)를 누르고 승리했다.[16]

반공 보수적 지역주의 정당 체제와 선거 연합 회피 요인의 변화

DJP 선거 연합의 결성은 민주화 이후 지속적으로 작용해온 선거 연합 회피 요인들이 제거되었음을 의미한다. 장훈[17]에 따르면, 민주화 이후 한국의 정치는 새로 형성된 반공 보수주의적 지역주의 정당 체제에서 지역 간 거리감, 전략적 투표의 부재, 강력한 대통령제에 따른 권력 집중이라는 요인들이 작용해 선거 연합이 이루어지지 못했다고 한다. 그러나 이 요인들은 1990년대 정당 체제의 변화에 따라 더 이상 연합을 회피하는 요인이 아니라 오히려 촉진하는 요인으로 변했다.

---

14 심지연(2004), 438~440쪽.

15 중앙선거관리위원회(2009), 321쪽.

16 신한국당 대선 후보 경선에서 패배한 이인제 후보가 탈당하여 국민신당을 창당해 독자 출마했다.

17 장훈, 2001, "한국 대통령제의 불안정성의 기원: 분점 정부의 제도적, 사회적, 정치적 기원," 『한국정치학회보』 제35집 4호(한국정치학회), 118~123쪽.

민주화 이후 1988년 제13대 총선을 정초 선거로 하여 수립된 한국 정당 체제는 "운동에 의한 민주화"와 "협약에 의한 민주화"라는 두 과정이 결합된 민주화[18]로부터 영향을 받았다. 하지만 이 민주화 협약은 제도권 야당과 사회 운동이 분리됨에 따라 권위주의 정권의 후속 정당인 여당과 제도권 내 민주화 세력인 야당 사이에 이루어진 타협이기도 했다.[19] 제도권 내 여당과 야당은 공통적으로 반공 보수주의 경향을 띠고 있었으며, 그에 따라 민주화 이후 약 10년 동안 대북 강경 입장을 고수하는 세력들의 결집이 지속되었다. 평화민주당이 상대적으로 유연한 자세를 보이기는 했지만, 이 시기 한국의 정당 체제는 전반적으로 반공을 추구하는 대북 강경 입장이 대세를 장악하고 있었다. 또한 체제 이데올로기와 관련해서는 개발 독재를 통해 형성된 한국형 시장 경제 질서를 유지하려는 신한국당계(민정당, 민자당, 신한국당)와 더 자유주의적인 시장 경제 질서를 지향하는 민주당계(평화민주당, 민주당, 새정치국민회의, 통합민주당)가 동일한 시장 경제주의 진영 내에서 일정하게 대립하기는 했지만, 최소한 사회 복지 국가 형태의 사회 경제주의를 추구하는 진보 정당들의 의회 진입이 실패함으로써 체제 이데올로기 스펙트럼은 보수 진영 내로 한정되었다.[20]

다른 한편 독재와 민주의 대립 구도가 사라졌음에도 자본주의의 근본적 정치 균열이나 뚜렷한 정책적 정체성이 형성되기는 어려운 상황에서 정치 엘리트들이 기존 정당 질서의 틀 속에서 자신의 지지 기반을 중심으로 지역을 수직적으로 분획하여 대중을 동원했고, 그 결과 지역주의 정당 체제가 형성되기 시작했다.[21] 이것은 샤츠슈나이더가 말한 대로 일

---

18 최장집, 2002, 『민주화 이후의 민주주의』(서울: 후마니타스), 115~122쪽.

19 정병기(2012b), 69쪽.

20 정병기(2012b), 70쪽.

21 최장집(2002); 정진민, 2001, "민주화 이후 한국 정당 체계의 변화: 정당 체계 재편성 가능성을 중심으로," 『의정연구』 제7권 2호(한국의회발전연구회), 201~222쪽 참조.

반 대중의 이익보다는 엘리트의 이해관계에 크게 유리한 '편향성의 동원(mobilization of bias)'을 제도화한 체제였다.[22]

이러한 상황에서 지역주의 구도의 인위적 재편은 강력한 단임 대통령제라는 제도적 조건과 맞물려 선거 연합을 촉진하는 방향으로 작용했다. 그 핵심적 사건은 지역 갈등의 축을 호남 지역 대 비호남 지역으로 강화시킨 1990년 3당 합당이었다. 이 합당은 기본적으로 민주화 이후 핵심 정치 지도자로 등장한 세 정치인들(김대중, 김영삼, 김종필)과 이들을 중심으로 권력이 집중된 정당들의 파벌적 이해의 대립 및 지역주의 투표 성향의 등장에 기인했다.[23] 경남을 대표하는 김영삼의 통일민주당과 충청 지역을 대표하는 김종필의 공화당 및 경북 지역을 대표하는 당시 노태우 대통령의 민정당이 통합함으로써 차기(1992년) 대선을 겨냥해 호남 지역을 대표하는 김대중 진영을 고립시킨 것이었다.[24]

특히 3당 합당으로 탄생한 민자당은 인구가 많은 경상도 지역을 독점적으로 대변하게 되었지만, 이후 합당의 약속이었던 내각제 개헌이 이루어지지 않자 재탈당을 통해 창당된 자민련(김종필)이 충청도를 대변했

---

22 Schattschneider, Elmer E., 1975, *The Semisovereign People: A Realist's View of Democracy in America,* 2nd ed. (Hinsdale, Ill.: Dryden Press), chap.4; 최장집(2002), 107쪽.

23 문용직, 1993, "1990년 3당 합당의 분석," 『한국과 국제정치』 제9권 1호(경남대학교 극동문제연구소), 69쪽.

24 물론 이 합당은 "전혀 의도하지 않았던 새로운 정당 정치"의 방향을 노정하도록 만들기도 했다[강원택, 2012, "3당 합당과 한국 정당 정치," 『한국정당학회보』 제11권 1호(한국정당학회), 177쪽]. 우선, 3당 합당으로 민정당 노태우 정부가 강경파 구권위주의 세력에 대한 의존에서 자유롭게 되었으며 이에 따라 정치적 보수주의가 민주화 환경에 맞는 새로운 정체성을 모색할 수 있게 되었다. 또한 3당 합당과 함께 정치적으로 위축된 김대중과 평화민주당은 호남 대 비호남이라는 지역주의적 이원 구도에서 벗어나기 위해 다른 세력과의 연대 및 통합을 적극적으로 시도했고, 그러한 과정을 통해 상대적으로 이념적 진보성을 강화해 가게 되었다. 그러나 이 진보성의 강화가 계급 정치적 속성을 지닐 정도로 이념 공간이 확대되어 정당 체제의 변화를 결과할 정도는 아니었다. 다만 한국적 정치 맥락에서 정당 간 의미 있는 이념적 차별성을 확인할 수 있는 수준으로까지 발전했다는 의미를 갖는다.

다. 그에 따라 지역 간 거리감이 큰 상황에서 전라도를 대변하는 새정치 국민회의(김대중)와 함께 다시 3각 구도가 형성되자 어떠한 후보도 당선을 장담할 수 없었다. 또한 누가 당선되든 승자 독식의 강력한 대통령제 하에서 선거에 패배할 경우 모든 것을 잃게 되는 위험이 존재했다. 이러한 상황에서 최고 정치 지도자 1인에게 권력이 집중된 각 정당들은 정치 지도자들 간 협상과 타협을 통해 후보 단일화를 이루고자 했다. 여기에 3당 합당으로 당선된 김영삼 당시 대통령의 배신을 경험한 김종필은 민자당보다 국민회의를 선택하고 통합보다 연합을 선택했다.

전략적 투표의 부재도 더 이상 선거 연합 회피 요인이 아니라 선거 연합 촉진 요인으로 변했다. 전략적 투표가 부재해 제3후보가 패배할 것이 분명함에도 이 후보를 끝까지 지지하는 경향이 존재하기 때문에 김종필의 출마는 김대중에게도 당선 가도에 치명적 장애가 될 수 있었기 때문이다.[25] 물론 지역주의 정당 체제에서 이러한 경향은 지역주의와 결합해 더욱 견고하게 남아 있을 수 있었다.

공직 추구와 전선 전략의 지역 연합으로서의 DJP 연합

DJP 연합을 현재호[26]는 교량(bridge) 연합이라고 규정한다. 실제 1996년 총선에서 나타난 정당 이데올로기 스펙트럼을 보면, 신한국당이 중간

25 3당 합당도 같은 논리로 설명할 수 있으나, 당시 이 요인들은 정치 행위자들로 하여금 연합(coalition)이 아니라 합당을 선택하게 했다. 이것은 당선이 불확실한 상황에서 전부 잃을 위험성이나 집권당의 임의에 의존하는 느슨한 결합보다는 집권당의 지위를 공유하려는 선택이었던 것으로 보인다.

26 현재호(2004), 154쪽.

지점을 차지해 상대적으로 중도적이었다(<그림 5-1> 참조).[27] 그리고 새정치국민회의가 왼쪽에 위치해 가장 진보적인 반면, 자민련은 오른쪽에 위치해 가장 보수적이었다. 그가 옳게 지적한 것처럼, 이데올로기적 정체성이 가까운 한나라당(대선을 앞두고 신한국당이 통합민주당과 합당해 창당한 정당)과 국민회의의 연합이 결성되지 못한 것은 승자 독식이라는 대통령제 하에서 경쟁하는 양대 정당의 연합이 처음부터 배제되었기 때문이다. 그리고 한나라당과 자민련이 연합하지 못한 것은 IMF 외환 위기의 상황에서 당시 집권당으로서 그 위기의 책임이 있는 한나라당과의 연합이 자민련에게는 큰 부담이 되었기 때문이다.[28]

<그림 5-1> 주요 정당별 이슈 구성으로 본 이데올로기 스펙트럼(1996년 총선)

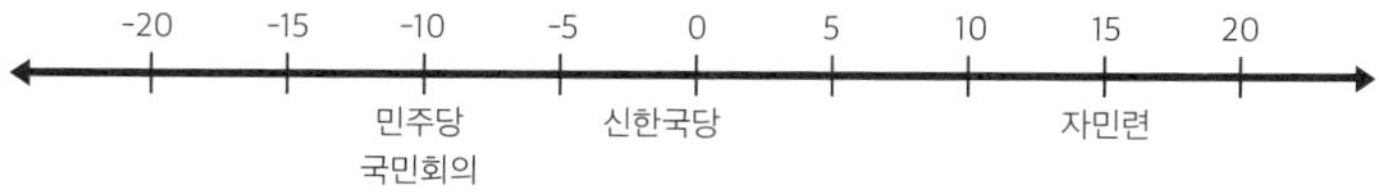

출처: 현재호(2004), 152쪽의 그림 수정

그러나 이 설명은 다른 연합 대안들이 회피된 이유를 설명할 수 있지만, DJP 연합이 결성된 적극적인 이유를 설명하지는 못한다. 그것은 양대 정당의 공직 배분과 정책 합의에서 찾을 수 있다. 무엇보다 공동 정부 형

---

27 버지(Budge)가 사용한 이슈 구성을 변형하여 보수(우파) 정당이 강조하는 이슈로 남북 관계 부정, 군사 긍정, 자유, 인권, 헌정주의 긍정, 정부 권위, 기업, 경제적 유인, 보호주의 부정, 생산성, 경제 정통성, 사회 서비스 확대 부정, 국가적 삶의 방식 긍정, 전통 도덕 긍정, 법질서, 국가 노력 및 사회 조화를 선정했고, 진보(좌파) 정당이 강조하는 이슈로 남북 관계 긍정, 탈식민지, 군사 부정, 평화, 국제주의, 민주주의, 자본 규제, 경제 계획, 보호주의 긍정, 통제 경제, 국유화, 사회 정의, 사회 서비스 확대 긍정, 교육, 노동 집단 긍정 등을 선정했다. Budge, Ian, 2001, "Validating the Manifesto Research Group Approach," Michael Laver (ed.), *Estimating the Policy Position of Political Actors* (London and New York: Routledge), p.56; 현재호(2004), 151쪽.

28 현재호(2004), 159~161쪽

태의 통치 연합 구성과 동일한 비율의 각료 배분에 합의가 이루어진 것과 국민회의가 처음과 달리 의회 중심제 개헌에 합의한 것이 가장 중요한 요인이었다. 국민회의와 달리 한나라당은 대통령제를 고수해 자민련의 탈당을 초래했기 때문이다. 따라서 DJP 연합이 종합적 이데올로기 거리로 보면 교량 연합임은 분명하다. 그러나 의회 중심제 개혁이라는 개별 정책의 측면에서 보면 오히려 악셀로드(Axelrod)[29]의 최소 거리 연합에도 해당되지만 무엇보다 공직을 중심으로 볼 때 공직 배분을 둘러싼 공직 추구의 결과라고 할 수 있다. 선거 승리 후 공동 정부 출범과 김종필 총리 지명은 약속대로 이루어졌지만 2000년 새천년민주당(2000년 새정치국민회의가 개명)이 의회 중심제 개헌을 유보하자 자민련은 연합을 탈퇴했고 그에 따라 공동 정부가 붕괴된 것도 이 판단을 뒷받침한다.

다시 말해 골더의 분석처럼 이 시기 대선의 선거 연합 결성 요인으로는 대통령 단임제와 후보들 간 적대감이 주로 작용했으며, 연합에서 중시되는 가치나 목표는 공직 배분(현 대권 후보와 차기 대권 후보, 대통령직과 총리직, 대권과 당권)이었다.[30] 따라서 한국에서 잠재적 연합 상대들이나 야당 지도자들의 이데올로기 위치는 중요하지 않았다. 다만 DJP 연합의 경우 공직 배분이 의회 중심제 개헌이라는 정책으로 표출되었다고 할 수 있다.

한편 연합 전략과 관련해 DJP 연합이 구사한 것은 연대 전략보다는 전선 전략이었다. DJP 연합이 내세운 공식 논리는 영남 패권 해소를 통한 지역주의 타파와 김대중으로의 후보 단일화를 통한 정권 교체였기 때문이다. 곧, DJP 연합은 지역적으로는 전라-충청-대구-경북-강원을 잇는 반PK 연합 전선을 펼치고 이념적으로는 광범위한 '보수의 바다' 안에 둥

29 Axelrod, Robert, 1970, *Conflict of Interest: A Theory of Divergent Goals with Applications to Politics* (Chicago: Markham).

30 Golder(2006), pp.77~83.

지를 틀 수 있는 연대 틀을 형성하는 것이 그 골자였다.[31] 다시 말해 패권 지역인 경상 지역에 대항하는 지역 연합 전선을 통해 정권을 교체하려는 또 다른 지역 연합이었다고 할 수 있다. 이때 진보의 연대 틀은 진보 세력들의 정체감 형성을 통해 구성되는 새로운 연합체가 아니라 집권당에 대항해 정권을 장악하기 위해 결성한 전선체를 의미하는 것이었다.

노무현-정몽준 연합과 이후 선거 연합의 시도와 실패

2002년 제16대 대선에서도 선거 연합이 시도되었는데, 대선 후보인 노무현과 정몽준의 후보 단일화가 그것이다. 노무현-정몽준 연합의 특징은 지역주의적 지지 성향이 뚜렷이 드러나는 후보 간 연합도 아니며 정책적 공조도 아니라는 점이다. DJP 연합은 일정하게 정책 공조의 성격을 띠었지만 전라도를 대변하는 김대중과 충청도를 대변하는 김종필이라는 두 지도자의 연합이라는 성격도 강하게 띠었다. 그러나 노무현-정몽준 연합은 젊은 층의 지지가 뚜렷한 두 후보가 단일화를 이루어 선거에서 지지를 확대하기 위한 연합을 만들었다는 점에서 보수와 진보의 이념 지형을 일정하게 대변하는 경향을 보였다.[32]

노무현-정몽준의 선거 연합이 처음부터 순조롭게 이루어진 것은 아니었다. 그러나 한나라당 이회창 후보 대세론이 지속되고 지지층 분포가 유사한 상황에서 두 후보의 독자 출마는 필패를 의미했다. 따라서 두 후

31 조현연(1997), 107쪽.

32 이정진, 2003, "정당 연합과 지역주의," 『한국과 국제정치』 제19권 3호(경남대학교 극동문제연구소), 136쪽.

보의 단일화는 기정사실화되어 갔고 긴장은 단일화 방법을 둘러싸고 진행되었다.[33] 단일화 협상은 두 개의 여론 조사 기관을 통해 후보를 확정하되 '2주간 이회창 후보의 지지율 평균보다 하락'할 경우 무효화한다는 합의에 도달했다. 이 합의에 따라 2002년 11월 26일 진행된 여론 조사 결과 '월드 리서치' 조사는 무효로 처리되고 '리서치 앤 리서치'의 조사 결과에 따라 노무현 후보가 단일 후보로 확정되었으며, 정몽준 후보는 노 후보를 돕기로 하고 사퇴했다.[34]

하지만 선거를 8시간 앞두고 국민통합21의 정몽준 후보가 돌연 새천년민주당 노무현 후보 지지를 철회함으로써 연합은 선거 이전에 붕괴되었다.[35] 그러나 그 붕괴는 선거 몇 시간 전에 이루어짐으로써, 연합의 효과로 형성된 양강 구도는 끝까지 유지되었다. 선거 결과 득표율은 노무현 48.9%, 이회창 46.6%로 나타나, 민주화 이후 처음으로 양대 후보의 득표율 합이 90%를 넘었다. 1997년 선거에 비해 연합의 효과가 더 크게 작용한 결과라고 할 수 있다.

이후 2007년과 2012년에 치러진 대선에서는 선거 연합이 형성되지 않았다. 하지만 선거 연합의 결성 시도가 완전히 사라진 것은 아니었다. 2007년 대선은 한나라당의 이명박 후보와 민주당의 정동영 후보 간 각축으로 전개되어 이명박 후보의 압승으로 끝났다. 이와 달리 2012년 대선에서는 제3후보들이 민주당 문재인 후보 지지를 선언하며 출마를 포기함으로써 공식 연합을 결성하지는 않았지만, 사실상 단일 후보 지지를 호소하는 방식으로 야권의 연대가 이루어졌다.

---

33 김영태(2003), 14~15쪽.

34 '리서치 앤 리서치' 조사는 노무현 46.8%, 정몽준 42.2%. '월드 리서치' 조사는 노무현 38.8%, 정몽준 37.2%. 김영태(2003), 14~15쪽.

35 Kim, Youngmi, 2011, *The Politics of Coalition in Korea - Between Institutions and Culture* (Abingdon, UK and New York, NY: Routledge), p.2.

반공 보수적 지역주의 정당 체제의 해체와 선거 연합 촉진 요인의 변화

선거 연합과 관련해 정당 체제의 변화는 보수주의의 분열과 지역주의의 약화로 나누어 볼 수 있다. 우선 1998년 이후 반공 보수주의 정당 체제가 변하기 시작했는데, 그 직접적인 계기는 DJP 연합의 승리에 따른 공동정부 출범에서 찾을 수 있다. 하지만 보다 근본적으로는 국민회의의 통일외교 정책 강조와 자민련의 경제 정책 강조의 연합이라는 DJP 통치 연합의 성격에서 비롯되었다.[36]

새천년민주당과 자민련의 공동 정부는 IMF 외환 위기가 닥친 시기에 출범했으므로 경제 정책의 핵심 목표를 이 위기 해결로 정했다. 그 결과 IMF의 요구에 따라 자민련의 시장 자유주의적 경제 정책이 관철되고 여기에 국민회의의 경제 정책도 수렴해갔다. 반면 국민회의는 햇볕 정책으로 표현되는 적극적 대북 포용 정책을 폈고, 대북 강경적인 자민련도 이에 동의했다. 하지만 의회 중심제 개헌이 유보되어 자민련에 대한 차기 정권 약속이 지켜지지 않고 대북 정책에 대한 자민련의 반대가 거세어짐으로써 2000년에 공동 정부는 붕괴되었으며 2006년 자민련은 한나라당과 같은 대북 강경 입장으로 돌아섰다.[37] 그에 따라 보수주의 진영은 대북 강경적 보수주의와 대북 온건적 보수주의로 분리되었다.

또한 경제 정책적으로도 보수주의 진영은 개발 독재에서 유래하는 이른바 신개발주의형 시장 경제 질서를 옹호하는 전통적 보수와 더 자유주의적인 시장 경제 질서를 구축하려는 자유주의적 보수의 분리가 뚜렷해졌다. 구체적으로 한나라당은 재벌 경제 해소에 대해서는 소극적이거나 반대하는 입장을 보인 반면, 새정치국민회의와 새천년민주당 및 그

36 현재호(2004), 169~170쪽.

37 현재호(2004), 171~172쪽.

후속 정당들은 재벌 경제에 반대하는 등 독과점 시장에 부정적인 경향을 보였다.

이때 과거와 달리 보수의 개념은 자본주의 시장 경제 질서를 옹호하는 정치 이념이나 세력을 지칭하는 반면, 이후 설명할 진보는 반대로 자본주의 시장 경제 질서를 사회 국가적으로 개혁하거나 계급 혁명을 통해 사회주의 질서로 전환시키고자 하는 이념이나 세력을 지칭하게 되었다. 1998년 이후 한국 정당 체제 변화의 뚜렷한 특징은 타협에 의한 민주화에 따라 형성된 반공 보수주의 정당 체제가 붕괴되기 시작했다는 것이다. 그러나 이 변화는 물론 새로운 정당 체제로의 변화, 즉 키(Key)[38]의 재편이나 기존 정당 체제에 대한 지지가 약화되어 정당과 유권자의 관계가 해소되는 과정이라는 잉글하트와 호치스틴(Inglehart and Hochstein)[39]의 재편은 아니다. 다만 재편으로 이어지지 않거나 그 가능성을 가늠할 수 없는 상황에서 이루어지는 소멸이나 심각한 약화라는 의미에서 해체에 해당한다.[40]

2002년 대선에서 이 변화는 맹아적으로 발생한 세대 균열의 정당 균열화로 현상하는 듯했다. 노무현-정몽준 선거 연합이 세대별 지지층 공유에 기반해 이념적 차이를 미봉한 연합 전략을 구사했기 때문이다. 곧, 노무현-정몽준 연합은 보수주의 정당 체제가 해체되고 다른 균열이 뚜렷이 형성되지 않은 상태에서 맹아적으로 존재하던 세대 균열에 따라 두 후보가 공히 젊은 층에서 많은 지지를 받는다는 점에 입각한 지지층 연합 시도였다.

---

38 Key, V. O., 1959, “Secular Realignment and the Party System,” *The Journal of Politics*, vol.21, no.2, pp.198~210.

39 Inglehart, Ronald and Avram Hochstein, 1972, “Alignment and Dealignment of the Electorate in France and the United States,” *Comparative Political Studies*, vol.5, no.3, pp.343~372.

40 이정진, 2007, “재편성 개념으로 분석한 한국 정당 체계의 변화: 미국 및 유럽 사례와의 비교분석,” 『한국정치외교사논총』 제28집 2호(한국정치외교사학회), 125쪽 참조.

그러나 정몽준이 다시 대북 강경 보수주의 진영으로 복귀함에 따라 세대 균열은 소멸되었다고 해도 될 정도로 크게 약화되었다. 새천년민주당에서 분당해 노무현 당시 대통령이 주축이 되어 창당한 열린우리당(2003년 창당해 2004년 총선에서 50.8%인 152석을 차지)이 김대중 정부의 햇볕 정책을 계승하고 젊은 세대의 반권위주의적 계층의 호응을 받는 대북 온건적 자유주의 보수 진영을 대변해 정몽준이 결합한 한나라당과 대립했다. 게다가 2007년 대선에서 대북 강경 보수주의 진영으로 정권이 다시 교체되고 열린우리당도 2007년과 2008년에 새천년민주당의 다른 후속정당들과 다시 통합해 통합민주당으로 합당함에 따라 세대 균열은 과도기적 현상으로 남게 되었다(2007년 대선에서 한나라당 이명박 후보와 무소속 이회창 후보[41]에 대한 20-30대 유권자의 지지율도 낮지 않아 도합 56.3%였다).[42]

한편 선거 제도 변화가 반영된 2004년 총선이 새로운 정당 균열화를 결과했다. 이것은 3당 합당 이후 생겨난 맹아적 보수-진보의 사회 균열이 계급/계층적 정당 균열로 전환하는 것을 의미했다. 사회 균열과 정치 균열의 정당 균열화는 장기적 경제·사회 변동이나 단기적이나마 영향력 있는 큰 사건이 발생하거나 주요 제도가 변할 때 가능할 수 있다.[43] IMF 외환 위기와 신자유주의적 세계화의 본격화에 따른 비정규직 확산과 빈부 격차 심화가 그 계기적 사건으로 작용했다.[44] 이로 인해 계급/계층 사회

41 이회창은 1997년과 2002년 대선에서 한나라당 후보로 출마했다가 2007년 대선에서는 한나라당을 탈당해 무소속 후보로 출마했다.

42 김병권, 2008, "17대 대선, 그 표심으로부터 찾는 진보의 희망," 새로운 사회를 여는 연구원(편), 『이명박 시대의 대한민국』(서울: 시대의 창), 21쪽.

43 이정진, 2006, "한국 정당 체계의 변화와 계급 정당의 가능성," 『정치비평』 제17호(한국정치연구회), 95쪽.

44 2000년도에 비정규직 비율은 58.4%로 가장 높았으며 지니 계수도 0.317로 가장 높았다. 통계청 자료 및 김유선, 2011, 『비정규직 규모와 실태: 통계청, '경제활동인구조사 부가조사'(2011.8) 결과』(서울: 한국노동사회연구소), 4쪽 참조.

균열이 정치 균열로 전화했고, 2002년 1인2표 정당 명부식 비례 대표제의 도입이라는 제도적 환경의 변화가 이 균열을 다시 정당 균열로 발전시켰으며, 이 정당 균열은 시장 경제주의와 대립하는 사회 경제주의를 진보의 새 축으로 구성하면서 민주노동당의 의회 진입으로 현상했다(다수 대표 2명, 비례 대표 13.0% 8명, 도합 10명으로 제3당으로 등장).

대북 정책에 따른 보수주의 진영의 분열과 계급/계층 균열의 등장으로 나타난 한국 정당 체제 변화는 2007년 이후 대선 연합 정치에 부정적 영향을 미쳤다. 2007년 대선에서 새로운 계급/계층 균열에 입각해 등장한 민주노동당은 독자적 행보를 계속했으며, 2012년 대선에서 민주통합당은 당내 부정 선거 시비와 종북주의 논쟁에 휘말린 통합진보당의 연합 제안을 거절했으며, 통합진보당은 민주통합당과 연합하지 않은 상태에서 독자적으로 민주통합당 후보 지지를 선언하며 후보가 중도 사퇴하는 것을 선택했다.

한편 지역주의 정당 체제는 약화되는 방식으로 선거 연합에 영향을 미쳤다. <표 5-1>과 <그림 5-2>에서 보는 것처럼, 새누리당계의 지역 균열 지수는 지속적인 하락의 흐름을 따르고 있으며, 민주당계는 2007년 대선에서만 예외적으로 증가했다. 2007년 민주당계의 경우는 지역 득표율에 비해(-14.2%) 전국 득표율이 더욱 큰 폭으로 감소함으로써(-46.6%) 지역 균열 지수가 높아졌기 때문이다. 하지만 충청 지역에서도 2007년 이회창 후보가 전국 득표율(15.1%)은 낮았지만 지역 득표율(29.0%)이 높아 지역 균열 지수가 상승했을 뿐이다. 게다가 이회창 후보의 2007년 출마는 충청 지역을 대표하는 후보가 대선에서 단독 출마한 유일한 사례였고, 나머지 대선에서는 모두 일정한 지분을 가지고 양대 후보들을 지지하는 방식에 그쳐 충청 지역의 지역주의가 독자적으로 대변되지는 않았다.

<표 5-1> 지역 균열 반영 추이(대선 1992~2012)

	정당	전국 득표율(%)	지역 득표율(%)	지역 균열 지수
14대 (1992)	민자당(경상)	42.0	68.8	1.64
	민주당	33.8	91.9	2.72
	민자당(충청)	42.0	36.9	0.88
15대 (1997)	한나라당	38.7	59.1	1.53
	국민회의/자민련(전라)	40.3	94.4	2.34
	국민회의/자민련(충청)	40.3	43.9	1.09
16대 (2002)	한나라당(경상)	46.6	69.4	1.49
	새천년민주당	48.9	93.2	1.91
	한나라당(충청)	46.6	41.3	0.89
17대 (2007)	한나라당	48.7	62.4	1.28
	대통합민주신당	26.1	80.0	3.07
	무소속(이회창)	15.1	29.0	1.92
18대 (2012)	새누리당(경상)	51.6	68.9	1.34
	민주통합당	48.0	89.0	1.85
	새누리당(충청)	51.6	54.4	1.05

- 경상: 부산, 대구, 울산, 경북, 경남; 민정당/통일민주당, 민자당(경상), 한나라당, 새누리당(경상)
- 전라: 광주, 전북, 전남; 평민당, 통합민주당, 국민회의/자민련(전라), 새천년민주당, 대통합민주신당, 통합민주당
- 충청: 대전, 세종, 충북, 충남; 공화당, 민자당(충청), 자민련, 국민회의/자민련(충청), 무소속(이회창), 새누리당(충청)
- 지역 균열지수=지역 득표율/전국 득표율

출처: 중앙선거관리위원회 자료 종합

<그림 5-2> 지역 균열 반영 추이(대선 1992~2012)

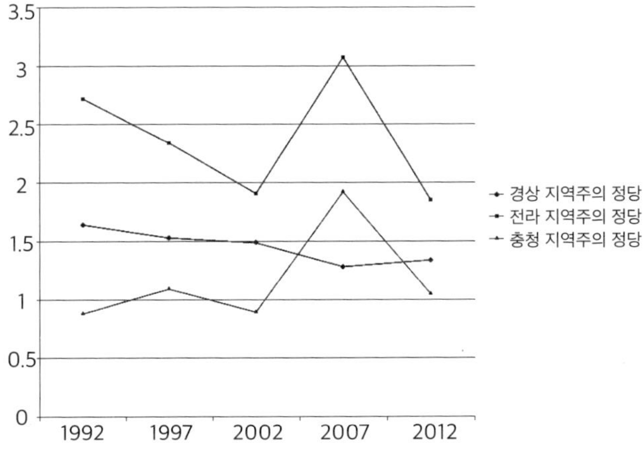

지역주의 정당 체제의 이러한 약화는 1997년 선거 연합을 제외하면 지역 연합의 성립 가능성이 낮아졌음을 의미한다. 2002년 대선 선거 연합이 비록 뚜렷한 균열에 기반하지는 않았지만, 지역 연합을 시도하지 않았으며 이후에도 지역 연합 시도가 이루어지지 않았다는 점이 이를 뒷받침한다.

공직 추구와 전선 전략의 지지층 연합으로서의 노무현-정몽준 연합

앞서 언급한 것처럼 노무현-정몽준 단일화 합의의 기본 요인들 중 하나는 무엇보다 젊은 층과 세대 균열에 기반한 진보 유권자라는 지지층의 유사성이었다. 실제 대선 결과에서도 이전과 달리 연령별 지지의 차이가 드러났으며, 이러한 의미에서 두 후보의 연합은 세대별 자기 인식에 따른 진보 유권자들의 지지에 기반하고 있었다. 선거 당일 출구 조사를 인용한 분석에 따르면, 당시 20-30대 유권자의 60%가 노무현 후보를 지지한 반면, 50대 이상 유권자의 60%가 이회창 후보를 지지한 것으로 나타났다.[45] 또한 선거 약 4개월 전인 8월 여론 조사들을 집계해 보면, 노무현 후보와 정몽준 후보가 각각 이회창 후보와 양자 대결할 때, 20-30대 유권자의 지지율은 이회창 후보에 비해 약 15~20%p 더 높은 것으로 나타났으며, 3자 대결을 할 경우에는 이 지지율을 두 후보가 비슷하게 나누어 갖는 것으로 조사되었다.[46] 그리고 <그림 5-3>에서 보는 것처럼 한국 유권

45 강원택, 2003, "16대 대선과 세대," 김세균(편), 『16대 대선의 선거 과정과 의의』(서울: 서울대학교출판부), 160쪽.

46 박혜경, 2002, "e윈컴 여론 조사 분석 (4): 정풍 진원지," 『시사 1번지 폴리뉴스』, 09.24, http://www.polinews.co.kr/news/articleView.html?idxno=3096(검색일: 2013.05.25.)

자들의 세대별 자기 이념은 50대 이상에 비해 20대에서 진보가 월등히 높게 나타났으며 30대에서도 진보와 중도가 보수보다 상대적으로 높은 것으로 나타났다.

<그림 5-3> 세대별 주관적 자기 이념 분포

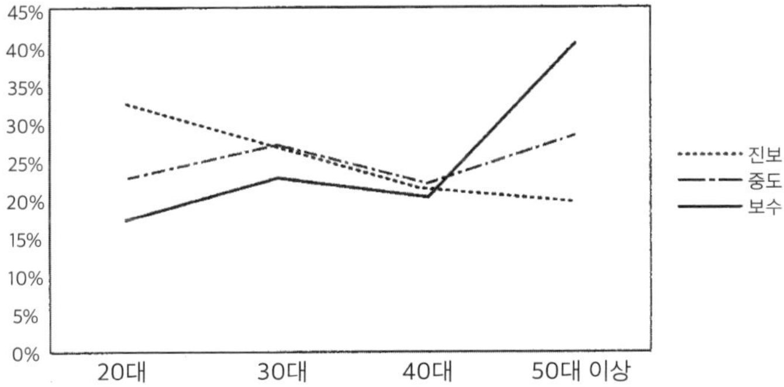

출처: 이현지, "정치적 이념의 형성과 가치 변화: 16대 대선에 나타난 '비동시성'의 동시성'의 문제를 중심으로," 『동아시아연구』 제7호(고려대학교 동아시아교육연구단, 2003), 136쪽.

이와 같이 노무현-정몽준 선거 연합은 정책이나 이데올로기의 유사성에 기인한 것이 아니라 단독 출마의 필패 전망과 지지층의 유사성에 기인하는 것이었다. 그리고 그 결성 목표는 국민회의를 계승한 새천년민주당이 노무현을 통해 집권을 연장하고, 정몽준과 국민통합21은 차기 대권을 보장받는 것이었다. 곧 공직 추구의 선거 연합이었다고 할 수 있다.

이것은 선거 몇 시간 전에 갑작스럽게 정몽준 후보가 노무현 후보 지지 철회를 선언해 연합을 파기한 원인을 통해서도 쉽게 설명된다. 정몽준의 연합 파기 선언은 공식적으로 "미국과 북한이 싸우면 우리가 말린다."는 노 후보의 발언을 문제 삼으면서 대북 정책의 차이를 내세웠다.[47]

47 김종우, 2002, "鄭, 지지 철회 발단과 배경," 『연합뉴스』, 12.19, http://news.naver.com/main/read.nhn?mode=LSD&mid=sec&sid1=100&oid=001&aid=0000292522(검색일:

물론 이것 또한 연합 파기의 한 원인이 될 수 있지만, 보다 직접적인 것은 차기 대선 후보 약속이 지켜지지 못하리라는 불안감과 배신감인 것으로 알려졌다. 12월 18일 유세 도중 "차기 대통령은 정몽준"이라는 피켓을 들고 구호를 외치는 정몽준 지지자들에게 노 후보가 "속도 위반하지 말라"고 지적하고 정동영 의원과 추미애 의원을 치켜세운 것을 두고 정몽준 캠프는 긴급 회의를 열어 다음날 바로 연합 파기를 선언하면서 대북 정책과 함께 "배신과 변절"을 언급했다.[48]

한편, 노무현-정몽준 선거 연합이 양강 구도의 유지로 선거 승리를 가져왔음에도 불구하고 쉽게 파기될 수 있었던 것은 DJP 연합과 마찬가지로 전선 전략에 기반한 것이었기 때문이다. 이것은 DJP 연합이 의회 중심제 개헌이 약속대로 이루어지지 않자 곧 다시 파기되었던 것과 마찬가지였다. 곧, 이데올로기나 정책 전반적 유사성에 입각한 것이 아니라 정권 교체라는 목적의 일치와 공직 추구라는 개별 목표의 협상에 따른 것이었기 때문에 그 목적의 달성이나 협상 결과가 실현되지 못할 때 파기될 수밖에 없었다고 할 수 있다.

이후 대선에서는 선거 연합이 결성되지 않았다는 점을 고려해 볼 때, 적어도 한국의 대선 선거 연합은 공직 추구 목표와 전선 전략의 범주를 벗어나지 못한 것으로 보인다. 그러나 총선과 지방 선거까지 감안한다면 다른 판단이 가능하다. 2010년 지방 선거와 2012년 총선에서 야당들은 오랜 정책 논의를 통해 정책 중심의 연합을 이루었고 게다가 다양한 사회 단체와 정치 단체들까지 이 정책 연합에 동참했다는 점이 이를 잘 보여준다. 뿐만 아니라 이 정책 연합은 보편적 복지 정책을 공유하는 세력들의 사회 경제주의적 수렴을 거치는 연대 전략을 구사했다. 그리고 2012년

2013.05.26.)

48 김종우(2002).

대선에서 이 연합 세력들은 모두 후보를 사퇴함으로써 공식적인 선거 연합을 구성하지 않았지만 통합민주당 후보를 지지하는 방식을 선택했다. 이것은 이후 대선 선거 연합도 공직 추구 목표와 전선 전략의 틀을 벗어날 가능성이 크다는 것을 암시한다.

요약과 함의

민주화 이후 한국의 대선 선거 연합은 반공 보수적 지역주의 정당 체제가 형성되고 해체되어 가는 과정에서 강력한 대통령 중심제와 단순 다수 대표제 및 다당제라는 제도적 배경이 작용한 결과였다. 그리고 여기에 정당 및 정치 지도자들의 경쟁성과 정당들의 정책 및 이데올로기 거리 그리고 균열의 변화가 작용했으며, 이것은 선거 연합의 목표와 전략에도 영향을 미쳤다.

민주화 이후 형성된 반공 보수적 지역주의 정당 체제는 반공 보수주의라는 카르텔적인 단일한 이념 지형에서 지역주의를 가장 중요한 균열로 등장하게 했다. 그리고 이 지역주의 구도는 강력한 신한국당에 대항해 승산이 거의 없는 두 후보들의 지역 연합을 결성하는 동기가 되었다. 그 결과가 1997년 대선을 앞두고 결성된 김대중과 김종필의 DJP 연합이었다.

이 연합은 정책 전반적으로는 교량 연합의 성격을 띠면서도 개별 정책적으로는 의회 중심제 개혁을 둘러싼 최소 거리 연합으로 나타나지만, 기본적으로 대통령과 총리의 공직 배분 및 차기 집권 약속이라는 공직 추구의 결과였다. 또한 이 연합은 상이한 지역 기반과 정책을 미봉한 채 강력한 신한국당과 대치하는 상황에서 전선 전략을 구사했다. 따라서 DJP 연합은 공직 추구를 목표로 하고 전선 전략을 구사한 지역 연합이라고 할 수 있다.

하지만 DJP 연합으로 출범한 공동 정부는 그 출범과 붕괴 과정을 통해 정당 체제의 변화를 촉진하기도 했다. 무엇보다 대북 온건 정책과 자유주의 경제 정책에 대한 합의와 이를 실현한 공동 정부의 정책을 통해 보수주의 진영의 분열을 야기하면서 반공 보수주의 정당 체제의 해체를 촉진한 것이다. 물론 이 해체는 기존 정당 체제가 새로운 체제로 재편되는 방향으로 해소되는 것을 의미하는 것은 아니었지만 소멸 내지 심각한 약화를 뜻하는 것이었다.

이러한 상황에서 지역주의도 약화되기 시작했다. 1992년 대선 이후 점차 약화되기 시작한 지역주의는 3당 합당과 DJP 연합으로부터 영향을 받았다고 볼 수도 있지만, 보다 직접적으로는 보수주의 진영의 분열과 새로운 균열의 징후들을 통해 상대적으로 약화되었다고 보는 것이 더 적절하다. 이러한 가운데 선거 연합은 더 이상 지역 연합이 아니라 지지층 연합으로 나타났는데, 2002년 노무현-정몽준 연합이 그 사례다.

노무현-정몽준 연합은 비록 선거 이전에 파기되기는 했지만 양강 구도를 형성해 선거 결과에 중요한 영향을 미쳤으며, 젊은 층이라는 지지층의 유사성에 기반을 두었다. 새로운 정치 균열이 뚜렷이 형성되지 않은 상황에서 보수-진보의 사회 균열이 세대 균열로 현상했기 때문이다. 하지만 이 연합도 여전히 강력한 단임 대통령제에서 나타난 공직 추구 연합이었다. 차기 대권 약속이 연합을 가능케 하고 이 약속의 파기 조짐이 연합을 붕괴시킨 것이 그 분명한 증거였다. 또한 전략적으로도 이 연합은 DJP 연합과 마찬가지로 상이한 이념적 토대를 가진 두 세력이 연합함으로써 지지층 기반에 초점을 둔 전선 전략을 구사했다. 따라서 노무현-정몽준 연합은 공직 추구를 목표로 하고 전선 전략을 구사한 지지층 연합이었다고 할 수 있다.

하지만 2004년 민주노동당의 의회 진입 이후 계급/계층 균열이 또 하나의 정당 균열로 등장함으로써 한국 정당 체제도 이념 정당 체제의 성격까지 띨 가능성을 보였다. 또한 자유주의적 보수 진영도 보편적 복지 정책을 주장함으로써 민주노동당과 민주당계는 사회 경제주의적 수렴을 보이기 시작했다. 그 결과 2010년 지방 선거와 2012년 총선에서 두 세력은 정책 연합을 형성했으며 정책적 수렴을 통한 연대 전략을 채택하기도 했다. 그리고 이 연합은 2012년 대선에도 영향을 미쳐 선거 연합 논의가 다시 활성화되었다. 비록 2012년 대선 선거 연합 시도는 제3후보들의 출마 포기로 나타난 소극적 연대로 끝났지만, 대선 선거 연합의 성격이 변할 것이라는 전망을 낳았다.

한국은 대통령제 국가에서 정당 체제 변화가 대선 선거 연합에 미친 영향을 고찰하는 데 중요한 사례라고 할 수 있다. 오랫동안 선거 연합이 형성되지 않고 있다가 정당 체제의 변화가 시작된 이후 비로소 선거 연합이 결성되었기 때문이다. 구체적으로 한국 사례는 정당 체제 변화(정당 수, 경쟁성, 균열의 성격)가 선거 연합의 촉진 여부와 목표(공직 추구 또는 정책 실현) 및 전략(전선 전략 혹은 연대 전략)에 미친 영향을 설명하는 데 기여한다. 한국의 경험은 연합 상대가 될 정당의 수가 충분하고 정당들 간 경쟁이 치열할 때 선거 연합이 더 쉽게 형성되고, 정당 균열이 단일할 때 선거 연합은 정책 실현보다 공직 추구를 목표로 하며 연대 전략보다 전선 전략을 채택한다는 것을 시사한다.

제6장

한국의 총선과 선거 연합

총선에서 정당들 간 선거 연합이 이루어진 것은 2012년 제19대 총선이 유일하다. 물론 지역구 차원에서 후보 단일화 노력이나 시민 사회 단체들의 연대는 여러 차례 이루어진 바 있지만, 정당이 주도하는 선거 연합은 유일하게 19대 총선에서 이루어졌다는 것이다. 따라서 이 장은 19대 총선을 중심으로 선거 연합 정치와 정당 체제의 변화를 다룬다. 이 글은 19대 총선을 분석한 필자의 2012년 논문[1]에서 선행 연구 동향과 개념 및 이론 부분을 제외하고 선거 분석 내용만을 수정한 것이다.

19대 총선은 여당의 예상 밖의 승리 및 야권의 연대와 통합이라는 연합 정치의 본격화를 특징으로 한다. 하지만 이 총선을 중대 선거나 정초 선거라고 보기는 어렵다. 기존 정당 체제의 근간을 흔들 정도의 영향을 주지는 않았기 때문이다. 그러나 적어도 개별 정당들의 독자적 경쟁에서

1 정병기, 2012b, “19대 총선과 정당 체제 전망: 연합 정치의 효과,” 『의정연구』 제18권 2호(한국의회발전연구회, 2012), 65~94쪽.

는 여당이 압도적으로 우세하고, 야권 연합이 이루어져야 비로소 박빙이지만 정권 교체가 가능하다고 예상되는 상황에서, 야당들이 총선에서 처음으로 선거 연합을 이루었다는 점은 주목할 만한 사실이다. 또한 여당도 당명을 개정했고 선거 연합을 이룬 두 야당은 기존 정당들이나 정치·사회 단체들의 통합을 통해 새롭게 등장한 정당들이다. 따라서 19대 총선은 정당 체제에 근본적인 변화를 야기하지는 않았지만 연합 정치를 통해 장차 정당 체제에 의미심장한 변화를 준 것으로 볼 수 있다.

이 장에서는 정당 및 정치·사회 단체의 통합과 선거 연합으로 나타난 연합 정치가 어떻게 전개되었으며 선거 연합이 정당 체제에 어떤 영향을 미쳤는지를 알아본다. 이 분석에서도 반공 보수적 지역주의 카르텔 체제가 형성되었다가 점차 해체되는 과정에 있음을 밝힌다.

이어서 기존 정당 체제의 특징을 반공 보수주의 카르텔 정당 체제와 지역주의 카르텔 정당 체제로 나누어 그 변화와 19대 총선의 영향을 분석한다. 반공 보수주의 카르텔 정당 체제와 관련해서는 선거 결과뿐만 아니라 선거를 앞두고 일어난 정치 세력들 간 통합을 통해 정당 체제의 변화를 추적한다. 그리고 지역주의 카르텔 정당 체제와 관련해서는 비례 대표 득표율을 중심으로 지역주의 투표의 변화 경향을 분석하고 이 경향에 정당 통합과 선거 연합이 어떠한 영향을 미쳤는지를 고찰한다.

반공 보수주의 카르텔 정당 체제의 해체와 선거 연합의 효과

민주화 이후 카르텔 정당 체제가 형성되었다고는 하지만 제도적으로 안정적인 단계에 들어선 것은 아니다. 민주화 이후 총선이나 대선을 앞두고 당명 개정이나 정당의 이합집산이 끊임없이 이어져온 것이 그것을 웅변해 준다. 19대 총선도 예외가 아니어서 의회 진출 정당들 중 18대 총선 당시에도 존재했던 당명을 가진 정당은 자유선진당 하나뿐이었다. 한나라당은 새누리당으로, 민주당은 민주통합당으로, 그리고 민주노동당은 통합진보당으로 이름을 바꿨다. 이것은 제도화가 취약하고 안정적이지 못한 정당 체제의 성격을 보여주는 대표적 현상이다.[2]

뿐만 아니라 현역 의원이 교체되는 일이 잦은 것도 안정적으로 제도화되지 않은 정당 체제의 대표적 현상이다. 낙천·낙선 운동 등 민주화 이후 시민 사회의 적극적인 정치 참여에 의해 영향을 받기도 했지만, 이를 의식한 정당들의 현역 의원 교체도 드물지 않게 일어났다. 19대 총선에서도 전체 62%의 현역 의원이 출마하지 못했으며, 비례 대표를 포함해 전체 의원들 중 49.4%가 초선으로 나타났다.[3] 19대 현역 의원 교체 비율(초선 의원 비율)은 민주화 이후 첫 총선인 13대(1988년) 선거의 55.5%와 열린우리당 창당 후 처음 치른 17대(2004년) 총선의 62.5% 다음으로 높은 것으로 민주화 이후 평균 교체율 48.1%보다 높다.[4]

19대 총선에서 불안정한 정당 체제의 증거임과 동시에 반공 보수주의 카르텔 정당 체제의 해체를 드러내는 현상으로 뚜렷하게 나타난 것은 무엇보다 다양한 정치 세력들의 통합이었다. 한나라당의 당명 개정 (2012년 2월 13일)도 18대 총선에서 독자적으로 선거에 임한 친박연대를 약 열흘 전에 통합(2월 2일, 당시 미래희망연대)함으로써 사실상 정당 통합에 준하

---

2 강명세, 2012, “제19대 총선: 예비 경선, 쟁점의 실종 그리고 영남의 분화?,” 『국가전략』 제18권 2호(세종연구소), 6쪽.

3 류정화·손국희, 2012, “현역 교체율 62% … 둘 중 한 명은 초선,” 『중앙일보』 04.13, http://article.joinsmsn.com/news/article/article.asp?ctg=10&Total_ID=7885678(검색일: 2012.06.10)

4 14대(1992) 39.1%, 15대(1996) 45.8%, 16대(2000) 40.7%, 18대(2008) 44.8%. 노희준, 2012, “총선마다 현역 물갈이가 정치 개혁인가?,” 『뉴스핌』, 03.20, http://www.newspim.com/view.jsp?newsId = 20120320000382(검색일: 2012.06.10.)

는 것이었다. 그렇지만 이것은 18대 총선에서 공천 문제로 분열된 계승형 카르텔 정당[5]이 재통합된 현상이므로 반공 보수주의 카르텔 정당 체제의 해체와 관련되지는 않는다.

그러나 민주통합당과 통합진보당을 함께 고려하면 상황은 다르다. 2010년 초 친노 세력들이 민주당계의 통합 정당 건설에 반대해 창당한 국민참여당은 이후 '대중적 진보 정당' 노선을 주장하며 민주노동당과 통합을 추진했다. 그러나 국민참여당은 진보 색채 강화와 지역주의 구도 타파를 주장하지만 이념적 분열에 따른 새로운 정당 균열을 대표하는 것으로 보기는 어렵다.[6] 진보 색채 강화도 민주당계와 본질적으로 다르지 않은 자유주의 보수의 범위를 벗어나지 않는 것이었기 때문이다. 따라서 이후 야권 통합 논의에 국민참여당의 참여는 이변이 될 수 없었다.

다만 민주노동당의 행보가 의외라면 의외였다. 민주노동당은 국민참여당 및 새진보통합연대(진보 진영 통합을 위해 진보신당을 탈당한 심상정, 노회찬 등을 중심으로 한 정치 조직)와의 통합을 우여곡절 끝에 성사시켰을 뿐만 아니라(대의원대회 부결, 당대회 승인),[7] 초기에는 야권 대통합에도 참여했다. 사실상 민주노동당은 2004년 이후 의회 정치 경험을 통해 열린우리당 등 민주당계와 지속적으로 협력해 오면서 연합의 가능성을 높여 왔다. 그러나 국민참여당과의 통합도 쉽지 않았던 것처럼 야권 대통합 정당은 당원들

---

5 계승형 카르텔 정당에 대해서는 다음 문헌을 참조: 장훈, 2003, "카르텔 정당 체제의 형성과 발전: 민주화 이후 한국의 경우," 『한국과 국제정치』 제19권 4호(경남대학교 극동문제연구소), 31~59쪽. 곽진영, 2001, "한국 정당 체계의 민주화: 정당 - 국가 간 관계를 중심으로," 『의정연구』 제7권 1호(한국의회발전연구회), 34~62쪽.

6 국민참여당 창당 제안문, http://www.handypia.org/mbstop/bbs/391686(검색일: 2012.06.10.)

7 박홍두, 2011, "민노·참여 합당 좌절… 다시 힘 받는 진보 대통합," 『경향신문』 09.25, http://news.khan.co.kr/kh_news/khan_art_view.html?artid=201109252203125&code=910402(검색일: 2012.06.10); 현석훈, 2011, "민노당 당대회, 90.1% 찬성으로 진보 대통합 승인," 『민중의소리』 11.27, http://www.vop.co.kr/A00000452550.html(검색일: 2012.06.10)

의 정서에 어울리지 않았다. 때문에 야권 대통합 정당은 이루어지지 않았지만, 이 협력 과정은 선거 연합의 형태로 결실을 맺었다.

이와 같이 야권 대통합 논의는 민주노동당과 국민참여당의 소통합 전환으로 2011년 12월 민주당, 시민통합당('국민의 명령' 등 정치·사회 단체들과 친노 세력들이 민주당과의 통합을 위해 건설한 정당), 한국노총이 통합 혹은 연합한 민주통합당 출범으로 연결되었다.[8] 정치·사회 단체와 정당들의 이러한 통합은 기본적으로 19대 총선을 겨냥한 것이었다. 특히 통합진보당의 경우는 정당 이념 지형에서 유의미한 의회 진출 정당으로는 유일하게 진보 진영을 대변하던 정당이었다. 그럼에도 불구하고 충분한 이념적 논쟁 없이 자유주의 보수 진영의 국민참여당과 통합한 것은 직접적으로 선거 승리를 위한 선택이었다고 할 수 있다.

중도화에 따른 삼각 구도 변화와 선거 연합의 효과

정당들의 통합은 비록 눈앞에 닥친 선거를 위한 것이라고 할지라도 선거 연합의 형태가 아니라 단일 정당 창당으로 이어진다면, 그것은 더 이상 전략 선택의 수준이 아니라 이념과 정체성의 변화를 반영하는 것으로 해석된다. 그리고 그 변화는 신생 정당인 국민참여당이 아니라 민주노동당의 경우에 일어났다. 실제 민주노동당은 의회 진출과 함께 유럽 사민주의 노선으로 기울면서 점진적으로 중도화를 지향해 왔다.

8 서복경, 2012, "19대 총선과 정당 체제의 사회적 기반," 한국정치연구회·성공회대 민주주의 연구소 공동학술대회, 서울 서강대, 4월, 15쪽.

민주노동당의 창당 강령[9]은 "민주노동당은 노동자와 민중 주체의 자주적 민주 정부"를 수립하고 "민중을 억압하는 모든 국가 기구와 법, 제도를 완전히 폐지할 것"이며, 직접 민주주의를 실현하여 "아래로부터의 민중 권력을 창출해 나간다."고 규정해 자본주의 국가의 '폐지'를 언급하며 새로운 정치 권력체를 구상했다.[10] 그러나 '17대 총선 핵심 공약'[11]은 농업과 경제 정책에서 소유의 문제를 언급하지 않았으며, 교육 정책은 국공립 대학의 통합을 이야기할 뿐 대학 자체의 국유화나 사회화에 대한 인식에는 미치지 못했다. 또한 '18대 국회의원 총선거 민주노동당 18·49 민생 정책 과제'[12]도 '한미 FTA 저지 – 국회 비준 저지; 삼성 공화국 해체, 경제 민주화 실현 – 삼성 특검 철저 수사, 재벌 민주화 3대 방안; 대운하 저지, 환경 생태 복원 – 환경 영향 평가, 국민 검증 위원회 구성, 국민 투표 실시; 공기업 민영화 반대, 사회 공공성 강화 – 발전·가스·철도 매각 저지, 구조 조정 저지'를 4대 과제로 제시했을 뿐, 민영화와 관련된 부분을 제외하면 자유주의 보수와 크게 다를 바 없었으며,[13] 점차 심각한 문제로 부상한 비정규직 노동자 문제에 대한 정책도 대단히 미흡했다.[14]

이념 지형으로 나타나는 정당 체제 변화와 관련해 중도화 현상은 새누리당과 민주통합당에도 적용된다. 19대 총선에서 나타난 각 정당들의

---

9 민주노동당 강령, 네이버 지식백과, http://terms.naver.com/entry.nhn?docId=727233&mobile&categoryId=2270#TABLE_OF_CONTENT4(검색일: 2012.06.10.)

10 정병기, 2009a, "정당 정치와 진보 정당의 과제: 이념 구도 변화에 따른 한국 진보 정당의 전망," 『한국과 국제정치』 제25집 1호(경남대학교 극동문제연구소), 105쪽.

11 민주노동당, 2004, 민주노동당 17대 총선 핵심 공약 (3월 11일 발표).

12 민주노동당 총선대책본부, 2008, 18대 국회의원 총선거 민주노동당 18·49 민생 정책 과제 (3월 18일 발표).

13 민영화 관련 입장도 17대 총선 공약에서 이미 드러났듯이 국유화와 사회화에 대한 명시적 주장이 정립되지 않은 상태에서 현상 유지보다 더 나은 진보적 대안으로 제시되지는 못했다.

14 정병기(2009a), 106쪽.

정책을 분석해보면, <표 6-1>에서 보듯이 외교·안보와 정치·행정 및 핵 문제 외에 대부분의 사회 경제 정책에서 정당들 간 차이를 보기 어렵다. 이를 두고 김형준은 "정책 차별성은 없고 정책 베끼기만 있었다."고까지 비판했으며,[15] 이상훈과 전준범은 새누리당이 "중도 보수화로 쇄신"해 "복지 및 경제 민주화를 내세"움으로써 "민주통합당과 정책적으로 일정하게 수렴하는 양상"을 보였다고 평가했다.[16]

물론 새누리당이 조건부 찬성이나 기타 의견으로 제시한 대부분의 사회 경제 정책 분야에서 민주통합당은 뚜렷한 입장을 개진했다. 이것은 새누리당이 일정하게 중도화하기는 했지만, 자유주의 보수로서의 민주통합당의 중도적 정책이 상대적으로 더 강화되었음을 의미한다. 서울시장 보궐 선거로 귀결된 무상급식 주민 투표에서 불거진 복지 논쟁이 대표적 예다. 당시 한나라당은 선별 복지를 주장했으며 이후 19대 총선을 겨냥해 점차 복지 정책을 강화하는 방향으로 가닥을 잡은 반면, 민주당은 처음부터 보편 복지를 주장하는 등 복지 정책을 중요한 정책 기조로 잡았기 때문이다.

<표 6-1> 주요 정책 의제에 대한 정당별 입장

분야	정책 이슈	새누리당	자유선진당	민주통합당	통합진보당	진보신당	녹색당
경제·민생	대·중소기업 협력 이익 배분제(이익공유제)의 실효성 강화	조건부 찬성	찬성	찬성	찬성	찬성	찬성
	대기업과 고소득층에 대한 증세	기타 의견	찬성	찬성	찬성	찬성	찬성
	수도권 규제 완화	기타 의견	반대	조건부 반대	반대	반대	반대

15 김형준, 2012, "4·11 총선 평가와 유권자 재편성 고찰," 『국가전략』 제18권 2호(세종연구소), 36쪽.

16 이상훈·전준범, 2012, "19대 총선 결과 분석과 전망," 사회진보연대 정책위원회 보고서, 7쪽.

사회·복지	비정규직 사용 사유 제한 제도 도입	기타 의견	찬성	찬성	찬성	찬성	찬성
	투자 개방형 의료 법인 (영리 병원) 설립 확대	기타 의견	반대	반대	반대	반대	반대
	국민 연금과 기초 노령 연금의 통합	반대	반대	조건부 찬성	조건부 찬성	찬성	찬성
교육·환경	유·초·중등학교 무상 급식 실시	조건부 찬성	찬성	찬성	찬성	찬성	찬성
	반값 등록금 추진	조건부 찬성	찬성	찬성	찬성	찬성	찬성
	원자력 발전소 건설 계속 추진	기타 의견	조건부 찬성	반대	반대	반대	반대
외교·안보	외교 안보 정책에서 한-미 동맹 우선시	기타 의견	찬성	찬성	반대	반대	반대
	대북 경제 지원은 북한 핵문제 및 인권 문제와 연계	기타 의견	찬성	기타 의견	반대	반대	반대
	자유무역협정(FTA) 체결을 통한 시장 개방 계속	조건부 찬성	조건부 찬성	조건부 찬성	반대	반대	반대
정치·행정	제대군인 가산점 제도 재도입	기타 의견	찬성	반대	반대	반대	반대
	19대 국회에서 대통령 중임제 개헌 추진	기타 의견	조건부 찬성	조건부 찬성	찬성	반대	반대
	전국적인 행정 구역 전면 개편	조건부 찬성	찬성	조건부 찬성	조건부 찬성	반대	반대

출처: 최성진, 2012, "무상 급식·부자 증세 비슷 … 영리 병원·원전은 뚜렷한 차이," 『한겨레』 03.30, http://www.hani.co.kr/arti/politics/assembly/526075.html(검색일: 2012.06.10).

그러나 민주노동당의 중도화를 반영한 통합진보당의 정책은 다른 여러 부문에서도 민주통합당과 수렴하고 있어 두 정당의 선거 연합이 후보 단일화의 수준에 그친 기존의 선거 연합과 달리 정책적 친화성에 의해 이루어졌다는 주장[17]이 지지할 만하다. 실제 두 정당은 19대 국회 공동 정책 핵심 의제로 제시한 5개 항목을 추진하기 위해 세부 실천 방안과 정책 개발을 위한 협의 지속, 공동 정책 의제 실현과 이행 점검을 위한 상설 기구 구성 및 국민의 다양한 의사를 반영하는 정치 제도 및 선거 제도 개혁을

17 김형철, 2012, "제19대 총선, 야권 연대의 성과와 향후 전망," 한국정치연구회·성공회대 민주주의 연구소 공동학술대회, 서울 서강대, 4월, 4쪽.

향후 추진 방안으로 제시하기도 했다.

이러한 변화를 반영해 위 <그림 6-1>에 표시된 자유주의적 보수와 권위주의적 진보[18]의 연합이 생겨났다. 곧, 권위주의적 진보인 민주노동당이 중도화함으로써 이들과 탈권위주의 진보 세력인 새진보통합연대 및 '대중적 진보'를 주장하는 자유주의 보수인 국민참여당이 일차적으로 단일 정당인 통합진보당을 창당했고, 이어 통합진보당이 주류 자유주의 보수인 민주통합당과 선거 연합을 구성한 것이다. 이것은 정당 이념 지형으로 볼 때 계급/계층 균열이 정당 균열로 전환하기는 했으나 주요 균열의 수준으로 성장하지는 못한 상황에서 일부 탈권위주의 진보 세력을 배제한 채 전통적 보수를 고립시키는 자유주의적 선거 연합이라고 할 수 있다.

<그림 6-1> 1998년 이후 한국 정당 이념 지형

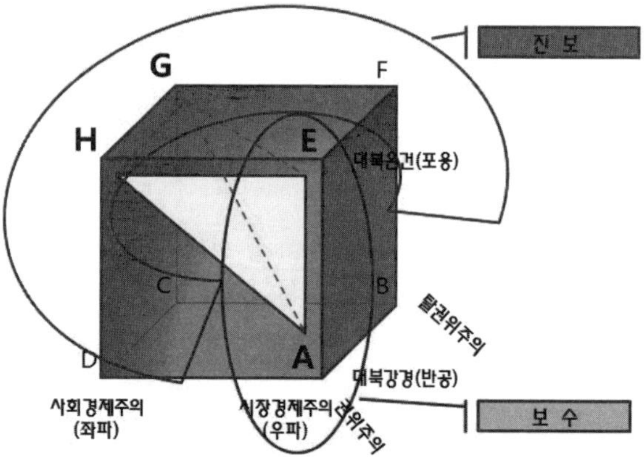

A: 한나라당/친박연대, 자민련, 자유선진당
E: 새천년민주당, 열린우리당, 통합민주당
H: 민주노동당
G: 진보신당

출처: 정병기(2009b), 57쪽

18 탈권위주의적 진보인 진보신당이 의미 있는 정당으로 성장하지 못했다는 점에서 진보 진영 전체라고 볼 수 있다.

이러한 정당 이념 및 정책의 변화를 반영해 19대 총선을 계기로 성립된 새로운 정당 이념 지형을 그려보면 <그림 6-2>와 같다. 1998년 이후 형성된 <그림 6-1>과 같이 대북 강경적인 전통적 보수와 대북 온건적인 자유주의 보수 및 역시 대북 온건적인 권위주의 진보가 삼각 구도를 형성했다.[19] 그러나 전통적 보수 진영인 A와 자유주의 보수 진영인 E 및 권위주의적 진보 진영인 H가 모두 중도화함으로써 삼각 구도는 중도를 향해 좁아지며, 민주통합당의 중도화가 더 큰 폭으로 진행됨으로써 민주통합당과 통합진보당의 거리가 더 가까워졌다. 19대 총선에서 보인 정당들의 이념과 노선이 유지된다면 이후 한국 정당 체제는 이 그림에서 나타난 지형을 지속할 것으로 전망되었다.

<그림 6-2> 2012년 총선 이후 한국 정당 이념 지형

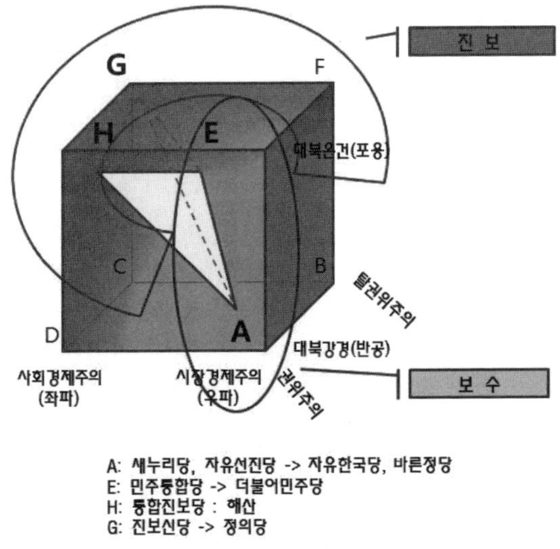

19 정병기, 2009b, “민주화 이후 한국 정당 체제의 현황과 전망: 보수적 지역주의 카르텔 정당 체제의 형성과 해체,” 대한정치학회보 제17집 2호(대한정치학회), 45~71쪽 참조.

다만 H의 경우는 자유주의 보수와 권위주의 진보 및 탈권위주의 진보의 느슨한 결합으로 몸살을 앓고 있는 만큼 선거 이후 한동안 그 향배가 뚜렷하게 결정되지는 못했다. 그러나 2014년 헌법재판소 판결에 따라 통합진보당이 해산됨으로써 정당 체제에서 사라졌다. 이후 정당 체제와 관련해 20대 총선과 19대 조기 대선 이후까지 보면 또 한 번의 커다란 변화가 나타난다.

<그림 6-2> 아래의 정당 명칭에서 보듯이 전통적 보수 진영은 2016/17년 당시 박근혜 대통령의 탄핵 문제로 자유한국당(2017년 2월 새누리당이 개명)과 바른정당(2017년 1월 창당)으로 분열하고, 국민의당도 더불어민주당 분리 세력을 주축으로 새롭게 생겨났다(2016년 2월). 진보신당도 그 주요 세력들이 통합진보당 통합 창당에 참여했다가 2012년 10월 종북 성향에 반대하여 다시 탈당해 진보정의당을 창당한 후 이듬해 정의당으로 개명했다. 또한 2016년 총선을 앞두고 더불어민주당을 탈당한 안철수 의원을 중심으로 기타 민주당 탈당파들이 합류해 창당된 국민의당이 대선을 앞두고 점차 중도 지형에 자리잡았다.

현재 원내 교섭 단체를 구성한 정당은 더불어민주당, 자유한국당, 국민의당, 바른정당이고, 정의당도 비록 교섭 단체를 구성하지는 못했지만 의회에 진출해 있다. 어느 당도 과반 의석을 차지하지 못한 상태에서 5개의 정당이 각축하는 전형적 다당제가 형성된 것이다. 하지만 현재로서는 신생 정당인 국민의당과 바른정당의 미래가 불투명할 뿐 아니라 자유한국당의 미래도 장담할 수 없는 상황이다. 다음 총선 전에 어떤 방식으로든 또 한 번의 이합집산이 생겨날 것이므로 현재의 다당제가 유지된다고 속단할 수도 없다. 특히 2017년 대선을 전후한 현재 시기는 대통령 탄핵과 조기 대선의 영향이 크게 작용한 과도기라 볼 수 있다.

지역주의 카르텔 정당 체제의 약화와 선거 연합의 효과

19대 총선의 다수 대표 선거 결과를 보면 지역주의가 다시 강화된 듯하다.[20] 수도권과 제주 및 호남 지역은 민주통합당의 우세가 현저했고, 이 지역과 자유선진당이 약진한 충청도 일부를 제외한 다른 모든 지역에서는 새누리당의 독점성이 유지되거나 강화되었다. 부산과 울산을 포함해 영남 지역 전체에서 새누리당이 다수 대표 의석 67석 중에서 94%에 이르는 64석을 차지했고, 호남 지역에서 민주통합당은 전체 30석 중 83%에 해당하는 25석을 차지했다.[21]

그러나 인물 효과를 배제해 비례 대표 정당 득표율을 기준으로 지역 균열 지수를 산출해 보면 사뭇 다른 결과가 나온다. 여기서 지역 균열 지수는 특정 정당의 전국 득표율에 대해 그 정당의 텃밭인 지역의 득표율이 차지하는 비율을 말한다. 아래 <표 6-2>는 민주화 이후 역대 총선의 지역 균열 지수를 산출한 것이며, <그림 6-3>은 이를 그림으로 표시한 것이다.

<표 6-2> 지역 균열 반영 추이(총선 1988~2012)

	정당	전국 득표율(%)	지역 득표율(%)	지역 균열 지수
13대 (1988)	민정당/통일민주당	57.8	79.4	1.37
	평민당	19.3	69.1	3.58
	공화당	15.6	42.1	2.70
14대 (1992)	민자당(경상)	38.5	70.1	1.82
	민주당	29.2	62.1	2.13
	민자당(충청)	38.5	40.1	1.04
15대 (1996)	신한국당	34.5	43.8	1.27
	국민회의	25.3	71.6	2.83
	자민련	16.2	47.0	2.90

20 정병기, 2012d, “19대 총선: 진보 정치를 위한 제도 개선의 필요성,” 『레프트대구』 제5호, 133~148쪽 참조.

21 이하 19대 선거 결과는 중앙선거관리위원회 선거통계시스템(http://info.nec.go.kr)을 참조.

16대 (2000)	한나라당	39.0	56.0	1.44
	새천년민주당	35.9	66.8	1.86
	자민련	9.8	34.8	3.55
17대 (2004)	한나라당	35.7	52.1	1.46
	열린우리당/새천년민주당	45.4	81.2	1.79
	자민련	2.8	15.6	5.57
18대 (2008)	한나라당/친박연대	50.7	69.5	1.37
	통합민주당	25.2	66.8	2.65
	자유선진당	6.8	29.3	4.30
19대 (2012)	새누리당	42.8	58.2	1.36
	민주통합당/정통민주당	36.7	66.4	1.81
	자유선진당	3.2	15.1	4.72

- 경상: 부산, 대구, 울산, 경북, 경남; 민정당+통일민주당, 민자당(경상), 신한국당, 한나라당+친박연대, 새누리당
- 전라: 광주, 전북, 전남; 평민당, 민주당, 국민회의, 새천년민주당, 열린우리당, 통합민주당, 민주통합당+정통민주당
- 충청: 대전, 세종, 충북, 충남; 공화당, 민자당(충청), 자민련, 자유선진당
- 지역 균열 지수 = 지역 득표율/전국 득표율

*13/14/15/16대 총선은 다수 대표 득표율

출처: 정병기(2012d), 138쪽.

<표 6-3> 지역 균열 반영 추이(총선 1988~2012)

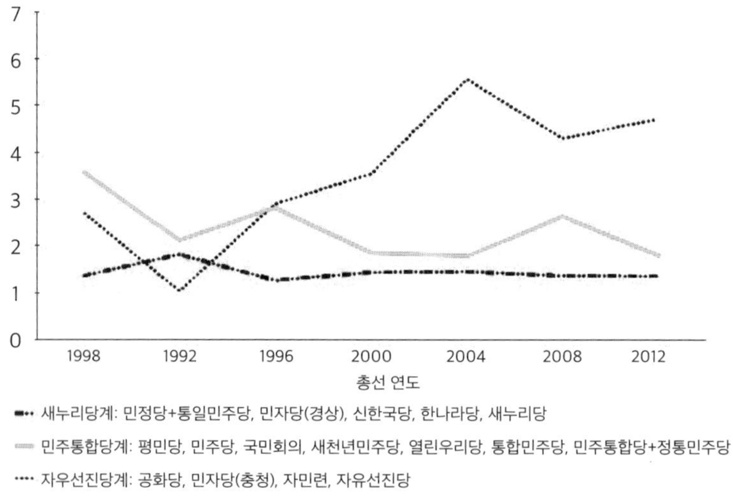

출처: 정병기(2012c), 141쪽.

우선 자유선진당의 지역 균열 지수를 보면 전반적인 상승 추세 속에서 18대(2008년) 총선에서 낮아졌다가 19대 총선에서 다시 상승했다(<그림 6-3> 참조). 그러나 19대 총선에서 자유선진당은 비례 대표 의석 배분 봉쇄 조항인 3.0%를 간신히 넘긴 3.2% 득표에 머물러 정당 체제 내에서 더 이상 큰 의미를 갖지 못한다. 중요한 것은 거대 정당의 지역 균열 지수 변화다.

민정당으로부터 민자당, 신한국당, 한나라당을 거친 새누리당계의 지역 균열 지수는 13대(1988년) 총선에 비해 14대(1992년) 총선에서 전국 득표율이 대폭 낮아짐에 따라(-19.3%p; 3당 합당 시기이므로 경상 지역의 민자당만 계산) 지역 득표율이 낮아졌음에도 불구하고(-9.3%p) 지역 균열 지수는 일정하게 상승했다(+0.45p). 16대(2000년) 총선에서도 전국 득표율이 상승했지만(+4.5%p) 지역 득표율이 더 큰 폭으로 상승함으로써(+12.2%p) 지역 균열 지수가 높아졌다(+0.17p). 또한 17대(2004년) 총선에서도 전국 득표율이 소폭 하락하면서(-3.3%p) 지역 득표율이 상승해(+3.9%p) 지역 균열 지수가 미미하게 상승했다(+0.02p).

그러나 전체적으로 볼 때, 새누리당 계열은 전국 득표율이 상승하거나 현상을 유지하는 상태에서 지역 득표율이 상대적으로 더 크게 상승함으로써 지역 균열 지수가 높아진 경우는 16대 총선이 유일하다. 그리고 이후 새누리당계의 지역 균열 지수는 장기적으로 하락해 지역주의가 약화되는 추세를 보여 왔다. 19대 총선에서도 18대 총선에 비해 근소하지만 지역 균열 지수는 낮아졌다(-0.01p).

평민당, 통합민주당, 국민회의, 새천년민주당, 열린우리당, 민주당을 거친 민주통합당계의 경우는 새누리당에 비해 지역 균열 지수의 절대치는 월등히 높았지만 하락 현상도 더욱 두드러진다. 새누리당의 지역 균열 지수는 14대(1992년) 총선에서 대폭 하락했지만 15대(1996년) 총선까지 평균 2.85를 기록했다. 18대 총선에서도 17대 총선에 비해 0.86p 상승해 지역주의가 대폭 강화된 듯하다. 그러나 이 지수 상승은 지역 득표율이 14.4%p

나 하락했음에도 불구하고 전국 득표율이 무려 20.2%p나 하락해 지역 득표율 하락이 상쇄된 결과다. 전체적으로 볼 때, 민주통합당계의 지역 균열 지수는 높은 절대치와 큰 변동폭을 보이는 가운데 역시 하락 추세를 이어가고 있다. 19대 총선에서도 지역 득표율이 소폭 하락하고(-0.4%p) 전국 득표율은 대폭 상승해(+11.5%) 지역 균열 지수가 하락했다(-0.84p).

중요한 것은 거대 정당에서 전국 득표율이 상승함과 동시에 지역 득표율도 함께 상승하면서 지역 균열 지수가 높아지는 경우다. 이런 경우는 16대(2000년) 총선의 한나라당이 유일하다. 그러나 이 경우도 새누리당계의 전반적인 지역 균열 지수 하락 추세를 크게 벗어나지 않았다. 민주통합당계는 전국 득표율과 지역 득표율 및 지역 균열 지수가 모두 높아지는 경우가 없었다. 17대 총선에서 전국 득표율과 지역 득표율이 함께 상승했지만, 이 경우에도 전국 득표율 상승폭이 지역 득표율 상승폭보다 커 지역 균열 지수는 낮아졌다. 결국 절대치로 보아 지역주의 경향이 상대적으로 강한 민주통합당계의 흐름을 포함해 전체적인 흐름은 지역주의가 약화되는 경로를 따랐다.[22]

지역구에서 보이는 지역주의 강화 현상은 승자 독식의 결과로 연결

---

22 보익스(Boix)의 지역 편중도를 이용해 지역구별 혹은 지역별 지지 편차를 측정한 강명세의 연구도 전반적인 지역주의의 약화를 증명했다. Boix, Charles, 2010, "Electoral Markets, Party Strategies, and Proportional Representation," *American Political Science Review*, vol.104, no.2, p.406.

	지역구			정당 지지		
	17대	18대	19대	17대	18대	19대
새누리당	0.17	0.15	0.11	0.16	0.12	0.12
민주통합당	0.50	0.30	0.18	0.08	0.24	0.13
자유선진당	0.91	0.65	0.88	0.43	0.35	0.37
통합진보당	0.89	0.65	0.83	0.47	0.19	0.13

- P당의 지역 편중도 $G=\sum_{1}^{n}\frac{|V_n - P_{ni}|}{2}\times\{1-\min(V_n)\}$
- V: 유효 투표수; n: 지역구 수, V_n: 전국 총 유효 투표수에 대한 지역구별 유효 투표수의 몫; P_ni: 정당 i의 전국 총 지지표에 대한 지역구별 지지표의 몫; $\min(V_n)$: 모든 지역구 중에서 가장 작은 V_n

출처: 강명세(2012), 20쪽.

되는 1구 1인 단순 다수 대표제의 왜곡 효과라고 할 수 있다. 17대 총선의 열린우리당처럼 지역주의 경향이 약하고 전국적 지지를 상대적으로 골고루 갖춘 거대 정당이 없는 선거에서는 지역주의가 약화되더라도 탈지역주의 투표가 1위를 차지하지 않는 한 의석으로 연결될 수 없기 때문이다. 다시 말해 약화된 지역주의 혹은 탈지역주의가 다수 대표에 반영되지 못함으로써 의석 배분상 지역주의가 온존 내지 강화된 것이다.

그러나 비례 대표 득표율로 측정한 결과는 전반적인 지역주의 약화 추세를 보였으며, 이것은 지역주의 카르텔 정당 체제의 장기적 약화를 반영하는 징후라고 할 수 있다. 열린우리당과 민주노동당의 경우를 제외하면, 지금까지 주요 정당들은 강력한 지역주의 기반을 토대로 상호 암묵적으로 용인하며 선거에서 지역주의 동원을 통해 승리를 도모해왔다. 그러나 19대 총선에서도 이러한 지역주의 기반이 장기적으로 약화되는 추세가 지속되었다.

특히 통합진보당이 상대적으로 전국 정당화 가능성이 높아 보였다. 물론 18대 총선에서 민주노동당은 울산과 전남 및 경남에서 전국 득표율의 약 두세 배 가까운 득표를 해 전남과 노동자 밀집 지역에 사회적 기반을 가진 것으로 평가되었다(전국 5.7%, 울산 14.2%, 전남 10.1%, 경남 10.6%. <표 6-3> 참조). 그러나 19대 총선에서 통합진보당이 전국 득표율의 두 배 가까이 득표한 지역은 없었다. 새누리당과 민주통합당의 경우, 전국 득표율에 대한 지역 득표율 표준 편차가 차지하는 비중이 각각 43.5%와 44.6%인데 비해 통합민주당은 37.2%에 불과했으며, 18대 총선의 비중 56.3%에서 약 2/3 수준으로 낮아졌다.

<표 6-3> 선거 연합 정당들의 비례 대표 득표율(%; 18/19대 총선)

	18대 (통합민주당)	19대 (민주통합당)	18대 (민주노동당)	19대 (통합진보당)
전국	25.2	36.5	5.7	10.3
서울	28.3	38.2	3.8	10.6
부산	12.7	31.8	5.3	8.4
대구	4.9	16.4	3.2	7.0
인천	24.6	37.7	5.8	9.7
광주	70.4	68.9	9.4	18.6
대전	18.6	33.7	3.9	9.0
울산	9.3	25.2	14.2	16.3
경기	26.4	37.7	4.8	11.0
강원	18.6	33.5	5.9	6.6
충북	23.9	36.0	5.7	7.7
충남	13.5	30.4	4.7	6.8
전북	64.3	65.6	7.4	14.2
전남	66.9	69.6	10.1	14.8
경북	5.6	13.4	4.1	6.2
경남	10.5	25.6	10.6	10.5
제주	30.2	39.5	10.0	12.4
세종	-	38.7	-	5.4
$\frac{\text{지역 득표율 표준 편차}}{\text{전국 득표율}}$	85.3	44.6	56.3	37.2

출처: 중앙선거관리위원회 선거통계시스템, http://info.nec.go.kr

통합진보당의 이러한 지역 득표율 경향은 일차적으로 국민참여당과 민주노동당이 합당한 것에 기인한다. 18대 총선의 민주노동당 득표율에 비해 19대 총선의 통합진보당 득표율이 약 두 배로 증가했는데, 이 비율보다 더 증가한 지역은 서울, 대구, 광주, 대전, 경기, 전북으로 다양하게 분포했다. 통합진보당의 득표율 분포가 절대치로만 보면 울산과 호남에 치우쳐 있는 것으로 보이지만, 그 득표율 증가 추세를 보면 전국적으로 골고루 성장하고 있음을 알 수 있다.

또한 통합진보당의 득표율 경향은 민주통합당과의 선거 연합을 통해 민주통합당의 지역주의 성격도 상쇄시켰다. 18대 총선에서 통합민주당의 전국 득표율 대비 지역 득표율 표준 편차는 무려 85.3%에 달했으나 19대 총선에서 민주통합당의 그 수치는 44.6%로 거의 절반으로 줄어든 것이다. 특히 대구, 경북, 경남에서 민주통합당은 18대 총선에 비해 근 세 배 가까운 득표율 제고를 보여 '호남당'이라는 과거의 별칭을 무색하게 했다(전국 득표율 증가는 약 1.4배).

통합민주당의 경우도 정치·사회 단체들 및 다른 정당들과의 통합에 크게 힘입은 것으로 평가된다. 그러나 다른 한편으로는 통합진보당과의 연합도 함께 작용했다고 볼 수 있다. 물론 다수 대표제에서는 공동 공천을 통해 그 효과가 명확하게 나타나는 반면, 비례 대표제에서는 공동 명부를 제출하지 않아 정확하게 측정할 수는 없다. 하지만 전국 득표율에 대한 지역 득표율 표준 편차가 차지하는 비중이 급격하게 줄어든 점을 고려하면 선거 연합의 효과가 없다고 할 수 없다. 특히, 두 정당이 연합함으로써 과거 두 정당의 표밭이었던 지역에서는 표가 분산되는 효과가 발생했다고 볼 수 있다.

따라서 앞 장에서 살펴본 대선과 마찬가지로 19대 총선도 지역주의 카르텔 정당 체제의 사회적 기반을 크게 약화시켰으며, 이러한 추세가 이어진다면 지역주의 카르텔 정당 체제의 해체와 전국정당화가 이루어진다는 전망이 가능하다. 그리고 이러한 변화는 다양한 정치 세력들의 통합과 선거 연합으로 현상한 연합 정치의 효과라고 할 수 있다.

요약과 함의

민주화 이후 개발 독재기의 계승형 정당 체제가 형성되었으며, 그 성격은 반공 보수주의적임과 동시에 지역주의적인 카르텔 체제였다. 그러나

1998년 김대중 정권 때부터 대북 온건 정책과 새로운 자유주의 경제 정책을 추구하는 자유주의적 보수가 생성되어 반공 보수주의 카르텔 체제는 해체되기 시작했다. 곧, 분단 모순과 경제 정책 노선이 정당 균열로 전환되면서 보수주의 진영은 대북 강경 정책을 고수하고 개발 독재에서 유래된 한국형 시장 경제 질서를 유지하려는 전통적 보수와 이와 달리 대북 온건 정책을 추구하면서 더 자유주의적 시장 경제 질서를 수립하려는 자유주의적 보수로 분열되었다.

지역주의 카르텔 정당 체제의 성격도 2000년 총선 때부터 약화되기 시작했다. 비례 대표 득표율을 지역 균열 지수로 측정한 결과, 지역주의에 안주하는 정당의 몰락과 거대 정당의 지역주의 약화가 명확하게 드러났기 때문이다. 지역주의 카르텔 체제의 약화는 계급/계층 균열이 새로운 정당 균열로 발전함으로써 더 진전되었다. 물론 계급/계층 정당 균열의 형성은 반공 보수주의 카르텔 체제의 해체에도 기여했지만, 그보다는 자유주의 보수 진영의 지역주의 기반을 약화시킴으로써 전체적으로 지역주의 체제의 약화에 더 크게 작용했다.

한편 일상적 민주주의와 관련해서는 탈권위주의적 진보의 의회 세력화가 성공하지 못해 정당 균열로 발전하지 못했다. 따라서 19대 총선 이전의 한국 정당 체제는 반공 보수 정당과 자유주의 보수 정당 및 권위주의 진보 정당이 대립하는 삼각 구도로 나타났다. 이 구도는 반공 보수주의 카르텔 체제의 해체와 지역주의 카르텔 체제의 약화를 특징으로 하지만, 이 체제를 대체할 새로운 정당 체제로 재편된 것은 아니었다. 이러한 전환기적 상황의 힘 관계는 반공 보수주의인 강력한 전통적 보수와 이에 대항하는 상대적으로 약한 자유주의 보수 및 제3세력인 권위주의 진보로 현상했다. 따라서 강력한 전통적 보수에 대항하는 자유주의 보수와 권위주의 진보의 연합 정치를 형성하는 조건이 형성되었다.

또한 삼각 구도에 따른 힘 관계적 조건은 새누리당의 사회 경제 정책적 중도화까지 포함해 이념과 정책의 변화로 연결되었으며 연합 정치의 중요한 토대로 발전했다. 자유주의 보수에서 탈당한 국민참여당은 지역 구도 타파를 주장하며 민주노동당과의 통합을 추진했고, 권위주의 진보인 민주노동당도 지속적인 중도화 추세 속에서 탈권위주의 진보 진영 이탈파인 새진보통합연대뿐만 아니라 국민참여당과도 통합하는 것을 수용했다. 19대 총선에 임박해 이루어진 이 소통합은 정당 통합을 통해 통합진보당 창당으로 이어졌으며, 이 정당 통합은 삼각 구도의 힘 관계 속에서 다시 민주통합당과 통합진보당의 선거 연합으로 귀결되었다. 그리고 이 선거 연합은 정당 이념 지형으로 볼 때 탈권위주의적 진보를 배제한 채 전통적 보수를 고립시키는 자유주의적 선거 연합이었다.

민주통합당과 새누리당의 경우도 연합 정치의 산물이었다. 민주통합당의 통합 세력들도 초기에는 소통합 진영의 정당들까지 포괄하는 대통합을 목표로 연합 정치를 시도했지만, 상술한 소통합이 가시화되면서 남은 정치·사회 단체 및 다른 정당들만으로 민주통합당을 창당했다. 한나라당의 당명 개정으로 탄생한 새누리당도 친박연대(미래희망연대)를 포괄했다는 점에서 정당 통합에 준하는 결과였다. 다시 말해 19대 총선은 정당 통합과 선거 연합으로 나타난 연합 정치가 주도한 선거였다고 할 수 있다.

이 연합 정치는 19대 총선을 치르면서 기존 정당 체제의 변화에 중요한 영향을 미쳤다. 우선 선거 연합을 통해 반공 보수주의 카르텔 체제의 해체를 확정지었고, 정당 통합 및 선거 연합을 포괄하는 연합 정치를 통해 지역주의 정당 체제의 약화를 이어갔다. 이를 정당 정치 이념에 따라 도식으로 표현하면, 기존의 삼각 구도가 중도를 향해 이동하는 가운데 민주통합당의 중도화가 새누리당에 비해 상대적으로 더 크게 진전되어 통합진보당과 민주통합당의 거리가 상대적으로 가까운 삼각 구도로 나타났다.

이때 지역주의 카르텔 정당 체제의 약화는 지역 균열 자체가 다른 길항 개념을 가진 대립 구도로 전환되는 것이 아니라 그 자체의 해소를 향해 전개된다. 그러므로 이 정당 이념 지형에 따른 구도는 지역주의 체제의 해소와 전국 정당의 가능성도 포괄하는 것으로 볼 수 있다. 결국 19대 총선은 한국 정당 체제를 재편하거나 형성하는 중대 선거나 정초 선거는 아니지만 기존 정당 체제의 약화와 해체를 확인하고 촉진한 선거였다고 할 수 있다.

제7장

독일의 선거 연합: 서독과 통일 독일

앞에서 설명했듯이 지금까지 선거 연합은 연립 정부 같은 통치 연합에 비해 관심을 덜 받았다. 연합 정치에 대한 연구가 대부분 의회 중심제(내각책임제, 의원 내각제) 국가를 대상으로 이루어졌고, 현실적으로 연합 정치는 선거 이후 연합 협상을 통해 연정을 구성하는 방식으로 전개되었기 때문이다. 그러나 최근에는 대통령 중심제 국가에서도 연합 정치에 대한 연구가 활발해짐과 동시에 의회 중심제 국가에서도 선거 연합에 대한 관심이 생겨나기 시작했다. 독일은 의회 중심제 국가의 대표적 사례로서 선거 연합 연구의 중요한 대상이다.

독일의 의회 중심제는 비례 대표제에 기반했다는 점에서 특히 중요하다. 프랑스는 절대 다수 대표제를 가진 이원 정부제 국가이며, 이탈리아 '제2공화국' 초기(1993~2005)는 단순 다수 대표제를 근간하는 의회 중심제이기 때문이다. 이 장은 비례 대표제에 기반한 의회 중심제 국가의

대표적 사례인 독일의 선거 연합 정치를 분석한다.[1]

독일 선거 연합의 결성은 상대적으로 늦어 1998년 이후에야 총선에서 의미를 갖기 시작했다. 그마저도 다양한 유형을 띠면서 활발하게 전개되지 못해 여전히 정치적으로나 학술적으로 충분한 관심을 받지는 못하고 있다. 독일 연합 정치에 대한 관심은 여전히 통치 연합에 쏠려 있으며 선거 연합은 연합 정치 전반을 다루는 연구나 특정 선거를 분석하는 연구에서 부수적으로 거론되는 것이 대부분이다.[2]

예외적으로 이데올로기 거리, 정당 선호도 및 연합 정당 평가, 연합의 문제 해결 능력을 중심으로 유권자들의 연합 선호도를 평가한 비체크(Bytzek)의 논문[3]이 독일 선거 연합 연구에 중요한 기여를 했다. 그러나 실질적으로 유권자들이 어느 연합 혹은 연합 정당을 선택했는지에 대한 분석을 하지 않아 선거에 미친 선거 연합의 영향을 측정하기에는 한계가 있다.

독일 선거 연합에 보다 지속적인 관심을 보인 학자로는 데커(Decker)를 들 수 있다.[4] 데커는 유일하게 2009년 이후 선거 연합에 대해 지속적

---

1 정병기, 2014b, "독일 선거 연합의 유형, 목표 및 전략의 성격과 영향 요인," 『유럽연구』 제32권 4호(한국유럽학회), 213~238쪽을 재구성함.

2 독일 선거 연합 정치에서 2009년 총선이 갖는 의미를 언급한 파스 등(Faas, et al.)의 논문이 특히 주목할 만하다. Faas, Thorsten, Kai Arzheimer, Sigrid Roßteutscher und Bernhard Weßels, 2013, "Koalitionen, Kandidaten, Kommunikation: Die (un)gewöhnliche Bundestagswahl vom 27. September 2009," Thorsten Faas, Kai Arzheimer, Sigrid Roßteutscher und Bernhard Weßels (Hg.), *Koalitionen, Kandidaten, Kommunikation: Analysen zur Bundestagswahl 2009* (Wiesbaden: Springer VS), S.7~14.

3 Bytzek, Evelyn, 2013, "Präferenzbildung in Zeiten von 'Koalitionspolygamie': Eine Untersuchung von Einflüssen auf Koalitionspräferenzen bei der Bundestagswahl 2009," Thorsten Faas, Kai Arzheimer, Sigrid Roßteutscher und Bernhard Weßels (Hg.), *Koalitionen, Kandidaten, Kommunikation: Analysen zur Bundestagswahl 2009* (Wiesbaden: Springer VS), S.43~56.

4 Decker, Frank, 2009, "Koalitionsaussagen und Koalitionsbildung," *Aus Politik und Zeitgeschichte*, Jg.59, B51, S.20~26; Decker, Frank and Volker Best, 2011, "Lost in the New Five-Party System? Coalition Options and Strategies of the German Social

인 관심을 가지고 단독 연구나 공동 연구를 수행해 발표해 왔다. 그러나 지속적인 관심을 갖기는 했지만 선거 연합에 대한 그의 관심은 연합 정치 전반에 대한 관심의 일부로 한정되어 선거 연합 연구에 이바지하는 바가 비체크보다 더 크다고 하기 어렵다.

이 장은 이와 같이 초동 단계에 있는 독일 선거 연합 연구를 활성화하기 위해 독일 총선에 나타난 선거 연합 정치를 분석한다. 기존 연구들과 달리 이 연구는 선거 연합을 독립적인 대상으로 할 뿐만 아니라, 선거 연합의 유형과 목표 및 전략의 성격을 알아보고 그 성격을 규정한 다양한 요인들을 분석한다.

구체적으로 이 장이 다룰 핵심 문제는 다음과 같다: 첫째, 독일 선거 연합의 유형과 목표 및 전략은 어떠한가? 둘째, 독일에서 1998년 이전에는 왜 선거 연합이 결성되지 않았으며 그 이후에야 결성되기 시작했는가? 셋째, 선거 연합의 성격은 어떠한 제도적, 구조적, 행위자적 요인에 의해 영향을 받았는가? 이때 제도적 요인은 주로 정부 형태와 선거 제도를 의미하고, 구조적 요인은 균열 구조와 정당 체제를 말하며, 행위자적 요인은 개별 정당들의 행위와 유권자의 행태를 뜻한다. 다만 제도적 요인은 유의미한 변화를 보이지 않았기 때문에 연합 회피 요인과 관련해서만 설명하고, 행위자 요인은 유권자의 행태를 추적한 자료가 없어 정당에 국한해서 다룬다.

Democratic Party in the Run-up to the 2013 Federal Elections" (Berlin: Friedrich-Ebert-Stiftung); Decker, Frank und Eckhard Jesse, 2013, "'Koalitionspolitik' vor und nach der Bundestagswahl," *Aus Politik und Zeitgeschichte*, Jg.63, B48/49, S.47~54.

선거 연합의 형성과 유형

독일에서 특정 정당과의 통치 연합[5] 구성을 약속하고 선거에 임하는 것은 1998년 총선에서 사민당(SPD)과 동맹90/녹색당(B90/Grüne)이 적녹 연정을 공약한 경우가 처음이었으며,[6] 양대 진영 모두가 이러한 형태의 선거 연합을 구성하는 것은 2002년 총선에서 처음 나타났다. 물론 가장 이르게는 1969년 선거에서 자민당(FDP)이 선거 이전에 적황 연정[기민/기사연(CDU/CSU)-자민당(FDP)] 구성 의사를 밝히지 않았는지가 논란의 대상이 되었으며, 이후에도 이러한 의심은 종종 제기되었다.[7] 특히 기존의 연정 정당들이 특별히 연정 지속을 밝히지 않아도 집권 정당의 자격으로 선거에 임한다면 그것 자체로 이미 선거 연합을 구성한 것으로 볼 수도 있다.

하지만 선거전을 치르면서 일시적 필요에 따라 각 정당이 개별적으로 입장을 밝히는 방식이 아니라 연합 파트너들이 공식 논의를 거쳐 연합 의사를 공개적으로 밝힌 것은 1998년 선거가 처음이었다.[8] 게다가 사민당과 동맹90/녹색당의 선거 연합은 기존 연정이 아니라 집권 정당에 도

---

5 정부 구성이나 정부 정책 실현을 위하여 구성되는 연합을 말하며, 이 글에서는 주로 연립 정부 구성을 의미한다.

6 1990~94년 구동독 지역의 동맹90(Bündnis 90)과 구서독 지역의 녹색당이 선거 연합을 결성했지만, 이 연합은 기반 지역만 다를 뿐 사실상 동일한 이념을 가진 자매 정당들의 연합이므로 논의에서 제외한다. 이것은 기민연(CDU)과 기사연(CSU)이 조직적으로 분명히 별개의 정당임에도 불구하고 자매 정당으로서 항상적인 연합을 구성하기 때문에 논의에서 배제하는 것과 동일한 맥락이다.

7 Hoffmann-Lange, Ursula, 1986, “Changing Coalitional Preferences among West German Parties,” Geoffrey Pridham (ed.), *Coalitional Behaviour in Theory and Practice* (New York: Cambridge University Press), p.55.

8 1990년 3월에 치러진 동독 최초이자 마지막 자유 선거였던 인민의회 선거에서도 선거 연합이 구성되었다. 하지만 이 선거를 제외하면 동독에서는 민주적 경쟁 정당 체제를 갖추지 못해 자유 선거가 치러지지 않았다. 때문에 동독은 논의 대상에서 제외한다. 1990년 3월 인민의회 선거도 같은 해 통일로 인해 대부분의 정당들이 서독 정당에 흡수되어 통일 독일의 정당 정치나 연합 정치에서 더 이상 의미를 갖지 않게 되었으므로 논외로 한다.

전하는 야당의 입장에서 결성되었다는 점에서 과거와는 확연히 다른 연합 정치를 보여주었다. 이어 2002년 선거에서는 사민당과 동맹90/녹색당이 적녹 연정의 지속을 약속하고 기민/기사연과 자민당이 흑황 연정 구성을 공약함으로써 양대 진영의 연합 대립 구도가 형성되었으며, 이후 이러한 구도는 지속되고 있다.

독일 총선에서 전통적 기성 정당들(기민/기사연, 사민당, 자민당)과 동맹90/녹색당의 선거 연합은 단일 명부를 구성하는 방식이 아니라 각 정당이 독자적 명부로 선거에 임하되, 선거 승리 후의 연립 정부 구성을 약속하면서(통치 연합 결성 선언) 제1기표와 제2기표를 전략적으로 투표해 달라고 호소하는(교차 투표 호소) 유형으로 나타났다. 제1기표 직접 출마자를 거의 내세우지 않는 동맹90/녹색당은 제1기표를 사민당에게 주고 제2기표를 자신에게 찍을 것을 호소했고, 자민당 역시 특정 선거구에서는 제1기표를 기민/기사연에게 양보하고 제2기표에 집중했다.

그와 달리 제2기표 명부의 통합(공동 후보 명부 작성)이나 제1기표 직접 출마 후보의 공동 공천(후보 단일화)이라는 형태로 나타난 선거 연합은 2005년 총선에서 결성된, 민사당과 선거대안당(WSAG)[9]의 연합이 유일했다. 2002년 선거에서 크게 실표(1994년 이후 가장 낮은 4.3%)한 민사당은 적녹 연정 정책을 비판하며 사민당을 탈당한 세력들이 창당한 선거대안당과 공조를 시작했다.[10] 그에 따라 2005년 선거를 앞두고 선거대안당과 민

---

9 실업 급여와 생계 지원을 축소하는 법안인 제4하르츠 법(Hartz IV) 등 연방 적녹 연정의 정책에 반대해 탈당한 사민당 좌파와 노동조합 활동가들이 2005년에 창당한 정당이다. 정식 명칭은 '노동과 사회 정의 - 선거 대안(Arbeit und soziale Gerechtigkeit – Die Wahlalternative)'이며, 2007년에 민사당과 선거대안당은 좌파당(Die Linke)으로 통합했다. Neugebauer, Gero und Richard Stöss, 2008, "Die Partei Die Linke. Nach der Gründung in des Kaisers neuen Kleidern? Eine politische Bedarfsgemeinschaft als neue Partei im deutschen Parteiensystem," Oskar Niedermayer (Hg.), *Die Parteien nach der Bundestagswahl 2005* (Wiesbaden: VS Verlag für Sozialwissenschaften), S.155~156.

10 정병기, 2010, "독일 민사당(PDS)/좌파당(Die Linke)의 친근로자적 국민 정당화와 지역주의 딜

사당은 연방의회 선거에서 상호 경쟁 후보를 내지 않고, 선거대안당 후보는 민사당 명부로 출마하며, 민사당은 당명 개정을 검토한다는 조건으로 공조 협약을 체결했다. 그 결과 2005년 총선에서 두 정당은 공동 후보를 공천하고 단일 명부를 작성해 선거에 임했다.

이러한 선거 연합은 독일 선거법에서 보장된다. 복수 정당의 공동 명부나 선거 강령이 다른 동일 명부는 법적으로 금지되지만 한 정당의 후보가 다른 정당의 명부로 출마하는 것과 주별로 명칭이 다른 명부를 사용하는 것은 허용된다.[11] 그에 따라 민사당과 선거대안당은 동일한 선거 강령을 가지되 주별로 다른 성향을 가진 유권자들을 고려해 명칭이 조금씩 다른 동일 명부를 사용했다. 구체적으로 바덴-뷔르템베르크(Baden- Württemberg) 주에서는 '국민 정당(Die Volkspartei)'을 사용하고, 바이에른 주에서는 '국민 정당.민사당(Volkspartei.PDS)'을 사용했으며, 브레멘(Bremen) 및 함부르크(Hamburg)와 구동독 주에서는 '좌파당.민사당(Linkspartei.PDS)'을 사용하고, 그 밖의 구서독 지역에서는 '좌파당(Linkspartei)'을 사용했다.[12]

그밖에 차순위 투표 호소라는 다른 한 가지 선거 연합 유형은 독일에서 나타나지 않는다. 차순위 투표 호소는 선호도의 순위를 매겨 복수의 기표를 행사하는 선위 투표(preference vote, 선호 투표) 제도에서 가능한 유형인데, 독일은 이 제도를 채택하지 않았기 때문이다.

레마," 『한국정당학회보』 제9권 1호(한국정당학회), 67~93쪽 참조.

11 Heunemann, Falk, 2008, *Die Erfindung der Linkspartei: Die Kooperation der PDS und der WASG zur Bundestagswahl 2005* (Saarbrücken: VDM Verlag Dr. Müller), S.34~35.

12 Heunemann(2008), S.71.

선거 연합의 목표와 전략

연합 정치의 목표와 관련해 독일 통치 연합 협상은 정책과 공직을 동시에 추구해온 것으로 알려져 있다.[13] 물론 1969~82년 동안 자민당은 사민당과 연정을 구성하기도 해 양대 정당과 번갈아 연합함으로써 정책 추구보다 공직 추구에 더 경도되어 있다는 판단이 가능하다. 이러한 판단은 자민당을 이데올로기 스펙트럼 우측에 위치시키는 경우에 합당하다.[14] 그러나 호프만-랑에(Hoffmann-Lange)[15]처럼 자민당을 기민/기사연과 사민당의 중도 정당으로 보는 경우에는 정책 추구에 의해서도 양대 정당과 연합이 가능하다고 판단할 수 있다.

하지만 두 입장 모두 각 정당의 정체성과 이데올로기 위치가 고정적이라는 시각에 머물러 있다. 실제 전후 시기 사회적 시장 경제를 수립할 때 기민연이 주요 생산 수단의 국유화를 주장할 정도로 진보적 노선을 보였던 것처럼, 자민당도 최소한 사민당과 연정을 구성했던 시기에는 정책적 변화를 보였다. 1970년대와 1980년대 자민당은 이전에 이데올로기 스펙트럼의 우측에 위치했던 입장에서 벗어나 중도로 이전했으며, 그 위치는 1981년도에 다시 중도에서 약간 우측으로 이동해간 것으로 나타났다. 1981년도 독일 정당들의 이데올로기 분포는 10점 폭 척도에서 사민당은

13 Smith, Gordon, 1979, *Democracy in Western Germany* (London: Heinemann); Norpoth, Helmut, 1982, "The German Federal Republic: Coalition Government at the Brink of Majority Rule," Eric C. Browne and John Dreijmanis (eds.), *Government Coalitions in Western Democracies* (New York: Longman), p.19; Hoffmann-Lange(1986), p.46, p.68 참조.

14 예를 들어 Norpoth, Helmut, 1980, "Choosing a Coalition Partner. Mass Preferences and Elite Decisions in West Germany," *Comparative Political Studies*, vol.12, no. 4, pp.424~441; Grofman, Bernard, 1982, "A dynamic Model of Proto-coalition Formation in Ideological N-Space," *Behavioral Science*, vol.27, no.1, pp.77~90.

15 Hoffmann-Lange(1986), p.66.

3.8, 기민/기사연은 6.1, 자민당은 5.3이었다.[16]

연합의 목표와 관련해 선거 연합에 대해서도 통치 연합의 논리를 적용할 수 있다. 자민당이 사민당과 선거 연합을 구성한 적은 없지만, 적어도 독일의 연합 정치가 공직 추구만이 아니라 정책 추구도 유의미한 비중으로 함께 고려했다는 것이다.[17] 시카노와 린하트(Shikano and Linhart)도 1983~2005년 연방과 주의 총 111회에 걸쳐 수립된 연정을 분석해 독일 연합 정치가 정책 실현과 공직 배분을 중요한 목표로서 함께 추구한다는 사실을 입증했다.

예외적으로 선거대안당과 민사당의 선거 연합이 추구한 목표는 공직 추구보다 정책 추구에 더 기울어 있었는데, 이것은 연합 여부를 두고 벌어진 두 정당의 당내 논쟁을 통해 알 수 있다.[18] 선거 연합을 찬성하는 입장은 구동독 지역에서 선거대안당의 지지율이 낮기 때문에 협력을 통해 연방의회에서 신자유주의 정책에 맞설 수 있다거나 당의 협상력을 제고할 수 있다는 논지를 폈다. 이와 달리 반대하는 입장은 민사당이 오히려 신자유주의 반대의 성격이 충분하지 않다고 주장하거나, 구동독 공산당(사회주의통일당 SED)의 후신인 정당과 함께 함으로써 정치인으로서의 개인적 경력이 복잡해지는 것을 원치 않았다. 논쟁과 대립의 초점이 득표율 제고를 통한 권력 장악(공직 배분)보다 이데올로기 거리나 정책 실현에 두어졌음이 잘 드러나는 대목이다. 물론 이것은 두 정당의 연합을 통해서는

---

16 정확하게는 당 지도자들의 이데올로기 위치다. 연정 협상이 당 지도부에게 일임되어 있다는 사실을 볼 때 오히려 당 지도자들의 이데올로기 위치를 보는 것이 연합 정치를 다루는 이 글에 더 적합하다. Hoffmann-Lange(1986), p.66.

17 Shikano, Susumu and Eric Linhart, 2010, "Coalition-formation as a Result of Policy and Office Motivations in the German Federal States: An Empirical Estimate of the Weighting Parameters of Both Motivations," *Party Politics*, vol.16, no.1, pp.111~130.

18 당내 논의와 선거 공조 과정에 대해서는 Neugebauer und Stöss(2008), S.158~159와 Heunemann(2008), S.56을 참조.

정권 장악이 현실적으로 불가능했다는 점도 작용했다고 볼 수 있다.

연합의 전략과 관련해서도 당내 논쟁과 결정 과정이 중요하다. 기민/기사연, 사민당, 자민당의 경우는 연합 여부의 결정이 지도부에 일임되어 있으며, 동맹90/녹색당의 경우도 점차 이 방식을 따르고 있다.[19] 이것은 기본적으로 선거가 끝난 후 짧은 시일 내에 연정 협상을 진행하고 연정의 구성이 연방의회의 표결로 결정되는 데 따른 것이었다. 역시 예외적인 경우는 민사당과 선거대안당의 연합으로, 전당 대회 표결 등을 통해 당원들의 결정이 폭넓게 반영되었다. 전통적 기성 정당들과 동맹90/녹색당의 선거 연합이 전선 전략을 선호했다면, 민사당과 선거대안당의 선거 연합은 연대 전략을 구사했다고 할 수 있다.

짧게 반복하면, 전선 전략은 적과 대치하면서 그와 다른 자기 진영의 선명성을 드러내기 위해 주로 상대방에 대한 네거티브 공격에 집중하는 전략을 말하며, 연대 전략은 동조 세력들을 더욱 공고히 통합하기 위해 공동의 이해관계나 목적을 형성해내는 전략을 말한다.[20] 전선 전략은 주로 주요 균열 구조가 단선적이어서 단일 이슈가 지배적이고 양대 정당 혹은 진영 대립 구도가 형성되어 있을 때 중요한 전략으로 선택되며, 연대 전략은 균열 구조가 다차원적이어서 지배적 이슈가 존재하지 않고 다양한 정치·사회 세력들이 형성되어 복잡한 정당 체제가 형성되어 있을 때 중요한 전략으로 채택된다.

물론 전통적 기성 정당들과 동맹90/녹색당이 활동하는 정치 무대와 선거대안당 및 민사당이 활동하는 정치 무대가 다른 공간에 있는 것은 아니다. 하지만 이 정당들이 선거에서 상대하는 주요 경쟁자는 각자 다르게

---

19 Hoffmann-Lange(1986), p.46, p.51.

20 정병기, 2014a, "선거 연합 연구의 한계 검토와 재분류 및 일반 이론 구성을 위한 메타 이론적 시론(試論)," 『한국정치연구』 제23집 1호(서울대학교 한국정치연구소), 63쪽 참조.

인식되며 실제로도 다르다. 기민/기사연과 사민당은 핵심 정당들로서 양대 구도를 이루는 자신들을 서로 상대하며 자민당과 녹색당(1998년 이후 동맹90/녹색당)도 이들과 연합할 경우에는 동일한 논리에 종속된다. 주로 양대 정당이나 양대 진영은 자신들이 기반하고 있는 핵심 균열 구조를 적극적으로 활용해 단일 이슈로 묶어내고자 하는 경향이 강하기 때문이다. 실제로 기민/기사연과 사민당 및 이 정당들과 연합한 정당들은 상대 진영과 대립되는 자신들의 선명성을 드러내기 위해 상대 진영을 공격하는 데 선거전의 중점을 두었다.

2013년 총선을 앞두고 사민당 당수(Siegmar Gabriel)와 녹색당 당수(Claudia Roth)가 서로 상대 당의 전당 대회에 참석해 기민/기사연과 흑황 연정의 정책에 대해 공격하며 연합의 필요성을 역설한 것이나 사민당 총리 후보(Peer Steinbrück)가 대연정 시기 기민/기사연 정책을 비판하며 더 이상 대연정에 참여하지 않을 것을 밝힌 것은 대표적 사례다.[21] 또한 같은 선거에서 자민당이 현실적 가능성이 거의 없음에도 불구하고 적적녹 연정(사민당-민사당-동맹90/녹색당) 수립의 위험을 경고하면서 흑황 연합에 대한 지지를 호소한 것도 전선 전략의 예다.[22]

반면 민사당과 선거대안당은 정권 장악이 현실적으로 불가능한 연합을 선택함으로써 상대에 대한 인식보다는 연합 내 연대의 공고화에 더 힘을 쏟았다. 상술한 민사당 내 정책 논쟁도 중요했지만, 선거대안당이 선거 연합 결성 여부를 전당 대회의 표결에 붙인 것도 연대 전략의 일환으로 이해할 수 있다. 2005년에 연합 여부를 두고 별도로 실시한 표결에서

21 Decker und Jesse(2013), S.49. 그럼에도 불구하고 총선 후 대연정이 수립되었는데, 이것은 선거 결과가 공약에 따라 연정을 구성할 수 없는 득표율 구도로 귀결되었기 때문이었다. 그렇지만 대연정 언급은 실제 사민당에게 중요한 제한으로 작용해 연정 협상이 쉽게 이루어지지 못했으며, 그로 인해 연정은 총선 후 약 3개월 후인 12월 중순에야 출범할 수 있었다.

22 Decker und Jesse(2013), S.49.

선거대안당은 단일 명부로 출마하는 데 대해 81.8%의 찬성을 얻고 ‘민주좌파’ 선거 연합 결성에 대해 85.3%의 찬성을 획득함으로써 민사당과의 선거 연합에 대한 당원들의 지지 기반을 공고히 했다. 이에 대해 민사당은 ‘좌파당.민사당(Linkspartei.PDS)’으로 당명을 개정함으로써 화답했고, 이를 통해 두 당은 곧 선거 연합을 결성했다.[23] 이러한 과정은 연합의 결속을 튼튼히 하고 정체성의 통합을 가져와 최종적으로 당의 통합으로까지 이어졌는데, 2005년 총선에서 선거 연합이 성공을 거둔 후 2007년에 좌파당(Die Linke)으로 단일 정당화한 것이 그 결실이었다.[24]

선거 연합 회피 및 촉진의 제도적·구조적 요인

1998년 이후 선거 연합의 형성은 기존에 선거 연합을 회피하게 한 요인들이 소멸되었거나 선거 연합을 촉진하는 요인들이 등장했기 때문이다. 우선 제도적 요인을 보면, 통일 이후에도 변화가 거의 없어 선거 연합 형성에 영향을 미친 것으로 보기 어렵다. 선거 제도가 비례적일수록 선거 연합이 회피되고 비비례적(다수 대표적)일수록 선거 연합이 촉진된다는 전통적인 논리인 비비례성 가설(disproportionality hypothesis)이 적용된 대표적인 사례가 1998년 이전의 독일이었다.[25] 정부 형태와 관련해서도 의회

23 Heunemann(2008), S.56.

24 2005년 총선에서 민사당-선거대안당 연합은 구서독 지역에서 3.8%p 상승한 4.9%를 얻고 구동독 지역에서 8.4%p 높은 25.3%를 득표했으며, 연방 전체에서는 4.4%p 상승한 8.7%를 얻어 획기적 성공을 거두었다. 정병기(2010), 84쪽.

25 ‘인물화 비례 대표제(personalisierte Verhältniswahl)’로 불리는 독일 연방의회 선거 제도는 지역구 직접 출마로 보완한 정당 명부 비례 대표제다. 즉, 초과 의석을 제외한 총 의석수의 절반에 해당하는 의석은 1구 1인 단순 다수로 선출된다(제1기표). 때문에 이 지역구 직접

중심제를 채택한 독일에서 정부는 선거에 의해 직접 구성되지 않고 선거 이후 연방의회의 연합 협상을 통해 구성되므로 선거 연합을 형성할 필요가 없었다. 각 정당들은 오히려 선거 이후 연합 협상에서 유리한 지위를 차지하기 위해 선거에서 득표율을 최대화하는 것이 더 유용했다.

하지만 골더(Golder)의 논리를 준용하면 비비례성 가설과 의회 중심제만으로는 독일의 선거 연합 회피 효과를 제대로 설명할 수 없다. 그에 따르면, 실제 다수 대표제 국가에서보다 의회 중심제 및 비례 대표제 국가에서 선거 연합이 더 많이 결성되었는데, 그 이유를 명확히 설명하기 위해서는 정당의 수를 고려해야 한다는 것이다.[26] 이것은 제도적 측면의

선출 방식의 단순 다수제를 비비례성의 사례로 보아 선거 연합 촉진 요인이 존재한다고 주장할 수도 있다. 그러나 제1기표 직접 출마 선거구에서 각각 1위를 한 후보들을 명부 순위와 무관하게 영순위로 간주할 뿐, 전체 의석은 제2기표인 정당 명부 비례 대표 득표율에 따라 배분된다. 다만 제1기표 당선자가 제2기표에 따른 의석률을 초과했을 때에도 제1기표 1위 후보들을 의석률과 무관하게 '잔출(殘出) 의원(Überhangmandat, 초과 의석에 따른 의원)'이라는 명칭으로 당선 확정한다. 구체적인 의석 배분 방식은 동트(d'Hont) 방식에서 헤어-니마이어(Hare-Niemeyer) 방식으로 바뀌고 잔출 의원 규정 등 최근까지 일부 변화를 거듭했지만 최고 평균 방식이나 최대 잔여 방식을 사용했기 때문에 기본적으로 득표율은 의석 점유율과 거의 일치해 선거 연합 결성에 영향을 미칠 만큼 비비례성이 문제되지는 않았다. 선거 제도에 대해서는 Andersen, Uwe und Wichard Woyke (Hg.), 2003, *Handwörterbuch des politischen Systems der Bundesrepublik Deutschland* (Opladen: Leske + Budrich), S.693~698; Woyke, Wichard, 2013, *Stichwort: Wahlen. Ein Ratgeber für Wähler, Wahlhelfer und Kandidaten*, 12. aktualisierte und erweiterte Auflage (Wiesbaden: Springer VS), S.212; 임홍배·송태수·정병기, 2011, 『기초 자료로 본 독일 통일 20년』(서울: 서울대학교출판문화원), 제1장을 참조하고, 잔출 의원 등 최근 변화에 대해서는 독일연방헌법재판소 판결문(2008.07.03). http://www.bundesverfassungsgericht.de/entscheidungen/cs20080703_2bvc000107.html(검색일: 2014.09.03.); 독일연방헌법재판소 판결문(2012.07.25.) http://www.bverfg.de/entscheidungen/fs20120725_2bvf000311.html(검색일: 2014.09.30.)를 참조.

26 Golder, Sona N., 2005, "Pre-electoral Coalitions in Comparative Perspective: A Test of Existing Hypothesis," *Electoral Studies*, vol.24. no.4, p.654, p.657; Golder, Sona N., 2006, *The Logic of Pre-Electoral Coalition Formation* (Columbus, Ohio: The Ohio State University Press), p.30. 골더는 봉쇄 조항도 중요한 고려 사항으로 언급했지만 봉쇄 조항도 결국 정당 수를 제한하는 기능을 수행하기 때문에 정당 수와 같은 맥락으로 다룰 수 있다. 특히 독일 연방의회 선거에서 봉쇄 조항은 변하지 않았으므로 별도로 고찰할 필요가 없다.

설명이 구조적 측면의 설명으로 전환되어야 함을 의미한다.

독일에서 오랫동안 선거 연합이 회피되었던 것은 무엇보다 3당 체제에서 자민당이 기민/기사연뿐만 아니라 사민당과도 통치 연합을 결성함으로써 결정투표(casting vote) 역할을 해왔다는 점에 크게 기인한다. 선거에서 양대 정당, 즉 기민/기사연과 사민당이 각축하고 그 결과가 명백히 드러난 후에야 자민당이 유리한 연합 상대를 선택할 수 있었고 실제 그렇게 해왔기 때문이다(<표 7-1>과 <표 7-2> 참조). 적어도 녹색당이 처음으로 연방의회에 진출한 1983년 이전에 독일 정당 체제는 이와 같이 양당 중심의 삼당 체제로서 선거 연합이 필요하지 않았던 시기였다.[27] 물론 1949년 첫 총선에서도 여러 군소 정당들이 의회에 진출했지만, 모두 단일 정당으로는 연합 상대가 되지 못했으며 이후 점차 사라져갔다.

<표 7-1> 독일 연방의회 선거: 정당 명부 제2기표(%)

연도	기민/기사연	사민당	자민당	동맹90/녹색당[1)]	공산당[2)]	민사당/좌파당[3)]	극우정당[4)]	중도당[5)]	기타[6)]	투표참여율
1949	31.0	29.2	11.9	-	5.7	-	-	3.1	19.1	78.5
1953	45.2	28.8	9.5	-	2.2	-	1.1	0.8	12.5	86.0
1957	50.2	31.8	7.7	-	-	-	1.0	-	9.4	87.8
1961	45.3	36.2	12.8	-	1.9	-	0.8	-	3.0	87.7
1965	47.6	39.3	9.5	-	1.3	-	2.0	-	0.3	86.8
1969	46.1	42.7	5.8	-	0.6	-	4.3	0.0	0.5	86.7
1972	44.9	45.8	8.4	-	0.3	-	0.6	-	0.1	91.1
1976	48.6	42.6	7.9	-	0.3	-	0.3	-	0.2	90.7
1980	44.5	42.9	10.6	1.5	0.2	-	0.2	-	0.1	88.6
1983	48.8	38.2	7.0	5.6	0.2	-	0.2	-	0.1	89.1
1987	44.3	37.0	9.1	8.3	-	-	0.6	0.1	0.7	84.3
1990	43.8	33.5	11.0	5.1	-	2.4	2.4	-	1.8	77.8
1994	41.5	36.4	6.9	7.3	-	4.4	1.9	0.0	1.7	79.0

27 제3장에서 정의한 정당 체제 유형에 따르면, 독일은 1949~57년 다당제, 1961~1980년 삼당제, 1983년 이후 다당제이다. 그러나 양대 정당이 항상 정국과 연합을 주도했다.

1998	35.1	40.9	6.2	6.7	-	5.1	3.3	-	2.7	82.2
2002	38.5	38.5	7.4	8.6	-	4.3	1.0	0.0	1.8	79.1
2005	35.2	34.2	9.8	8.1	-	8.7	2.2	0.0	1.8	77.7
2009	33.8	23.0	14.6	10.7	-	11.9	2.0	-	4.0	70.8
2013	41.5	25.7	4.8	8.4	-	8.6	6.2	-	4.8	71.5
2017	33.0	20.5	10.7	8.9	-	9.2	13.0	-	4.7	76.2

1990년까지 서베를린 제외

1) 1990~94년 구동독 지역의 동맹90(Bündnis 90)과 선거연립, 1998년 이후 합당

2) 1949~1953년 독일공산당(KPD: Kommunistische Partei Deutschlands), 1961~1965년 독일평화연합(DFU: Deutsche Friedensunion), 1969년 민주진보행동(ADF: Aktion Demokratischer Fortschritt), 1972~1983년 독일공산당(DKP: Deutsche Kommunistische Partei)

3) 2005년 선거대안당(WASG)과 민사당의 연립체인 좌파연합(PDS/Linke), 2009년 좌파당(De Linke)

4) 1953~1961년 독일제국당(DRP: Deutsche Reichspartei);
1965~1987년: 독일민족민주당(NPD: Nationaldemkratische Partei Deutschlands);
1990, 2002, 2005, 2013년: 독일민족민주당, 공화당(Die Republikaner);
1994년: 공화당;
1998, 2009년: 독일민족민주당, 공화당, 독일인민연합(Die Deutsche Volksunion);
2013년: 독일민족민주당(1.3%), 공화당(0.2%), 독일대안당(AfD: Alternative für Deutschland, 4.7%);
2017년: 독일민족민주당(0.4%), 독일대안당(12.6%)

5) 독일중도당(Zentrum: Deutsche Zentrumspartei)

6) 1949년 바이에른당(BP: Bayernpartei) 4.2%; 1949, 1953, 1957, 1961년 독일당(DP: Deutsche Partei) 4.0%, 3.3%, 3.4%; 1953년과 1957년 전독일블록/실향민연맹(GB/BHE: Gesamtdeutscher Block/Bund der Heimatvertriebenen und Entrechteten) 5.9%, 4.6%

출처: 독일연방선관위(http://www.bundeswahlleiter.de)
자료 종합; http://www.parties-and-elections.eu.

<표 7-2> 독일 연방의회 의석 분포(명, %)

연도	기민/기사연		사민당		자민당		동맹90/녹색당[1]		민사당/좌파당[2]		기타[3]		합계
	의석수	의석률	의석수	의석률	의석수	의석률	의석수	의석률	의석수	의석률	의석수	의석률	의석수
1949	144	34.2	140	33.3	57	13.5	-	-	15	3.6	65	15.4	421
1953	249	48.9	162	31.8	53	10.4	-	-	-	-	45	8.8	509
1957	277	53.4	181	34.9	44	8.5	-	-	-	-	17	3.3	519
1961	251	48.2	203	39.0	67	12.9	-	-	-	-	-	-	521
1965	251	48.5	217	41.9	50	9.7	-	-	-	-	-	-	518
1969	250	48.3	237	45.8	31	6.0	-	-	-	-	-	-	518

1972	234	45.2	242	46.7	42	8.1	-	-	-	-	-	-	518
1976	254	49.0	224	43.2	40	7.7	-	-	-	-	-	-	518
1980	237	45.7	228	43.9	54	10.4	-	-	-	-	-	-	519
1983	255	49.0	202	38.8	35	6.7	28	5.4	-	-	-	-	520
1987	234	45.1	193	37.2	48	9.2	44	8.5	-	-	-	-	519
1990	319	48.2	239	36.1	79	11.9	8	1.2	17	2.6	-	-	662
1994	294	43.8	252	37.5	47	7.0	49	7.3	30	4.5	-	-	672
1998	245	36.6	298	44.5	43	6.4	47	7.0	36	5.4	-	-	669
2002	248	41.1	251	41.6	47	7.8	55	9.1	2	0.3	-	-	603
2005	226	36.8	222	36.2	61	9.9	51	8.3	54	8.8	-	-	614
2009	239	38.4	146	23.5	93	15.0	68	10.9	76	12.2	-	-	622
2013	311	49.3	193	30.6	-	-	63	10.0	64	10.1	-	-	631
2017	246	34.7	153	21.6	80	11.3	67	9.4	69	9.7	94	13.3	709

1990년까지 서베를린 제외

1) 1990~94년 구동독 지역의 동맹90(Bündnis 90)과 선거 연합, 1998년 이후 합당

2) 1949년 독일공산당(KPD); 2005년 좌파당.민사당 명부(Linkspartei.PDS 혹은 Linke.PDS); 2009년 이후 좌파당(Die Linke)

3) 1949년: 독일민족민주당(NPD) 5, 바이에른당(BP) 17, 독일중도당(ZENTRUM) 10, 독일당(DP) 17, 재건동맹(WAV) 12, 남슐레스비히유권자연맹(SSW) 1, 무소속 3; 1953년: 독일중도당 3, 전독일블럭/실향민연맹(GB/BHE) 27, 독일당 15; 1957년: 독일당 17; 2017년 독일대안당AfD)

※ 총의석: 2013년 631석(초과의석 4; 보정의석 29); 2017년 709석(초과의석 46; 보정의석 65). 2013년 개정 선거법에 따라 초과의석 발생 시 초과의석 없는 정당들에게 보정의석을 배정(득표율과 의석률을 일치시키기 위해; 연방주 단위).

출처: 독일연방선관위(http://www.bundeswahlleiter.de) 자료 종합

그런데 1983년 선거는 이와 같은 구조적 요인에 중요한 변화를 야기했다. 물질주의와 탈물질주의의 갈등이라는 새로운 균열 구조에 기반한 녹색당이 의회에 진출해 4당 체제를 형성함으로써 또 다른 연합 상대로 등장했기 때문이다. 당시 녹색당은 5.6%의 득표율을 얻어 총 28석을 획득해 적어도 산술적으로는 기민/기사연과 연정을 구성할 수 있었다. 1990, 2005, 2009년을 제외한 다른 시기에 (동맹90/)녹색당은 이와 같이 연합 상대가 될 정도로 충분한 의석을 차지했다. 1960년대 말 68혁명운동에 의해 가시화된 탈물질주의라는 새로운 사고가 새로운 사회 균열을

형성했는데, 이 사회 균열이 세계 경제 위기가 발생한 1970년대와 1980년대 초에 수면 아래로 가라앉았다가 그 위기가 일정하게 해소되기 시작한 1980년대 초중반에 정당 균열로 전환해 등장한 것이다.

이때 균열은 정치화의 정도에 따라 구별된다. 균열 구조에 대해서도 앞 장의 설명을 잠깐 상기하면, 사회 균열은 고유한 사회적 특징에 따른 갈등 잠재력을 가진 사회 집단이 사회적 갈등 차원에서만 구분되거나 형성된 균열을 말하고, 정치 균열은 이 사회 집단이 정치적 갈등 집단으로 결집되고 전환하지만 정당으로까지 발전하지는 않은 균열을 의미한다. 반면, 정당 균열은 정치적 갈등 집단이 집단적 이해관계에 근거해 의미 있는(relevant) 정당으로 발전한 균열을 지칭한다.[28] 흔히 서유럽의 68혁명 운동을 정치적으로 실패하고 문화적으로 성공한 혁명이라고 말한다. 이것은 물질주의-탈물질주의 균열이 사회 균열을 형성했지만 1970년대에서 1980년대 벽두까지 정치적 동원에 성공하지 못한 것을 의미한다.

하지만 1980년대 중반으로 진입하면서 프랑스, 이탈리아 및 독일 등지에서 녹색당이 정당으로 의회에 진출해 정치 세력화에 성공하게 되었다. 이와 같이 서유럽에서 사회 균열은 정치 균열 단계와 정당 균열 단계로 구분되어 발전하지 않았다. 그것은 정당 민주주의가 발전해 적어도 전국적인 차원에서는 정당 외 정치 단체가 별도로 존재하지 않는 서유럽의 특수한 상황으로 인해 정치 균열이 곧바로 정당 균열로 연결되었기 때문이다.

이 새로운 정당 균열이 정당 체제의 변화를 야기하고 이후 선거 연합 정치에서 잠재적인 요인으로 배태되었다. 그러나 연합 상대로서 충분한 세력으로 성장했음에도 불구하고 녹색당은 1998년까지는 실제 연합 정치를 촉진하지 못했는데, 그것은 녹색당의 이데올로기와 정책이라는 행

---

28 정병기, 2012b, “19대 총선과 정당 체제 전망: 연합 정치의 효과,” 『의정연구』 제18집 2호(한국의회발전연구회), 70쪽; 정병기(2014), 63쪽.

위자적 요인에 의해 설명될 수 있다. (이 설명은 다음 절에서 이어갈 것이며, 제도적 요인과 구조적 요인을 다루는 이 절에서는 잠재적 요인으로 배태되었다는 점을 지적하는 데 만족한다.)

1990년 독일 통일도 구조적 요인에 중요한 변화를 야기했다. 통일 독일에서 구동독 공산당의 후신인 민사당이 등장해 또 다른 연합 상대의 의미를 획득했기 때문이다. 물론 2009년을 제외하면(2009년 기민/기사연 239석, 좌파당 76석, 도합 315석으로 총 622석의 50.6%), 민사당(좌파당)이 2개 정당 연정의 상대가 되지는 못했다. 하지만 녹색당이 함께 참여하는 3개 정당 연정의 상대로서는 2005년과 2013년에도 가능했다.

하지만 민사당과 좌파당은 사민당과 동일한 이데올로기 지형에서 경쟁하고 있을 뿐만 아니라 구동독 주민들의 이해관계를 대변하는 새로운 지역주의 균열도 대변하고 있다는 점에서[29] 실제 연합을 형성하기는 어려웠다(이 점도 다음 절에서 상세히 논의함). 특히 새로운 지역주의 균열이 점차 민사당을 통해 정당 균열로 등장함에 따라 통일 독일의 정당 체제는 5당 체제로 전환했다. 그중에서도 2005년과 2009년 총선은 각각 선거 연합을 통한 5당 체제 형성에 매우 중요한 계기가 되었다. 2005년 총선에서 민사당과 선거대안당의 연합이 선전(善戰)함으로써 연방 전체에서 중요한 의미를 획득했고, 2009년 총선에서 두 당이 통합해 탄생한 좌파당이 11.9%를 득표해 명실공히 5당 체제의 한 축을 형성했기 때문이다.[30] 이와

---

29 민사당을 통해 대변되고 있다고 느끼는 구동독 주민들은 1990년에 11%에 불과했으나 1998년 이후에는 38%로 많아졌다. Neller, Katja and S. Isabell Thaidigsmann, 2002, "Das Vertretenheitsgefühl der Ostdeutschen durch die PDS: DDR-Nostalgie und andere Erklärungsfaktoren im Vergleich," *Politische Vierteljahresschrift*, Jg.43, H.3, S.424. 그 밖에 민사당의 새로운 지역주의 균열 대변에 대한 상세한 논의는 정병기(2010) 참조.

30 2013년 총선에서 자민당이 연방의회 진출에 실패함으로써 다시 4당 체제로 회귀하는 듯한 모습을 보이기도 했다. 하지만 자민당의 급격한 지지율 상실에 대한 판단은 아직 시기상조이다. 실제 2017년 총선에서 자민당은 10.7%를 얻어 과거의 지지율을 회복했다. 한편 극우 정당인 독일대안당(AFD)이 12.6%를 획득해 연방의회에 진출하는 이변을 일으킴으로써 2017년 총선은 정당

같이 좌파당도 이제는 중요한 연합 상대로서 선거 연합 정치에 중요한 변화를 일으킬 수 있는 위상을 차지하게 되었다.

이와 같이 두 차례에 걸친 균열 구조의 변화와 새로운 균열 축을 대변하며 이념성이 분명한 신생 정당의 탄생으로 선거 연합이 가능해졌다는 것이 독일의 특징이다. 물론 독일 정당 정치는 처음부터 이념 정당 체제로서 이데올로기적 정체성이 선명하게 대립되는 구조를 가지고 있었다. 연합 정치의 성격이 공직 추구에 머물지 않고 정책 실현도 함께 강력히 추구하는 경향은 이러한 이념 정당 정치의 산물이다. 1980년대 균열 구조의 다양화는 이 이념 정당 정치를 더욱 복잡하게 만들었지만 약화시키지는 않았다. 따라서 연합 정치의 정책 추구성도 최소한 유지되었으며, 민사당과 선거대안당의 경우에는 오히려 더 강화되었다. 또한 통일 후 균열 구조가 더욱 다양해진 가운데 정책 추구성이 특히 강하다는 점은 민사당과 선거대안당의 선거 연합이 전선 전략보다 연대 전략에 초점을 두도록 하는 데에도 영향을 미쳤다.

선거 연합 회피 및 촉진의 행위자적 요인

선거 연합의 행위자적 요인에 주목한 신호 가설(signaling hypothesis)에 따르면, 연합하려는 정당들이 유권자들에게 정부 구성에 대한 신호(signal)를 강하게 보낼수록 선거 연합이 촉진된다고 한다. 이 가설은 기본적으로 연합 행위자들의 신호 발신에 초점을 두지만, 궁극적으로 연합을 촉진하는 것은 유권자들의 선택이라는 점을 강조한다.

체제에 또 다른 변화를 가져왔다.

독일에서도 이 신호 가설은 유의미한 것으로 받아들여진다. 2008년 4월 여론 조사에 따르면, 독일 국민들의 39%가 연합 결성 선언이 자신들의 투표 결정에 매우 중요한 역할을 한다고 답변했고, 35%가 중요하다고 대답한 반면, 18%가 별로 중요하지 않고, 7%만 아무런 영향을 미치지 않는다고 답변했다.[31] 이것은 유권자들이 연합 결성의 신호를 받을 경우 그로부터 영향을 받는 경우가 무려 74%에 이르러 독일에서 선거 연합의 결성이 실제 선거에서 매우 중요하다는 사실을 증명한다.

그러나 유권자들의 선택을 읽고 연합 행위로 전환하는 것은 정당이기 때문에 정당의 행위에 각별히 더 주목할 필요가 있다. 앞에서 보았듯이, 균열 구조와 정당 체제라는 구조적 요인의 변화는 선거 연합 형성을 곧바로 촉진시킬 수 없었고 잠재적 촉진 요인으로 배태되었을 뿐이다. 그것은 연합의 주요 행위자인 정당이 연합의 의사를 갖지 않았거나 실제 연합 행위를 표출하지 않았기 때문이다.

독일은 이념 정당 체제의 성격을 강하게 띠므로 연합 행위자인 정당에 대한 고찰에서 이데올로기 거리가 매우 중요하다. 앞서 자민당의 연합 행위를 설명할 때 3당 체제라는 구조적 요인에 따라 기민/기사연 및 사민당과 번갈아 연정을 구성하는 결정투표 역할을 강조했다. 이러한 자민당의 연합 정치에 대한 설명은 행위자적 측면에서 당내 갈등 구도로 보완할 수 있다.

하르트만(Hartmann)[32]이 분석한 것처럼, 자민당은 권리·문화 정책적 자유주의를 강조하는 정파와 경제 정책적 자유주의를 강조하는 정파로 나뉜다. 이중 전자가 당권을 장악하면 사민당과 연합할 가능성이 크며,

---

31 Decker and Best(2011), p.7.

32 Hartmann, Jürgen, 1991, *Europa im Vergleich* (Berlin: Landeszentrale für politische Bildung), S.101.

후자가 당권을 장악하면 기민/기사연과 연합할 가능성이 크다는 것이다. 적황 연정 시기 정부의 정책 초점이 동방 정책과 교육 정책에 두어졌다는 점을 고려할 때, 사민당과 자민당의 연합은 이러한 정책적 거리의 축소로 설명할 수 있다. 반면, 1980년대 이후에는 신자유주의적 세계화가 시작되는 시기로서 사회 경제 정책이 다시 중요해졌기 때문에 자민당은 경제 정책적 자유주의가 다시 전면화되면서 기민/기사연과 연합을 구성했던 것으로 설명된다.

이러한 연합 정치의 맥락은 1998년 이후 구도에도 이어져왔다. 물론 기민/기사연과 자민당의 선거 연합은 사민당-동맹90/녹색당 연합 결성에 대한 대응으로 결성된 측면이 강하지만, 기본적으로 당내 갈등에서 경제 정책적 자유주의 세력이 강화된 결과로 볼 수 있다. 흑황 연합이 비단 공직 추구뿐 아니라 정책 추구의 성격도 강하게 띤다는 것은 이를 반영한 결과라고 할 수 있다. 그리고 이 연합이 적녹 연합에 대한 대응 연합으로 결성되었다는 점은 연합의 전략에서 연대 전략보다 전선 전략이 더 두드러지게 나타나는 원인으로 작용한 것으로 보인다.

한편, (동맹90/)녹색당은 전통적 기성 정당들의 권위주의와 물질주의를 비판하면서 등장한 정당으로서 오랫동안 이 정당들과의 연합을 고려하지 않았다. 이 입장의 변화는 1980년대의 오랜 논쟁을 거쳐 1990년대 이후 근본주의자들(fundis) 대신 현실주의자들(realos)이 당권을 장악함에 따라 근로자 유권자들에 대한 고려 수준을 높이고 수권 정당의 성격을 갖추고자 하는 것으로 나타났다.[33] 이것은 1980년대 말 이후 점차 세계적 현상으로 부상하는 신자유주의에 대한 대응으로서 경제적 가치와 사회 경제적 평등의 문제가 다시 부상함에 따라 녹색당도 탈물질주의와 반권위주의적 가치에 머물지 않고 사회 경제적 가치의 중요성을 다시 인식하

---

33 Hartmann(1991), S.102 참조.

고 이를 현실 정치적으로 풀어내고자 하는 흐름에 동승한 것을 의미한다. 이 변화는 실제 1998년 사민당과 녹색당의 선거 연합과 통치 연합의 결성으로 이어졌고, 공직 배분과 정책 실현을 동시에 추구하는 목표 설정에 반영되었다.

반면, 연합의 전략과 관련해서는 사민당과 동맹90/녹색당의 정책적 유사성 강화가 크게 작용하지 않은 것으로 보인다. 실제 연합의 결성에서 두 정당은 적지 않은 충돌을 겪었을 뿐만 아니라 연합 결성의 명분이 주로 사민당의 '제3의 길' 노선과 녹색당의 에너지 정책의 교환으로 나타났기 때문이다. 이것은 연합 내의 정책적 논의를 통해 종합된 합의안을 마련하는 과정을 거치지 않고 사민당의 사회 경제 정책과 동맹90/녹색당의 에너지 정책이 각자 정체성을 가지고 한 바구니에 담긴 꼴이었다. 따라서 그 연합 전략은 내부의 일체감을 공고히 하기보다 흑황 연합에 대한 차별성을 강조하는 방향으로 흘러갈 수밖에 없었다.

민사당(좌파당)의 경우는 연합 정치에서 정당 정체성의 문제가 더욱 큰 회피 요인으로 작용하고 있다. 연방 차원에서 민사당(좌파당)은 지금까지도 기민/기사연은 말할 것도 없고 사민당과도 연합을 구성하지 않고 있다. 물론 연방주 차원에서는 메클렌부르크-포어포머른(Mecklenburg-Vorpommern, 1998~2006), 베를린(Berlin, 2002~2010), 브란덴부르크(Brandenburg, 2009~현재) 등에서 사민당과 민사당(좌파당)이 적적 연정을 구성하기도 했다.[34] 그러나 연방 차원에서는 전국적 차원의 사회 경제 정책과 관련해 이데올로기가 예민하게 충돌하는 만큼 연합이 이루어지지 못하고 있다.

---

34 녹색당도 2008년 함부르크(Hamburg)에서 기민연과 연정을 수립하고, 2009년 자르란트(Saarland)에서 기민연 및 자민당과 자마이카 연정을 수립했으며, 1990년대 초반 브레멘(Bremen)과 브란덴부르크에서 사민당 및 자민당과 신호등 연정을 수립하기도 했다. Decker and Best(2011), p.8.

연합의 목표 및 전략과 관련해 상술한 바와 같이 민사당과 선거대안당의 선거 연합은 다른 연합들과 달리 정책 추구의 성격이 더 강하고 연대 전략의 성격을 분명히 띠고 있다. 이것은 정당 정체성의 문제가 다른 정당들과의 연합을 회피하는 요인으로 작용하는 것과 마찬가지 이유로 이데올로기와 정책의 유사성이 높은 두 정당에게는 연합을 촉진하는 요인으로 작용한 결과다.

사민당, 녹색당, 좌파당의 이른바 적적녹 연합이 어려운 이유도 이와 유사한 행위자적 요인으로 설명될 수 있다. 데커(Decker)는 이와 관련해 공동 집권 전망에 대한 이해관계가 인적·강령적 차이를 극복할 수 없다는 점을 각 정당들이 명확하게 인식하고 있다고 지적한 바 있다.[35] 곧, 공직 배분을 위한 이해관계가 충족된다 할지라도 이것이 정책 실현으로 연결되기 어려우며, 각 정당들은 이를 잘 인식하고 있고, 그로 인해 집권 가능성이 있음에도 불구하고 연합을 형성하지 않는다는 판단이다. 물론 2005년 총선에서 민사당과 선거대안당이 결성한 선거 연합은 행위자적 요인에도 중요한 변화가 생겼음을 시사한다. 하지만 이 변화가 기민/기사연이나 사민당에 대한 정책 및 이데올로기 거리의 축소를 의미하지는 않는다. 오히려 기존의 거리가 유지되는 가운데 사민당으로부터 이탈한 세력들과 연합함으로써 그 거리가 더욱 공고해졌다고 할 수 있다.

그러나 다른 한편으로 일부 구서독 지역에 기반을 둔 선거대안당과 구동독 지역에 기반을 둔 민사당이 연합한 것은 지역주의 균열에도 변화를 가져왔다. 2005년 지역 간 선거 연합 결성과 2007년 단일 정당 창당이 이후 선거에서 지역주의 균열의 약화로까지 이어진 것은 지역주의가 선거 연합에서 중요한 요소가 되기 어려워졌음을 의미하기 때문이다. 이것은 동일 지역 내에서 선거가 치러지기 때문에 지역주의 구도가 형성될 수

---

35 Decker(2009), S.25.

없는 주의회 선거의 성격이 연방의회 선거에도 나타날 수 있다는 전망을 가능하게 한다. 다시 말해, 지금까지 민사당이 연방의회 선거에서 구동독 지역 주민들의 지역주의 성향을 반영했지만, 두 지역에 모두 기반을 둔 통합된 정당인 좌파당은 더 이상 그러한 반영을 수행하기 어려워졌다는 것이다. 따라서 새로운 단일 정당으로서 좌파당은 연방 차원에서도 주 차원에서처럼 새로운 연합의 계기들을 맞게 될 가능성이 크다고 할 수 있다.

요약과 함의

독일에서 정당들이 공식 논의를 거쳐 공개적으로 선거 연합을 결성한 것은 1998년 총선에서 결성된 적녹 연합이 처음이었다. 이어 2002년 총선에서는 양대 진영이 모두 선거 연합을 구성해 연합에 의한 대립 구도가 생겨났고, 이후 이러한 선거전은 관례가 되다시피 했다. 비례 대표제 국가로서 선거 연합 경험이 이토록 늦게 시작된 것은 흔한 사례가 아니다. 그것은 1998년 이전에 선거 연합 회피 요인이 작동하고 있었음을 의미한다.

특히 의회 중심제와 비례 대표제에서 정당 체제가 사회 민주주의와 기독 민주주의 및 자유 민주주의라는 사회 경제적 가치로 구성된 단선적 균열 구조에 기반해 양대 정당 중심의 3당제로 형성되었다는 점이 중요했다. 이러한 제도적·구조적 조건에서 항상 연립 정부가 구성되었지만 자민당이 결정투표 역할을 수행하면서 선거 연합은 결성되지 않았다. 세 정당이 모두 선거 이후 통치 연합 협상에서 유리한 지위를 차지하기 위해 선거에서 득표율을 최대화하는 것이 더 유용했기 때문이다.

하지만 이와 같은 선거 연합 회피 요인들은 1983년 녹색당의 연방의회 진입으로 변화하기 시작했다. 의회 중심제와 비례 대표제라는 제도적 요인이 지속되었음에도 균열 구조와 정당 체제라는 구조적 요인이 변해 선거 연합이 촉진되었다. 1960년대 말에 등장한 물질주의-탈물질주의라는 새로운 사회 균열이 정당 균열로 전환함으로써 균열 구조가 다양해짐과 동시에 4당 체제가 성립되었고, 그에 따라 녹색당이 또 하나의 연립 상대로 등장한 것이다. 게다가 1990년 독일 통일도 구조적 요인에 중요한 변화를 야기했다. 통일 독일에서 동·서독 지역 간 지역주의 균열이 등장하고 구동독 공산당의 후신인 민사당이 연방의회에 진출해 5당 체제를 형성함으로써 또 다른 연합 상대의 의미를 획득했기 때문이다.

그러나 이러한 변화들은 아직 잠재적 촉진 요소였을 뿐, 실제로 연방 차원에서 선거 연합이 결성되도록 작동하지는 않았다. 선거 연합이 결성된 것은 행위자적 요인의 변화가 동반된 후였다. 우선, 전통적 기성 정당들의 권위주의와 물질주의를 비판하면서 등장한 정당으로서 오랫동안 연합을 고려하지 않았던 (동맹90/)녹색당이 1990년대 이후 신자유주의적 흐름에 대한 대응으로서 현실주의자들이 당권을 장악함에 따라 사민당과의 연합을 피하지 않게 되었다. 또한 2005년 이전까지 제도권 내 정당들 중에서 연합 상대를 찾지 못하고 있었던 민사당도 사민당에서 탈당한 선거대안당과는 이데올로기적 유사성에 기반해 선거 연합을 결성하는데 크게 주저하지 않았다.

이와 같이 구조적·행위자적 요인들이 변화함에 따라 독일에서도 선거 연합이 결성되었는데, 그 유형은 차순위 투표 호소를 제외한 다른 네 가지 형태로 현상했다. 흑황 연합과 적녹 연합은 통치 연합 결성 선언과 교차 투표 호소의 형태로 나타났으며, 민사당-선거대안당 연합은 공동 후보 명부 작성과 후보 단일화의 방식을 띠었다. 이러한 차이는 다른 선거 연합들과 달리 민사당-선거대안당 연합이 연합 정당들 간 이데올로기 및 정책의 유사성이 더 컸을 뿐 아니라 집권의 현실적 가능성이 없었으므로 공직 추구 욕구보다 정책 추구 욕구가 더 강했다는 점에 기인한다.

또한 이러한 차이는 연합의 목표와도 연결되었다. 오랜 이념 정당 체제를 가진 독일에서 연합 정치는 공직 추구에 한정되지 않고 정책 실현도 함께 추구하는 전통을 가지고 있다. 흑황 연정과 적녹 연정의 목표는 이러한 맥락에서 이해할 수 있다. 민사당과 선거대안당의 연합이 공직 추구보다 정책 추구에 더 기울었다는 점도 역시 이념적 유사성의 범주에서 설명될 수 있다. 곧, 두 정당 간의 이념적 유사성이 다른 연합의 정당들 간 이념적 유사성보다 컸다는 것이다.

선거 연합의 전략에서 흑황 연정과 적녹 연정은 전선 전략을 채택한 반면, 민사당-선거대안당 연합은 연대 전략을 선택했는데, 이것도 이념적 유사성과 연관된다. 경제적 가치에 기반한 전통적 균열 구조에서 중도와 우파의 결합으로 형성된 흑황 연합과 경제적 좌파와 탈물질주의 좌파의 이질적 결합으로 등장한 적녹 연합은 적에 대한 공동 전선에 토대를 두고 진영 간 선명성을 부각시키기 위한 전선 전략을 사용했다. 반면, 지역주의 균열을 봉합한 경제적 좌파들 간의 결합으로 탄생한 민사당-선거대안당 연합은 내부 일체감을 공고히 하기 위한 연대 전략을 채택했으며, 이것은 이후 단일 정당화로 귀결되었다.

이와 같이 독일에서 선거 연합은 역사가 길지 않고 자주 등장하지도 않았다. 그러나 독일에서도 이제는 선거 연합이 예외적인 현상이 아니라 관례가 되었다는 평가가 나올 정도로 피할 수 없는 현상이 되었다. 물론 정당 체제의 재편이 아직 완성되지 않은 만큼 선거 연합 정치도 높은 경로 의존성을 보이며, 촉진 요인들이 다시 회피 요인으로 전환할 가능성도 없지 않다. 하지만 적어도 현재와 같은 구조적·행위자적 요인들이 유지된다면, 향후 독일에서도 선거 연합은 더욱 다양한 유형과 목표 및 전략을 선보이면서 고유한 흐름과 양상을 형성할 것으로 보인다.

제8장

프랑스의 선거 연합: 제5공화국을 중심으로

프랑스는 절대 다수 대표제를 가진 국가로서 독일과 좋은 대조가 된다. 또한 이원 정부제를 가지고 있는 독특한 국가로서 의회 다수당뿐 아니라 대통령도 국민으로부터 직접 선출된다. 따라서 프랑스 선거 연합을 제대로 분석하기 위해서는 우리나라처럼 대선과 총선을 모두 분석해야 한다.

이 장은 필자가 프랑스 선거 연합을 분석한 2015년 논문[1]에 2017년 대선과 총선을 추가한 글이다. 다만 2017년 두 선거에 대해서는 아직 분석에 필요한 자료가 충분치 않아 한정된 논의에 불과하다.

선거 연합 분석은 대개 통치 연합 이론을 원용하거나 그로부터 파생된 이론을 활용해 왔으며, 예외적으로 비비례성 가설(Disproportionality Hypothesis)과 신호 가설(Signaling Hypothesis)이 선거 연합 분석을 위해 개발되었다. 통치 연합 이론을 원용할 때 권력이나 자원, 이념 및 정책의 거

1 정병기, 2015a, "프랑스 제5공화국의 선거 연합 정치: 선거 제도와 정당 체제에 따른 특징," 『유럽연구』 제33권 1호(한국유럽학회), 37~67쪽.

리 혹은 정당 수나 연합 규모 등을 통해 연합의 구성 요인과 과정을 분석한다.[2] 이 요인들은 선거가 끝난 후 의석 배분이 확정된 상태에서 세력 관계가 명확히 드러나기 때문에 명시적 요소로 작용한다. 하지만 선거 이전에 수립되는 선거 연합에서 이 요인들은 대부분 잠재적이거나 예측에 의존하므로 주관적으로 산출될 가능성이 크다. 그나마 명시적으로 드러나는 정당의 수와 이념 및 정책의 거리를 선거 연합 분석에 적용할 수 있을 뿐이다. 따라서 프랑스 선거 연합 분석에서도 기존 선거 연합 가설들과 정당의 수 및 이념과 정책의 거리에 관한 통치 연합 이론들을 변형해 분석에 활용한다.[3]

비비례성 가설은 '선거에서 규모의 경제(economies of scale) 효과를 극대화하기 위해 정당들 간 선거 연합이 구성될 가능성은 비비례 대표제일수록 더 크다.'고 가정한다.[4] 이 가설은 특히 절대 다수 대표제를 도입한 프랑스 제5공화국 분석에 유용하게 적용될 수 있다. 그러므로 우선 이 가설에 따라 선거 제도에 따른 선거 연합 정치의 특징을 분석한다. 그러나 선거 제도만을 독립 변수로 설정하면 동일한 선거 제도에서 나타나

---

2 신기현, 1984, "연립 이론과 연립 형성에 관한 연구," 『사회과학연구』 제11집(전북대학교 사회과학연구소), 143~165쪽; Gamson, William A., 1964, "Experimental Studies of Coalition Formation," Leonard Berkowitz (ed.), *Advances in Experimental Social Psychology*, vol.1 (New York: Academic), pp.82~110; Riker, William H., 1962, *The Theory of Political Coalitions* (New Haven: Yale University Press); Shaw, Marvine E., 1981, *Group Dynamics* (New York: McGraw-Hill) 참조

3 이러한 방법은 상대적으로 프랑스와 유사한 이탈리아 '제2공화국' 초기(1993~2005)의 선거 연합을 분석하는 데에도 유용하다. 이 분석에 대해서는 정병기, 2012a, "이탈리아 '제2공화국' 선거 연합 정치의 주요 요인과 특징," 『한국정치학회보』 제46집 4호(한국정치학회), 73~99쪽 참조.

4 Shepsle, Kenneth A. and Mark S. Bonchek, 1997, *Analyzing Politics: Rationality, Behavior and Institutions* (New York: W. W. Norton and Company, Inc.), pp.190~191; Strom, Kaare, Ian Budge and Michael J. Laver, 1994, "Constraints on Cabinet Formation in Parliamentary Democracies," *American Journal of Political Science*, vol.8, no.2, p.316.

는 다양한 변화를 추적할 수 없다. 따라서 동일한 제도적 환경에서 작동하는 행위자 요인을 함께 볼 필요가 있다. 프랑스 선거 연합 정치에서도 중요 행위자는 정당이다. 따라서 정당들의 유기적 관계를 의미하는 정당 체제의 성격을 함께 분석할 필요가 있다. 그중에서도 정당의 수와 규모 및 이념과 정책의 성격을 고찰하는 것이 중요하다. 이들은 선거 연합 분석에 핵심적인 비비례성 가설뿐 아니라 신호 가설과도 밀접한 관계를 갖기 때문이다.[5]

프랑스에서 정당 수는 항상 연합 결성에 충분할 정도로 많았지만, 정당의 규모를 함께 고려할 경우 정당 수가 동일한 경우에도 연합이 달리 나타난 사례가 적지 않다. 이 글에서 정당의 규모는 의회에 진입했거나 연합의 상대가 될 정도의 지지율 혹은 의석수를 가지고 있다는 단순한 의미가 아니라, 정당들의 상대적 크기(지지율 혹은 의석수)를 뜻한다. 예를 들어 정당이 아무리 많다고 하더라도 양대 정당이 집권하기에 충분한 지지율을 가지고 있다면 연합이 필요하지 않게 되는 경우에서 보는 것처럼 상대적 크기가 중요하기 때문이다.

신호 가설과 관련해 먼저 선거 연합의 기능을 보면, 선거 연합은 ① 연합 정당들이 효율적 통치 연합을 형성할 수 있는지를 알려주고, ② 잠재적 미래 정부의 정체성을 가능한 한 명확하게 알려주며, ③ 유권자들로 하여금 통치 연합을 선택하는 데 더 직접적인 역할을 할 수 있다는 것을 인식하게 하려는 정당들의 욕구를 알려준다고 한다. 그러나 이 효과들도 역시 정당 수가 충분히 많고 그 상대적 규모의 관계에 따라 달리 나타날

5 골더에 따르면 비비례성 가설은 정당 수가 충분히 많을 때에만 성립한다. 그러나 정당의 수는 정당의 규모를 고려할 때 측정이 가능하며 정당 수가 동일한 상황에서도 정당들의 상대적 크기에 따라 비비례성 가설이 달리 적용된다는 점을 골더는 보지 못했다. Golder, Sona N., 2006, *The Logic of Pre-Electoral Coalition Formation* (Columbus, Ohio: The Ohio State University Press), p.26.

수 있다. 연합 정당들 간의 힘 관계에 따라 효율성과 정체성이 다를 수 있고, 또 그에 따라 유권자들의 선택이 달라질 수 있기 때문이다.

한편, 통치 연합 이론들 중 최소 거리 연합론 혹은 최소 집단 연합론에 따르면, 정당들 간 이념과 정책의 거리도 선거 연합 분석에서 필수적이다.[6] 정치 정향이 유사하고 정치 문제와 관련해 견해 차가 크지 않은 행위자들이 연합을 형성할 가능성이 크기 때문이다. 특히 이데올로기 지형이 복잡한 프랑스의 경우에 정당들 간 이념은 매우 중요하며, 이념의 변화를 고려할 때는 구체적인 정책의 차이도 그에 못지않게 중요하다. 사민당과 민사당이 연방 차원에서는 연합을 결성하지 않는 독일과 달리 사회당과 공산당이 자주 연합을 결성한 프랑스와 이탈리아의 경우는 그 이념과 정책의 거리가 더욱 복잡하게 작용한다. 이는 거대 담론인 이념뿐 아니라 구체적 미시 담론인 정책까지 상세하게 고찰할 필요성이 있다는 것을 의미한다.

따라서 이 장은 선거 제도와 정당 체제라는 두 요인의 영향을 중심으로 프랑스 선거 연합 정치를 규명하는 것으로 구성된다. 구체적으로 선거 제도 분석은 절대 다수 대표제의 도입이 미친 영향을 알아보며, 정당 체제 분석은 정당의 수와 규모 그리고 정당들 간 이념과 정책의 거리가 미친 영향을 고찰한다.

다만 제5공화국의 대선과 총선에 한정하며, 선거 제도의 영향을 기술하는 제2절은 선거 연합 정치의 변화를 시대적으로 기술함으로써 이후 정당 체제 요인을 분석하는 배경 지식을 함께 제시하는 데에도 할애한다. 선거 제도에 대해서는 제4장에서 설명했지만, 이 장의 내용을 이해하기

---

6 Swaan, Abram de, 1973, *Coalition Theories and Cabinet Formation: A Study of Formal Theories of Coalition Formation Applied to Nine European Parliaments after 1918* (Amsterdam: Elsevier Scientific Publishing Co.) 참조.

위해 꼭 필요한 부분이 있어 반복의 위험을 무릅쓴다.

절대 다수 대표제의 도입과 선거 연합의 형성

프랑스는 1848년 남성 보통선거권의 성립 이후 제3공화국(1870~1940)에서 두 차례 정도의 비례 대표제가 도입된 바 있다.[7] 이어 제4공화국(1946~1958)에서 비례 대표제가 지속되었고, 제5공화국(1958~현재) 수립과 함께 현재의 다수 대표제가 도입되었다. 물론 1986년 선거에서 예외적으로 비례 대표제가 실시되었지만 다시 다수 대표제로 복귀해 오늘에 이르고 있다. 곧, 2차 대전 이후 프랑스는 비례 대표제와 다수 대표제를 모두 경험했으며, 이를 통해 독특한 다수 대표제를 정착시킨 것이다.

제5공화국 다수 대표제는 대선과 총선에서 모두 2차 투표를 결선 투표로 하는 절대 다수제다. 하지만 구체적 규정은 다소 달라, 대선은 1차 투표에서 전체 유권자의 25% 이상 득표한 절대 다수 득표자가 없을 경우 2주일 후 상위 두 후보를 두고 결선 투표를 실시한다. 대선은 7년마다 치러졌지만 동거 정부 해소를 목표로 대통령 임기를 국회의원 임기와 동일하게 조정해 2002년부터 5년마다 치러진다.[8] 반면 총선은 1구 1인 소선거

---

7 프랑스 선거 제도에 대해서는 Blais, André and Peter John Loewen, 2009, "The French Electoral System and its Effects," *West European Politics*, vol.32, no.2, pp.345~359; 백윤철, 2009, "프랑스 선거 제도에 관한 연구," 『세계헌법연구』 제15권 1호(국제헌법학회), 153~166쪽; 변해철, 1999, "프랑스 헌법상의 선거 제도: 하원 선거를 중심으로," 『국제지역연구』 제3권 2호(한국외국어대학교 국제지역연구센터), 3~25쪽을 참조.

8 대통령 임기 조정과 동거 정부 해소 논쟁에 관해서는 Rouvillois, Frédéric, 2001, "Introduction: La cohabitation et l'accélération de l'histoire," Frédéric Rouvillois (sous la direction de), *La cohabitation, fin de la République?* (Paris: Office d'Édition Impression Librairie), pp.11~18; Elmo, Timoteus, 2011, *Cohabitation (Politique): Président de la République,*

구제에서 다수 후보의 2차 투표 진출을 허용하며, 2차 투표는 1주일 후에 치러진다. 절대 다수제가 처음 도입될 때 2차 투표 진출 봉쇄 조항은 총 유권자의 5% 지지율이었다. 그러나 이 비율은 1966년 10%로 높아졌고, 1976년에 다시 12.5%로 변경되었다. 유권자의 12.5%라는 비율은 실제 선거에서 투표율을 고려할 때 대개 유효 투표의 17% 정도로 나타난다.

절대 다수제에서 결선 투표는 2차 투표이므로 1차 투표는 지지 분포를 확인하는 의미 이상을 갖기 어려워 사실상의 투표는 2차 투표가 되었다. 무엇보다 2차 투표에서 정당들 간 연합과 정당 투표자들의 규율이 매우 중요해졌다. 1960년대 이후 지속적으로 2차 투표에서 단지 두 명의 후보자만이 경쟁을 벌이는 상황이 강화되었으며, 이것은 프랑스 정당 체제에도 큰 영향을 미쳤다. 특히 이것은 좌파 정당들의 의회 진출 기회를 향상시켰는데, 예를 들어 공산당은 1958년 총선에서 18.9%의 득표로 단지 2.1%의 의석을 차지했지만, 1973년 선거에서는 21.2%의 득표로 14.9%의 의석을 획득했다(<표 8-1>과 <표 8-2> 참조).

Monisme et dualisme dans le régime parlementaire, Pouvoir exécutuf, Gouvernement (Mauritius: Loc Publishing)을 참조. 당켕(Denquin) 같은 학자는 책임 정치 외에는 동거 정부 문제를 해결할 수 없다고 주장한다. Denquin, Jean-Marie, 2001, "Existe t-il des remèdes à la cohabitation," Frédéric Rouvillois (sous la direction de), *La cohabitation, fin de la République?* (Paris: Office d'Édition Impression Librairie), pp.175~185. 한편 김영일은 동거 정부가 프랑스 정치에서 '정상적 상황'이 되었을 뿐만 아니라 동거 정부 출현으로 총선이 대선의 독립 변수로 작용하게 되었다고까지 주장한다. 김영일, 2007, "프랑스의 정당과 선거 제도," 미네르바정치연구회(편), 『지구촌의 선거와 정당』(서울: 한국외국어대학교 출판부), 466~494쪽.

<표 8-1> 프랑스 역대 총선 결과: 제5공화국 (1차 투표, 득표율)

	1958	1962	1967	1968	1973	1978	1981	1986	1988	1993	1997	2002	2007	2012	2017
드골 정당	19.5	31.9	37.4	44.7	36.0	23.0	21.2	27.0	19.2	20.4	15.7	33.3	39.5	27.1	15.8
PS	15.7	12.6	19.0	16.5	20.8	22.6	37.5	31.2	37.0	17.6	23.5	24.1	24.7	29.4	7.4
LREM	-	-	-	-	-	-	-	-	-	-	-	-	-	-	28.2
FI	-	-	-	-	-	-	-	-	-	-	-	-	-	-	11.0
UDF/MoDem	-	-	-	-	-	23.9	21.7	15.5	18.5	19.1	14.2	4.9	7.6	1.8	4.1
PCF	19.2	21.7	22.5	20.0	21.4	20.6	16.2	9.8	11.3	9.2	9.9	4.8	4.3	-	2.7
FDG	-	-	-	-	-	-	-	-	-	-	-	-	-	6.9	-
FN	-	-	-	-	-	0.8	0.2	9.9	9.8	12.4	14.9	11.3	4.3	13.6	13.2
LV/EELV	-	-	-	-	-	-	-	-	-	4.1	6.8	4.5	3.3	5.5	4.3
NC/LC	-	-	-	-	-	-	-	-	-	-	-	-	2.4	2.2	-
PRG	-	-	-	-	1.8	2.3	PS	1.0	1.1	0.9	1.4	1.5	1.3	1.7	0.5
MPF	-	-	-	-	-	-	-	-	-	-	-	0.8	1.2	-	-
MDC	-	-	-	-	-	-	-	-	-	-	1.0	1.2	-	1.2	-
PSU	-	2.3	2.3	4.6	3.1	-	-	-	-	-	-	-	-	-	-
CD	-	-	13.4	10.3	13.1	-	-	-	-	-	-	-	-	-	-
PR	8.3	7.8	-	-	-	-	-	-	-	-	-	-	-	-	-
RI	-	5.9	-	-	-	-	-	-	-	-	-	-	-	-	-
MRP	11.1	9.1	-	-	-	-	-	-	-	-	-	-	-	-	-
CNIP	22.9	7.7	-	-	-	-	-	-	-	-	-	-	-	-	-
기타	3.3	1.0	5.4	3.9	3.8	6.8	3.2	5.6	3.1	16.3	12.6	13.6	11.4	10.6	12.8
투표율	77.2	68.7	81.1	79.9	81.3	71.6	70.9	78.5	66.2	68.9	68.0	62.4	60.2	57.2	48.7

드골 정당(드골주의 정당): 1958 UNR 신공화국연합; 1962 UNR-UDT 신공화국연합-민주노동연합; 1967~1968 UDR 공화국수호연합; 1978~1997 RPR 공화국공회; 2002 이후 UMP 대통령다수연합 혹은 국민운동연합; 2017년 LR 공화당
CD: 민주센터(1968: PDM 근대진보민주; 1973: MR 개혁운동)
CNIP: 전국자영업자농민센터
EELV: 유럽생태-녹색당
FDG: 좌파연합
FI: 불굴프랑스
FN: 민족전선
LREM: 전진공화국
LC: 중도당
LV: 녹색당, 2012년부터 EELV
MDC: 시민운동(공화주의)
MoDem: 민주운동(2007년 이후)
MPF: 프랑스운동(공화주의)
MRP: 국민공화운동
NC: 신중도 2017년 LC
PR: 급진당(1946~1958: RGR 좌파공화주의자공회)
PRG: 급진좌파당
PS: 사회당(1945~1962: SFIO 사회주의인터내셔널 프랑스지부)
PSU: 통합사회당
RI: 독립공화주의자
UDF: 프랑스민주연합(1978~1997: 선거 연합; 1998~2007: New UDF로 단일 정당화)

출처: Parties and Elections in Europe, http://www.parties-and-elections.eu/france.html; http://www.parties-and-elections.eu/france2.html (검색일: 2017.06.22.)

<표 8-2> 프랑스 역대 총선 결과 : 제5공화국 (의석수)

	1958	1962	1967	1968	1973	1978	1981	1986	1988	1993	1997	2002	2007	2012	2017
드골 정당	199	216	180	270	162	143	79	147	127	245	134	356	314	185	113
드골 정당 연합당	7	17	20	23	21	11	9	8	3	12	6	9	6	11	18
PS	43	64	116	57	100	102	265	196	258	52	242	140	186	279	29
PS 연합당	4	2	5	-	2	11	20	16	17	5	8	1	18	16	4
LREM	-	-	-	-	-	-	-	-	-	-	-	-	-	-	308
LREM 연합당	-	-	-	-	-	-	-	-	-	-	-	-	-	-	42
UDF/ MoDem	-	-	-	-	-	108	51	114	115	213	107	27	-	-	LREM
UDF/ MoDem 연합당	-	-	-	-	-	15	11	17	16	2	6	2	-	-	
PCF	10	41	71	34	73	86	43	32	-	22	34	21	24	15	10
PCF 연합당	-	-	2	-	-	-	1	3	-	1	2	-			
FN	-	-	-	-	-	-	-	35	1	-	1	-	-	2	-
LV/EELV 연합당	-	-	-	-	-	-	-	-	-	-	33	-	-	18	PS
NC	-	-	-	-	-	-	-	-	-	-	-	-	20	29	-
연합당	-	-	-	-	-	-	-	-	-	-	-	-	2	15	-
PR/CD	40	51	-	-	60	-	-	-	-	-	-	-	-	-	-
PR/CD 연합당	-	4	-	-	4	-	-	-	-	-	-	-	-	-	-
RI	-	32	39	57	51	-	-	-	-	-	-	-	-	-	-
RI 연합당	-	3	3	4	4	-	-	-	-	-	-	-	-	-	-
MRP	49	-	-	-	-	-	-	-	-	-	-	-	-	-	-
MRP 연합당	15	-	-	-	-	-	-	-	-	-	-	-	-	-	-
CNIP	117	35	38	30	-	-	-	-	-	-	-	-	-	-	-
CNIP 연합당	-	4	3	3	-	-	-	-	-	-	-	-	-	-	-
기타	29	13	10	9	14	15	12	9	40	25	4	21	7	7	53
총의석	513	482	487	487	491	491	491	577	577	577	577	577	577	577	577

출처: Élections législatives, http://www.france-politique.fr/elections-legislatives.htm (검색일: 2017.06.22.)

의원 내각제와 비례 대표제를 채택한 제4공화국에서 선거 연합은 거의 결성되지 않았다. 하지만 제5공화국에서 선거 연합은 항상적인 현상으로 굳어졌다. 그럼에도 대선에서 선거 연합은 1965년과 1974년 및

2012년 좌파 진영 외에는 결성되지 않았다. 그것은 비록 이원 정부제라 할지라도 대통령에 관한 한 권력 분점이 불가능하다는 점과 관련된다. 반면 내각을 구성하는 선거인 총선에서는 연립 정부를 통해 권력 분점이 가능하기 때문에 선거 연합이 빈번하게 형성되었다.

총선 선거 연합 결성은 절대 다수제 도입 후 두 번째 선거인 1962년 2차 투표에서부터였다. 첫 선거인 1958년 선거에서는 새 선거 제도를 시험하는 단계였으므로 각 정당들이 자신들의 지지도를 판단할 필요가 있었기 때문이다. 또한 두 번째 선거의 1차 투표에서도 각 정당들은 자신의 세력 분포를 확인하기 위해 독자적으로 경쟁했다.[9]

1980년대 중반에 잠시 비례 대표제로 회귀했을 때에도 이미 관례화된 선거 연합의 행태는 중단되지 않았다. 비례 대표제의 재도입(1985)은 1986년 총선 패배를 염려한 사회당의 선택이었다. 1981년 총선에서 사회당은 37.5%의 득표를 통해 56.8%의 의석을 획득해 선거 제도 개정을 고려하지 않았다. 하지만 1986년 총선을 앞두고는 공산당과 사회당의 연합이 파기됨으로써 사회당은 중도 유권자들에게 호소하면서 비례 대표제를 통해 두꺼운 중도층의 정당이라는 입지를 획득하고자 한 것이다. 또한 민족전선(FN)을 통해 극우 세력이 서서히 힘을 얻기 시작함으로써 우파 진영에 균열이 발생하고 있었다는 점도 사회당의 이러한 선택을 강화했다.

미테랑 대통령과 사회당이 비례 대표제 도입을 통해 의도했던 정치적 계산은 일정하게 들어맞는 것처럼 보였다. 사회당은 31.2%의 득표로 34.6%의 의석을 획득해 비록 1981년에 비해서는 득표율이 낮고 의석수도 감소했지만 제1당을 유지함으로써 통치 연합 결성의 주도권을 쥐었기

---

9 1차 투표의 연합 회피 혹은 경쟁 중시 효과에 대해서는 Knapp, Andrew and Vincent Wright, 2006, *The Government and Politics of France*, 5th edition (London and New York: Routledge), p.276 참조.

때문이다. 좌파와 우파가 모두 분열된 상황에서 이러한 정당 구도는 대통령이 소속된 제1당에게 매우 유리한 연합 지형이 될 수 있었다. 게다가 5개의 정당만 의회에 진입함으로써 비례 대표제 재도입으로 우려했던 제4공화국 시기의 정당 난립과 정치 혼란이 재현되지도 않았다.

그러나 이원 정부제라는 조건에서 연합 정치의 결과는 과거에 존재하지 않았던 새로운 현상으로 연결되었다. 사회당의 중도 무대 진출에 위협을 느낀 비드골주의 우파 정당이 드골주의 우파 정당과 연합해 우파 연합이 내각을 장악함으로써 처음으로 동거 정부가 등장한 것이다. 의회 다수를 장악한 시라크 정부는 다시 비례 대표제를 폐기하고 절대 다수제로 복귀했다. 그 결과 선거 연합 정치는 더 강화되어 사회당과 공산당도 다시 연합하기 시작했다. 이후 절대 다수 대표제가 우파 다수당에게 가장 유리하게 작용한다고 보는 좌파 정당들은 비례 대표제의 도입을 계속 주장해왔지만 큰 호응을 얻지는 못하고 있다.

제5공화국 선거 연합 정치의 변화

프랑스에서 연합 정치는 사회당과 공산당을 주축으로 하는 좌파 연합, 그리고 드골주의 우파 정당과 비드골주의 우파 정당을 중심으로 하는 우파 연합의 대결로 굳어져 왔다.[10] 이와 같이 좌우 양극화를 통한 안정화가 이루어지는 과정에서 대체로 대통령 선거의 효과(coat-tails effect)가 결정적이었다. 동거 정부 시기를 제외하면 대통령이 정치 질서의 중심을 차지하

10 장훈, 2004, “프랑스의 정치 제도와 정치 과정,” 유럽정치연구회(편), 『유럽정치』 (서울: 백산서당), 156쪽.

게 되면서 연합 정치는 대개 대선에 종속되는 양상을 띠었기 때문이다. 대선에서 전국적 경쟁력을 가진 후보자를 낼 수 있는 정당만이 의미 있는 정당으로 살아남을 수 있게 되었으며, 또한 대선 경쟁의 특성이 정당 체제 전반의 경쟁 구도를 결정짓게 되었다.

또한 대선의 양자 대결 구도가 정당 경쟁의 양상을 양극화하는 데 결정적으로 작용하였다. 대선의 1차 투표에는 대개 5~6명의 후보자가 참여하게 되는데, 1965년 선거 이래 단 한 차례도 1차 투표에서 과반수를 얻은 후보가 나오지 않았다. 따라서 결선 투표가 항상 치러졌고, 결선 투표에 진출하는 두 명의 후보는 2002년과 2017년 선거를 제외하고[11] 항상 좌우 대결 양상을 띠었다. 이는 결국 모든 정당이 좌파와 우파의 결선 투표 진출 후보를 중심으로 결속하는 결과를 가져왔고, 궁극적으로 정치 경쟁의 양분화를 불러왔다. 좌파 연합에는 사회당을 중심으로 공산당, 녹색당 등이 결집하고, 우파 연합에는 드골주의 정당을 중심으로 비드골주의 정당들이 결집한다. 물론 극우파 정당인 민족전선(FN)과 일부 극좌파 정당의 경우 좌파나 우파의 선거 연합에 포섭되지 않는 경향을 지속해 왔다. 그러나 극우파와 비연합 극좌파도 점차 세력이 약화되면서 양대 진영의 연합에 참여하려는 시도가 생겨나기도 했다.

하지만 본질적으로 동일한 절대 다수제를 채택하고 있고 총선에 대한 영향이 지대함에도 불구하고 대선에서 선거 연합은 자주 결성되지 않

---

11 2002년 대선에서는 1차 투표에서 우파 후보인 시라크(Jacques Rene Chirac)와 극우파 후보인 르펜(Jean-Marie Le Pen)이 1, 2위를 차지하고 사회당 조스팽(Lionel Jospin) 후보가 예상 밖으로 3위를 차지했다. 조스팽의 패인은 좌파의 분열과 당시 유럽 통합이 가속화되는 가운데 나타난 극우파 득세, 특히 9.11 테러 이후 극우파의 세 확장 등이었다. 2017년 대선도 양대 정당 후보가 모두 1차 투표를 통과하지 못해 2차 투표는 중도를 자처하는 마크롱(Emmanuel Macron)과 민족전선 후보 마린 르펜(Marine Le Pen: 장-마리 르펜의 딸)의 대결로 치러졌다. 이것은 양대 정당의 급격한 쇠퇴에 따른 현상으로서 프랑스 정치의 이변으로 기록되며 이후 활발한 논의와 연구가 예상된다.

았다. 대선 선거 연합은 1965, 1974, 2012, 2017년에 걸쳐 네 차례에 불과했을 뿐 아니라 2017년 이전에는 좌파 진영에서만 결성되었다(<표 8-3> 참조). 상술한 것처럼 그 이유는 권력 분점이 불가능한 대통령직의 성격이 선거 연합 회피 요인으로 작용한다는 것이었다.

<표 8-3> 프랑스 제5공화국 대선 선거 연합

대선 연도	선거 연합
1965	FGDS+PCF
1969	-
1974	FGDS+PCF
1981	-
1988	-
1995	-
2002	-
2007	-
2012	PS+PRG+MRC
2017	LREM+MoDem; PS+EELV

CIR: 공화주의제도회의(미테랑 정치 조직)
EELV: 유럽생태-녹색당
FGDS: 민주사회주의좌파연맹
(SFIO+PRS+CIR)
LR: 공화당
LREM: 전진공화국
MoDem: 민주운동
MRC: 공화주의시민운동
PCF: 프랑스공산당
PRG: 급진좌파당
PRS: 급진사회당
PS: 사회당
SFIO: 사회주의인터내셔널 프랑스지부

하지만 프랑스 대통령은 연합 정치와 관련해서는 연합 결성자(coalition builder)로 해석될 수 있는 결집자(rassembleur)로 행위한다.[12] '통합하는 자'라는 의미에서 이 개념은 자기 진영에 대한 지지를 유지하면서

12 Bell, David S., 2002, "The Essence of Presidential Leadership in France: Pompidou, Giscard, Mitterrand, and Chirac as Coalition Builders," *Politics & Policy*, vol.30, no.2, pp.372~396 참조.

더 넓은 대중에게 지지를 확산시켜 나가는 정치인이라는 뜻을 갖지만, 총선에 대한 후광 효과로 작용하면서 선거 연합 결성에 중요한 영향을 미친다는 의미도 포함한다. 대표적인 성공적 사례로 퐁피두(Pompidou)와 지스카르 데스탱(Giscard D'Estaing)이 우파 연합을 결성하고 미테랑(Mitterrand)이 좌파 연합을 결성한 것이 꼽힌다.[13] 특히 지스카르 데스탱은 좌우 대립이 정점에 이르고 드골주의 연합이 해체되기 시작했을 때 소수 비드골주의 정당 정치인으로서 대통령에 당선되었다. 당선 초기에는 드골주의자들의 지지를 받았지만 이후에는 드골주의자들을 주변화하면서 막강한 대통령의 권한을 십분 활용해 우파 연합을 주도하려 했다. 또한 완벽한 연합 형성자로 알려진 미테랑은 1965~75년과 1986~88년에 사회당과 공산당을 주축으로 하는 좌파 연합을 결성해 오랫동안 정권을 장악했다.

총선 선거 연합은 1962년에 처음 등장한 이후 중단 없이 계속되고 있으며, 1967년부터는 1차 투표에서부터 결성되기 시작했다. 다만 대부분의 정당들이 1차 투표에서는 선거 연합을 결성만 할 뿐 독자적으로 경쟁하고 그 결과를 토대로 2차 투표에서 선거 연합을 본격적으로 작동시켰다. 그 구체적인 형태는 후보 단일화인데, 봉쇄 조항을 넘어선 후보와 정당들은 후보 사퇴를 통해 유력한 후보를 지지하며, 봉쇄 조항을 넘지 못한 후보와 정당들은 특정 후보를 지지하는 방식으로 나타났다. 그에 따라 1차 투표 결과에 따라 2차 투표를 앞두고 선거 연합의 일정한 변화가 생기기도 했다(<표 8-4> 참조).

13 예외적으로 시라크는 우파 진영 내에서 다소 분열적인 행동을 함으로써 "선제 공격적 지도자(pre-emptive leader)"나 "분산된 대통령(a broken president)"으로 간주되기도 했다. 하지만 초기에는 지스카르 데스탱을 지지해 우파 연합을 결성하고 르펜과 대결하면서 대통령다수연합(UMP: Union pour la Majorité Présidentielle)을 결성하기도 했다. Bell(2002), p.376, pp.388~390.

<표 8-4> 프랑스 제5공화국 총선 선거 연합

	선거 연합	
	1차 투표	2차 투표
1958	-	-
1962	-	UNR+UDT+RI : PCF+SFIO+RAD
1967	UNR+UDT+RI : FGDS(SFIO+PRS+CIR)	UNR+RI+CD : FGDS+PCF+PSU
1968	UNR+RI	UNR+RI+PDM : FGDS+PCF
1973	UDR+RI+UC : UGDS(PS+MRG)	UDR+RI+UC+Dv.D. : PCF+UGDS+PSU
1978	UDF(CDS+PR+RI) : PS+MRG	UDF+RPR : PCF+PS+MRG
1981	PS+MRG : RPR+UDF	RPR+UDF : PS+PCF+MRG
1986	RPR+UDF : PS+MRG	비례 대표제여서 2차 투표 없음
1988	PS+MRG : RPR+UDF	RPR+UDF : PS+PCF
1993	RPR+UDF : PS+PCF	RPR+UDF+Dv.D. : PS+PCF
1997	PS+LV+PRG+MDC : RPR+UDF	RPR+UDF : PS+PCF
2002	UMP(RPR+UDF+DL) : PS+LV+PRG+MDC	UMP(RPR+UDF+DL) : PS+PCF
2007	PS+LV	PS+LV
2012	PS+LV; FDG(PCF+PG+GU+FASE+CA)	PS+EELV; FDG(PCF+PG+GU+FASE+CA)
2017	LREM+MoDem; LR+UDI; PS+EELV+UDE+PRG	LREM+MoDem; LR+UDI; PS+EELV+UDE+PRG

CA: 수렴과 대안
CD: 민주센터
CDS: 사회민주센터
CIR: 공화주의제도회의(미테랑 정치 조직)
DL: 자유민주당
Dv.D.: 기타 온건 우파 정당들
EELV: 유럽생태-녹색당
FASE: 대안사회생태연합
FDG: 좌파전선
FGDS: 민주사회주의좌파연맹
FN: 민족전선
GE: 생태세대
GU: 통합좌파
LR: 공화당
LREM: 전진공화국
MDC: 시민운동
MoDem: 민주운동
MRG: 좌파급진운동
PCF: 공산당
PDM: 근대진보민주
PG: 좌파당
PR: 급진당
PRG: 급진좌파당
PRS: 급진사회당
PS: 사회당
PSU: 통합사회당
RI: 독립공화주의자
RP: 공화당
RPR: 공화국공회
SFIO: 사회주의인터내셔널 프랑스지부
UC: 중도연합
UDE: 민주생태연합
UDF: 프랑스민주연합
UDI: 민주독립연합
UDR: 공화국수호연합
UDT: 민주노동연합
UGDS: 민주사회주의좌파연합
UMP: 대통령다수연합/국민운동연합
UNR: 신공화국연합

출처: Golder(2006), p.60을 보완.

특히 지스카르 데스탱(Giscard d'Estaing) 대통령 시기 집권당 연합은 중도 정당과 중도 우파 정당들을 견인하기 위해 1978년 총선 2차 투표 봉쇄 조항을 10%에서 12.5%로 올렸는데, 이것은 적어도 개정 초기에는 그에 상당한 효과를 거두었다.[14] 2차 투표에 출마한 후보가 세 명 이상인 선거구가 1978년 이전에는 약 50개를 넘었지만 1978년과 1981년 총선에서는 불과 한 개에 불과했기 때문이다.[15] 그러나 1988년 총선에서부터 다시 증가하기 시작해 1997년 총선에서는 무려 79개에 이르기도 했으며 2002년에 가서야 다시 하락해 10개로 줄어들었다. 이것은 봉쇄 조항 강화 효과가 더 이상 작용하지 않게 되었음을 의미한다. 물론 이것이 양대 정당(사회당과 드골주의 정당) 득표율이 상승해 제3후보들의 득표율이 떨어진 결과라면 봉쇄 조항 강화의 결과라고 할 수 있다. 그러나 대부분 60%에 근접하던 양대 정당 득표율은 1993년 38.0%로 떨어졌고 1997년에도 40.3%에 불과했다(<표 8-1> 참조). 양대 정당 득표율은 2002년 이후에야 다시 60%에 근접해 1980년대 이전 수준을 회복했다.

이 현상은 선거 연합 정치의 효과와 밀접히 관련된 것으로 추정할 수 있다. 실제 <표 8-4>에서 보는 것처럼 절대 다수제로 복귀한 1988년부터 선거 연합은 좌파 연합의 경우는 녹색당을 포괄하고 우파 연합의 경우는 중도 정당들을 더 통합해 감으로써 다양해지고 확대되었기 때문이다. 게다가 2002년 총선도 비록 양대 정당 득표율이 다시 상승하기는 했지만 동시에 대통령다수연합이라는 우파 연합과 확대된 좌파 연합의 진영 대립이라는 선거 연합 효과가 작용한 결과로 보인다.

여기서 한 가지 짚고 넘어갈 것은 왜 1차 투표에서보다 2차 투표에서 연합이 더 많이 결성되는가이다. 그것은 무엇보다 각 정당들이 1차 투표

14 Golder(2006), p.61.

15 Golder(2006), p.69.

에서 경쟁하고 결선 투표인 2차 투표에서 협력하기 때문이라고 알려져 있다.[16] 이러한 판단은 2회 투표 제도의 경우 1차 투표에서는 전략적 투표의 유인 효과가 존재하지 않는다는 듀베르제(Duverger)나 콕스(Cox)의 주장과 일치한다.[17] 하지만 1차 투표와 2차 투표의 사이 기간이 불과 1주일에 지나지 않아 1차 투표 후 선거 연합 협상을 진행한다는 것은 사실상 불가능하다. 따라서 2차 투표의 선거 연합은 새 협상을 통해 완전히 새로운 연합으로 형성되는 것이 아니라, 1차 투표에서 이미 결성된 연합에서 1차 투표 결과에 따라 특정 정당들이 추가 혹은 이탈하는 것으로 보는 것이 적절하다. 곧, 선거 연합을 결성하지만 1차 투표에서는 한정된 특정 선거구에서만 후보 단일화를 미리 진행하고 다른 대부분의 선거구에서는 각 정당들이 독자적으로 경쟁하고 그 결과에 따라 2차 투표에서 단일화를 진행하기 때문에 추가나 이탈이 생긴다는 것이다.[18]

---

16 Tsebelis, George, 1990, *Nested Games: Rational Choice in Comparative Politics* (California: University of California Press); Massart, Alexis, 1999, *L'Union pour la Démocratie Francçaise (UDF)* (Paris: L'Harmattan).

17 Duverger, Maurice, 1996, *Le système politique Francçaise*, 21e éd. (Paris: PUF); Cox, Gary W., 1997, *Making Votes Count: Strategic Coordination in the World's Electoral Systems* (New York: Cambridge University Press); 김수진·박경미, 2003, "선거 제도가 정당 체제에 미치는 효과 연구: 프랑스와 이탈리아의 동일한 선거 제도 개혁의 상이한 결과," 『사회과학연구논총』 제11권(이화여자대학교 사회과학연구소), 149~169쪽.

18 "1차 투표에서 선택하고 2차 투표에서 배제해 나간다!"는 표현도 2차 투표에서 선거 연합이 더 활발하다는 의미만이 아니라 2차 투표에서 처음 혹은 새로운 연합이 결성되는 것이 아니라는 의미도 갖는다. Mény, Yves, 2002, "France: The Institutionalization of Leadership," Josep Colomer (ed.), *Political Institutions in Europe*, 2nd ed. (New York: Routledge). 골더(Golder)도 양 투표 사이 기간이 충분히 길지 않다는 점을 지적하지만 그 기간을 2주일로 잘못 기술했다. Golder(2006), p.71.

정당의 수와 규모에 따른 선거 연합 정치의 전개

프랑스 정당 체제가 다당제라는 것은 잘 알려져 있다. 하지만 정당 규모에 따라 유의미한 정당 수를 몇 개로 볼 것인가에 대해서는 논란이 없지 않다. 대개 5% 이상 득표를 기준으로 다섯 개의 정당이 각축하는 다당제라고 하지만, 이 글에서는 정당 체제 개념을 연합 정치 분석에 유용하게 새롭게 정의했다. 프랑스 선거 제도는 다수 대표제이므로 사실상 득표율이 정당의 실제 역량을 결정하지 않는다. 비례 대표제와 달리 의석(점유)률과 득표율의 차이가 많고 의석수가 실제 정당의 규모를 결정하므로 정당 수는 의석수만을 기준으로 한다.

정당 체제의 유형에 대해 제2장에서 기술했지만 이해를 돕기 위해 간략히 다시 설명하면서 프랑스 정당 체제를 규정한다. 일당 지배제는 과반수를 차지한 정당이 존재하고 제2당의 의석률이 나머지 전체 의석률의 2/3 이상이 되지 않아 장기적으로 다른 한 정당이 주도하는 정권 교체가 불가능한 경우에 한정한다. 여기서 2/3라는 기준은 정당 연합이 형성되더라도 그 연합 내에서 가장 큰 정당의 의석률이 다른 모든 정당 의석률 합의 두 배 이상을 의미하므로 이 정당이 연합을 독점적으로 주도할 수 있기 때문이다. 그리고 제1당의 의석률도 실제 프랑스 의회에서 2/3 이상 되는 경우가 없으므로 과반수를 차지하되 2/3를 넘지 않는 경우를 말한다.

일당 지배제는 프랑스 총선에서 네 번 나타났다. 1968년 공화국수호연합(UDR), 1981년 사회당(PS), 2002년 대통령다수연합(UMP), 2017년 전진공화국(LREM)이 과반수를 넘는 의석을 차지하고 제2당인 공화국공회(RPR), 사회당 혹은 공화당(LR)이 나머지 의석들 중 2/3에 못 미치는 의석률을 차지했다(<표 8-5> 참조).[19]

---

19 여기서 한 가지 주의할 점은 의회 진출 정당 수가 제3장에서 남부 유럽 4개국을 비교하면서 계

<표 8-5> 프랑스 정당의 수 및 규모와 연합 형성

	의회 진출 정당 수[1)]	제1당 의석률[2)]	제2당 의석률[3)]	정당 체제
1958	-	38.8	22.8	
1962	-	44.8	13.3	다당제
1967	-	37.0	23.8	
1968	-	55.4	11.7	일당 지배제
1973	-	33.0	20.4	다당제
1978	-	29.1	22.0	
1981	-	54.0	16.1	일당 지배제
1986	-	34.0	25.5	
1988	24	44.7	22.0	다당제
1993	18	42.5	36.9	
1997	27	41.9	23.2	
2002	23	61.0	24.3	일당 지배제
2007	12	54.2	32.2	양당 중심제
2012	14	48.5	32.1	다당제
2017	14	53.4	19.6	일당 지배제

1) 무소속 전체를 1로 계산하고, 진영별로 기타 정당들로 합산된 경우도 1로 계산
2) 2002년 UMP를 단일 정당으로 계산
3) UDF를 단일 정당으로 계산
*1986년까지는 의회 진출 정당 수를 계산할 수 없음.

출처: Élections législatives, http://www.france-politique.fr/elections-legislatives.htm (검색일: 2017.06.22)의 자료로 계산.

양당 중심제는 과반수 의석을 획득한 정당이 존재하지 않거나 근소하게 초과한 정당이 존재하더라도 제2당이 나머지 의석의 2/3 이상을 점유하여 대항 연합을 구성해 주도할 수 있는 경우를 말한다. 2007년 총선에서 국민운동연합(UMP)이 약화되어 54.2%의 의석을 차지한 반면, 사회당

산한 것과 다르다는 것이다. 제3장에서는 비교의 일관성을 위해 동일한 자료(인터넷 사이트 Parties and Elections in Europe)를 사용한 반면, 이 장에서는 프랑스 의회 정보에 더 충실한 사이트인 france-politique를 사용했고 기타 정당도 진영별로 더 상세하게 계산했다.

이 다시 강화되어 나머지 의석들의 70.7%를 차지해 이 경우에 해당한다.

삼당제는 과반수 의석률을 획득한 정당이 존재하지 않는 가운데 제2당 이하 두 정당이 연합할 경우 제1당의 의석률을 초과하면서 연립 정부 구성이 가능하고 이 연합 내에서 어느 한 정당 의석률이 다른 정당 의석률의 두 배 이하인 유형을 뜻한다. 프랑스에서 삼당제는 존재하지 않았다. 1978, 1986, 1988, 1997년의 경우에도 세 정당(연합)이 다른 군소 정당들에 비해 압도적인 다수를 차지했지만, 제2당과 정당 연합(UDF)의 의석을 합해도 과반수를 넘지 못해 위 조건을 충족시키지 못했다(<표 8-2> 참조). 게다가 프랑스민주연합(UDF)은 단일 정당이 아니라 선거 연합이라는 점도 경시해서는 안 된다.

마지막으로 다당제는 4개 이상의 정당이 의회에 진출하고 과반수를 차지한 정당이 없는 가운데 위의 두 경우에 해당하지 않는 유형을 말한다. 일당 지배제와 양당 중심제가 아닌 다른 모든 경우에 프랑스 정당 체제는 다당제에 해당한다. 다만 드골주의 정당과 사회당이 중심이 되는 다당제라고 할 수 있다.

프랑스에서 정당의 수와 규모로 본 정당 체제는 선거 연합 정치에 영향을 미치는 한편 선거 연합 정치로부터 영향을 받기도 했다. 1968년 신공화국연합(UNR) 일당 지배제는 1차 투표에서 좌파 선거 연합이 결성되지 않은 채 우파 선거 연합만 결성되어 우파가 압도적으로 승리한 결과였으며, 1981년 사회당 일당 지배제는 지스카르 데스탱과 시라크의 경쟁이 격화되어 우파 진영의 결합이 약화된 가운데 좌파 선거 연합이 선전한 결과였다.

또한 2002년 드골주의 정당 일당 지배제는 우파 선거 연합인 대통령다수연합(UMP: Union pour la majorité présidentielle)[20]이 승리한 결과다. 2017

20 대통령다수연합은 선거 후 곧 단일 정당인 국민운동연합(UMP: Union pour un Mouvement

년 총선에서도 일당 지배제는 이어졌다. 하지만 지배 정당은 신생 중도 정당인 전진공화국으로 교체되었다. 그것은 기성 양대 정당에 대한 유권자 실망의 결과임과 동시에 전진공화국(LREM)이 민주운동(MoDem)과 연합해 시너지 효과를 낸 결과이기도 하다.

물론 네 총선에서 모두 대선 결과에 따른 후광 효과가 작용했음은 앞에서 설명한 바와 같다. 특히 2002년과 2017년 총선은 대통령 임기가 5년으로 단축되어 대선 후 불과 한 달여 만에 치르는 총선이어서 대통령 후광 효과가 더욱 컸다고 할 수 있다.

역으로 정당 체제 형성이 선거 연합 정치에 영향을 미치기도 했다. 우선, 1968년과 2002년 우파 일당 지배제는 각각 1973년 대선과 총선 및 2007년 총선에서 좌파의 연합을 촉진했다. 특히 2002년 총선에서 우파 선거 연합의 압도적 승리와 단일 정당화로 인해 우파는 1차와 2차 투표에서 모두 선거 연합을 결성하지 않기도 했다. 반면 1981년 좌파 일당 지배제는 1986년 선거에서 특별한 변화를 야기하지 않았는데, 이것은 비례대표제 도입으로 인해 예측이 어려운 새로운 상황에서 기존의 연합 정치가 지속된 것으로 볼 수 있다(<표 8-4> 참조).

한편 2007년 양당 중심제는 국민운동연합과 사회당이 압도적 우위를 차지하고 다른 군소 정당들이 매우 취약한 상황에서 선거 연합을 강하게 촉진하지는 않았다. 물론 이 양당 중심제는 2002년 총선에서 좌파 정당들이 우파 선거 연합에 대패한 경험을 토대로 선거 연합을 결성해 대응한 성과이기도 했다. 하지만 2007년에 약진한 사회당과 녹색당은 2012년에도 다른 좌파 정당들과는 연합할 필요성을 느끼지 않았다. 그에 따라 공산당을 비롯한 급진 좌파 정당들이 독자적으로 선거 연합(좌파전선 FDG)을 결성함으로써 다당제가 다시 복원되었다.

Populaire)으로 전환했다.

그밖에 다당제 시기에는 프랑스의 전형적인 선거 연합 정치가 활성화된 시기에 해당한다. 드골주의 정당들과 온건 우파들이 경쟁하기도 하지만 대개 선거 연합을 결성해 선거에 임했으며, 사회당은 공산당 및 급진 좌파 정당들이나 녹색당 그룹들과 연합을 형성했다. 사회당과 공산당은 1986년을 제외하면 2002년까지 지속적으로 선거 연합을 결성했는데, 이것은 주로 2차 투표에서만 이루어지긴 했지만 다른 유럽 국가들과 다른 특수한 현상이다. 그러나 2007년 이후 사회당은 공산당과 결별하고 다른 대부분의 유럽 국가들처럼 주로 녹색당과 선거 연합을 결성하게 되었다.

프랑스 선거 연합 분석에서 또 하나 주목할 것은 프랑스민주연합(UDF)이다. 다른 선거 연합들과 달리 프랑스민주연합은 1978년 드골주의 정당에 대항해 지스카르 데스탱(Valéry Giscard d'Estaing)을 지지하는 비드골주의 우파 정당들(사회민주센터 CDS, 급진당 PR, 독립공화주의자 RI)의 선거 연합으로 결성되어 1997년까지 연합체로 존재했다. 이후 1998년에 신프랑스민주연합(New UDF)으로 단일 정당화해 2007년에 해산하고 민주운동(MoDem)으로 재창당되었다. 프랑스민주연합은 선거 연합체 시기에도 다른 연합체들과 달리 선거 때에만 작동하는 것이 아니라 항상적인 조직으로 활동했다. 때문에 프랑스민주연합은 단일 조직체로서 1차 투표에서부터 드골주의 정당 등과 함께 다시 선거 연합을 구성했다.

반면 1960년대 후반과 1970년대 초반에 사회주의인터내셔널 프랑스지부 및 사회당과 급진 좌파 정당들의 선거 연합인 민주사회주의좌파연맹(FGDS) 및 민주사회주의좌파연합(UGDS)도 공산당 및 통합사회당(PSU)과 상위 선거 연합을 결성했지만, 이것은 어디까지나 1차 투표에서 활동한 선거 연합(FGDS, UGDS)에 공산당과 통합사회당이 2차 투표에서 결합하는 방식이었다.

2017년 총선에서는 선거 연합 정치에도 큰 변화가 나타났다. 민주운동(MoDem)이 국민운동연합의 후신인 공화당(LR)이 아니라 신생 정당인 전진공화국(LREM)과 연합을 결성했으며, 공화당과 사회당도 별도의 선거 연합을 결성했기 때문이다. 이것은 이념 및 정책의 거리에 따라 연합이 결성되는 추세가 더 강화되었음을 의미한다. 이에 대해서는 다음 절에서 설명을 이어간다.

정당들 간 이념 및 정책의 거리에 따른 선거 연합 정치의 전개

프랑스의 정당 체제는 좌에서 우까지 다양한 정당들이 존재하는 다당제지만 최근 2017년 선거를 제외하면 전체적으로 좌-우 대립 구도가 명확하게 나타난다. 우파 정당으로는 제3공화국 이래 공화주의 우파인 드골주의 정당이 우익을 대표하고 있으며, 공산당이 점차 약해진 후 좌익은 사회당이 대표하고 있다. 그밖에 우익에는 비드골주의 우파 정당들이 드골주의 정당과 경쟁하며, 좌익에는 녹색당이 진출해 다양성을 더 확대했다. 또한 극우 진영에는 민족전선이 자리하고 극좌 진영에는 트로츠키주의 정당들과 같은 여러 극단적인 정치 세력들이 자리하고 있다. 2017년 선거에서도 좌우 선거 연합이 결성된 것은 예전과 동일하다. 하지만 중도 연합이 정권을 장악함으로써 새로운 현상이 생겨나 향후 변화가 주목받고 있다.

선거 연합도 대체로 이데올로기 축에 따라 형성된 양대 연합을 주축으로 하며, 양대 선거 연합이 형성되지 않은 상태에서나 혹은 양대 선거 연합과 정책적으로 경쟁하기 위해 비드골주의 우파 연합이나 극좌파 연합이 형성된다. 따라서 프랑스에서는 이데올로기 거리가 양 극단에 가까운 정당들이 결합하는 교량 연합(bridge coalition)은 형성된 적이 없다. 그밖에도 군소 정당들이 선거 연합을 형성하기도 하지만, 의회 진출에 성공하지 못한 선거 연합들은 논외로 한다.

프랑스 우파 세력은 드골주의 우파와 비드골주의 우파 및 극우파로 나뉜다. 레몽(Rémond)에 따르면, 이러한 구분은 프랑스 혁명 시기로부터 기원한다.[21] 곧, 1) 부르봉 왕정을 복구하려는 극우파(Ultra Right), 2) 자유무역과 입헌 군주제를 주장하는 온건한 오를레앙 우파(Orleanist Right), 3) 강력한 국가, 국가와 대중의 직접적 관계, 적극적 외교 정책을 주장하는 보나파르트 우파(Bonapartist Right)가 원류였다는 것이다. 이 정파들이 현재 순서대로 각각 1) 극우파(민족전선), 2) 자유주의적 비드골주의 우파, 3) 공화주의적(국가주의적 dirigiste) 드골주의 우파로 각각 전환했다고 한다. 이러한 전통에서 다른 내륙 유럽 국가들과 달리 기독 민주주의는 거의 터를 닦지 못했다.

드골주의 정당과 비드골주의 정당은 동일한 우파 진영에서 정책적 차이에 따라 서로 경쟁한다. 급진당(PR), 독립공화주의자(RI), 사회민주센터(CDS) 등으로 대표되는 비드골주의 우파 정당들은 비록 여러 정당들로 분열되어 있지만 좌파 정당들 내에서보다 정책적 유사성이 강해 일찍부터 선거 연합(UDF)을 형성해 왔다.[22] 그리고 이 선거 연합은 상시적인 조직으로서 1차 투표에서부터 후보 단일화를 이루어 거의 단일 정당처럼 선거에 임했다. 드골주의 정당과 비드골주의 정당들은 특히 유럽 정책과 주권 문제, 국가 경제 개입 문제에서 중요한 정책적 차이를 드러냈으며, 조직 스타일에서도 드골주의는 대중 정당과 지도자를 강조하는 반면 비드골주의 정당들은 분산적 성격을 띠었다.

우파 선거 연합은 1970년대까지 드골주의 정당과 중도연합(UC) 등 중도 정당들 및 비드골주의 정당들이 개별 정당 차원에서 결성했지만,

---

21 Rémond, René, 1982, *Les droites en France* (Paris: Aubier Montaigne).

22 Knapp and Wright(2006), pp.232~233.

1980년대와 1990년대에는 비드골주의 정당들이 선거 연합(UDF)을 결성한 후 다시 연합함으로써 상위 연합이 구성되었다. 특히 드골주의 우파와 비드골주의 우파의 연합이 형성된 이후부터는 중도 정당들이 참가하지 않게 되면서 우파들 내의 정책적 수렴 현상이 생겨나 연합이 더욱 공고화되었다. 1980년대 후반 이후 드골주의 우파가 전통적 국가주의(dirigisme)를 버리고 공세적 신자유주의 시장 논리를 수용한 것이 그 대표적 변화의 하나였다.[23]

이러한 변화는 곧 2002년 총선을 계기로 대통령다수연합이 단일 정당(국민운동연합)으로 전환하는 배경으로 작용했다. 물론 프랑스민주연합 소속 정당들이 모두 대통령다수연합에 가입한 것은 아니었다. 국민운동연합에는 비드골주의 정당들과 자유민주당(DL)이 참여했으나 많은 중도 정당들이 드골주의 정당들의 주도에 불만을 품고 가입하지 않았으며, 프랑스민주연합 내 반대파들도 민주운동(MoDem)을 창당해 결합하지 않았다.[24] 그후 민주운동의 세력은 크게 약화되었으며, 그 반대급부로 민족전선과 녹색당의 득표율이 높아졌다(<표 8-1> 참조).

하지만 조직적으로 가입하지 않았다고 하더라도 프랑스민주연합 소속 정당들은 조직 외 선거 연합을 통해 후보 사퇴 등의 방법으로 대통령다수연합의 지원을 받았다. 실제 2002년 총선에서 대통령다수연합에 가입하지 않은 채 당선된 프랑스민주연합 소속 후보 30명 중 단지 6명만이

---

23 Knapp and Wright(2006), p.226.

24 Cole, Alistair, 2002, "A Strange Affair: The 2002 Presidential and Parliamentary Elections in France," *Government and Opposition*, vol.37, no.3, p.338. 자유주의운동(ML) 등은 선거 연합에도 반대했다. Jaffré, Jérôme, 2002, "Le vote des droites," Communication to the French Political Science Association one-day conference on the parliamentary election, Paris, Institute of Political Studies, 19 June; 채미화, 2002, "2002년 프랑스 대통령 선거와 정당 정치의 미래," 『국제지역정보』 제6권 6호(한국외국어대학교 국제지역연구센터), 5쪽.

순수 경선 결과로 당선되었으며 나머지 24명은 대통령다수연합의 지원을 받아 당선되었다.[25]

한편 좌파 진영과 달리 우파 진영은 극우파들과 공식적인 연합을 형성하지 않았다. 하지만 그것은 어디까지나 공식적인 차원이었으며 비공식적인 차원이나 개인적인 차원에서는 협력이 이루어지기도 했다. 1998년 지방 선거에서 여러 우파 정치인들이 민족전선의 조력을 받아 당선된 것이 그 첫 번째 예다.[26] 하지만 당시 시라크 대통령은 전국 차원에서 온건 우파와 극우파의 연합을 거부한다는 것을 분명히 공표했다. 2002년 총선에서도 대통령다수연합은 민족전선을 겨냥해 어떠한 이데올로기적 입장에서 이루어진 사퇴일지라도 공식적으로 지지하지 않겠다고 밝혔다. 하지만 실제 대통령다수연합 후보들은 좌파전선 후보의 당선을 막고 민족전선 후보를 당선시키기 위해 사퇴하는 경우가 없지 않았다.[27]

우파 진영과 달리 좌파 진영의 선거 연합은 극좌파를 포괄했다. 물론 제5공화국 초기에는 비공산주의 좌파 정당들이 공산당에 대해 강한 적개심을 가지고 있어서 연합을 거부하기도 했다.[28] 그에 따라 좌파 진영은 1965년 대선에서 패배한 후 기독민주운동(MRP)을 포함하는 중도파와 좌파의 거대 연합을 시도하기도 했으나 실패했다.[29] 결국 당시 사회주의인

---

25 Cole(2002), p.339.

26 Golder(2006), p.61.

27 예를 들어, 부슈뒤론(Bouches-du-Rhone) 선거구에서 대통령다수연합 후보 샤생(Roland Chassain)이 민족전선 후보 로피(Valérie Laupies)를 위해 후보를 사퇴했다. Merle, Patrick and Dennis Patterson, 2014, "The French parliamentary and presidential elections of 2012," *Electoral Studies*, vol.34, p.307.

28 Jackson, Julian, 1990, *The Popular Front: Defending Democracy*, 1934~38 (Cambridge: Cambridge University Press); Judt, Tony, 1986, *Marxism and the French Left: Essays on Labour and Politics in France, 1830~1981* (Oxford: Clarendon Press).

29 Jenson, Jane, 1991, "The French Left: A Tale of Three Beginnings," James Hollifield and George Ross (eds.), *Searching for the New France* (New York: Routledge),

터내셔널 프랑스지부(SFIO) 지도자 미테랑은 비공산주의 좌파들을 민주사회주의좌파연맹(FGDS)으로 결집시킨 후에 다시 공산당과 동맹을 맺었다. 이어 1968년에 두 정당은 공동 선거 강령(plattform)에 합의했다.[30] 이 연합은 68혁명운동의 노학 연대 파업 후 급진 좌파들이 탈퇴해 붕괴되었지만 1973년 총선을 목표로 1972년에 민주사회주의좌파연합(UGDS)으로 부활해 좌파 정부 강령과 미래 선거 협력을 규정한 '공동 강령(Common Program)' 제정에 다시 합의했는데 여기에는 좌파급진운동(MRG)도 참여했다.[31]

프랑스에서 공산당은 오랫동안 스탈린주의를 신봉해서 사회당 및 다른 좌파 정당들과 연합을 결성하지 않았다는 주장이 있지만,[32] 이러한 이념적 차이에도 불구하고 실제 다른 좌파 정당들은 1962년 총선 2차 투표에서부터 공산당과 선거 연합을 결성했다(<표 8-4> 참조). 물론 그것은 통치 연합 결성 선언과 사퇴를 통한 후보 단일화에만 한정된 느슨한 형태라는 점은 분명하다. 하지만 다른 내륙 유럽 국가들과 달리 프랑스에서 공산당이 스탈린주의에 더 오래 경도된 것도 사실이지만 이것이 선거 연합 형성에 결정적 회피 요인으로 작용하지는 않았다는 것도 사실이다.

오히려 공산당이 좌파 연합에서 배제된 것은 이념적 거리가 아니라 세력 약화가 주요 원인이었다. 공산당이 좌파 연합에 참가하지 않게 된 것은 2007년 총선에서였는데, 이때는 이미 공산당이 스탈린주의로부터 결별(1980년대 후반)한 지 30여년이 지나고 민주 집중제를 포기(1994년 28

---

pp.85~112.

30 Golder(2006), pp.64~65.

31 Johnson, R. W., 1981, *The Long March of the French Left* (Paris: Édition Gallimard); Golder(2006), p.65.

32 이를 두고 사회당 정치인 몰레(Guy Mollet)는 "프랑스공산당은 왼쪽에 있지 않고 동쪽에 있다."고 비유하기도 했다. Du Roy, Albert and Robert Schneider, 1982, *Le Roman de la Rose: D'Épinay à l'Élysée, l'aventure des socialistes* (Paris: E´ ditions du Seuil); Golder(2006), pp.72~73

차 전당 대회)한 지도 10여년이 지난 후였다.[33] 하지만 공산당의 지지율은 1980년대 이후 점차 하락하기 시작해 2002년 총선에서는 프랑스 정당 정치에서 주요 정당으로 인정하지 않는 마지노선인 5% 이하로 떨어졌다(4.8%). 그에 따라 사회당 등 주요 좌파 정당들은 공산당 대신 새로 부상하는 녹색당과 연합을 결성하기 시작했고, 공산당은 다른 군소 급진 좌파 정당들과 별개의 소규모 연합을 구성하게 되었다(<표 8-4> 참조).

1960년대 좌파 정당들의 초기 연합 전략도 이와 같은 계산에 토대를 두었다. 연합 결성을 두고 좌파 진영에서는 두 입장이 대립했는데, 그 첫 번째 입장이 마르세유(Marseille) 시장과 장관을 역임한 드페르(Gaston Defferre)가 대표하는 '제3의 힘(the Third Force)' 연합 주장으로 공산당을 제외하고 국민공화운동(MRP) 및 급진당과 연합하려는 전략이었다. 두 번째는 미테랑의 주장에 따라 공산당 참여 없이는 다수 장악이 어렵다고 판단해 공산당을 포함한 광범위한 연합 전략을 주장하는 입장이었다.[34] 결과는 후자의 승리였다. 다만 전자의 입장도 일부 수용되어 민주사회주의좌파연맹을 먼저 결성하고 다시 공산당과 연합하는 방향으로 조정되었다.

이후에도 공산당의 약화가 지속적인 문제로 대두되었다. 그에 따라 미테랑은 자신의 전략과 대립했던 '제3의 힘' 같은 연합 전략을 다시 펴고자 시도하는 한편 1988년 선거 이후에는 중도 정당들까지 끌어들이려 했으나 성공하지 못했다. 또한 생태주의 정당과 반공산당 그룹들을 유인하는 다양화 전략을 시도했지만 이것도 성공적이지 못했다. 다양화 연합 전략(gauche plurielle coalition)은 1997년에 조스팽이 성공했는데, 그것은 1993년 패배 이후 진행된 사회변혁회의(assises de la transformation sociale)

33 공산당 당수 위(Robert Hue)는 2000년 칸느 국제 영화제 만찬 석상에서 "공산당은 시장을 적대시하지 않는다."라고 선언하기까지 했다. Knapp and Wright(2006), pp.183~185.

34 Knapp and Wright(2006), p.188.

라는 일련의 회담의 결과였다.[35] 이 회담을 통해 사회당은 1995년 지방 선거에서 공동 명부 연합을 결성해 일정한 성공을 거두고 1997년 총선에서 공산당 및 녹색당, 급진좌파당(PRG)과 시민운동(MDC) 등 급진 좌파와 중도파를 포괄하는 선거 연합 결성을 이룩해 2002년 총선까지 지속했다. 이 다양화 연합은 오랜 회담을 통해 달성한 정책 연합이었는데, 비록 공동 강령은 작성하지 않았지만, 주35시간제, 젊은층을 위한 취업 기회 확대, 이민법 개정, 핵발전소 건설 중단 등 다른 정당의 요구들에 합의했다.

2007년 총선에서 우파 정당들처럼 좌파 정당들도 공식적으로는 선거 연합을 결성하지 않았다. 하지만 우파 정당들과 달리 사회당과 녹색당은 특정 선거구에서는 상호 경쟁하지 않는다는 비공식적 부분 연합을 형성하기는 했다. 그에 따라 사회당은 세 명의 현직 녹색당 의원이 출마한 선거구에는 후보를 내지 않았고, 전국적으로 녹색당 후보 네 명은 사회당과의 연합에 힘입어 2차 투표에 진출해 당선되었다.[36]

2007년 사회당과 녹색당의 비공식 선거 연합은 2012년 선거를 앞두고 통치 연합 결성을 약속한 공식 연합으로 발전해 1차 투표에서부터 작동했다. 2011년에 결성된 이 연합도 정책 합의에 토대를 둔 것이었다. 특히 핵에너지와 관련된 차이에도 불구하고 사회당이 녹색당의 핵에너지 감축 요구를 수용함에 따라 (원자력 비중을 75%에서 50%로 감축) 연합이 이루어졌다.[37] 반면 2012년 대선에서 사회당, 급진좌파당(PRG), 공화주의시민

---

35 Knapp and Wright(2006), pp.189~190.

36 Spoon, Jae-Jae, 2008, “Presidential and legislative elections in France, Aprile-June 2007,” *Electoral Studies*, vol.27, p.157.

37 Amiel, Géraldine and Max Colchester, 2011, “French Opposition Parties Reach Election Alliance,” *The Wall Street Journal,* 11.20, http://www.wsj.com/articles/SB10001424052970203710704577050214129882158 (검색일: 2015.01.06.); Parussini, Gabriele, 2012, “Socialist Coalition Leads in France,” *The Wall Street Journal*, 06.10, http://www.wsj.com/articles/SB10001424052702303901504577458020481488302 (검

운동(MRC)은 사회당 후보 올랑드(François Hollande)를 지지했고, 좌파 진영은 포괄적인 내부 예비 선거를 통해 대선 후보를 결정하는 단일화를 구사했다.[38]

하지만 총선에서도 공산당을 비롯한 대부분의 급진 좌파 정당들은 연합에 포함되지 않았다. 올랑드가 이끄는 사회당은 중도파들을 유인하는 대신 급진 좌파들과 거리를 두었다. 사실 이러한 변화는 2008년 사회당 전당 대회에서부터 감지되었다.[39] 비록 당권을 장악하지는 못했지만 루아얄(Ségolène Royal)을 중심으로 한 당내 우파가 미국 민주당을 모델로 하는 현대화 노선을 주장했고 이것이 적지 않은 동의를 얻었기 때문이다. 그에 따라 당내 좌파인 멜랑숑(Jean-Luc Mélenchon) 등이 탈당해 좌파당(PG)을 창당했고, 좌파당은 이후 공산당 및 다른 급진 좌파 정당들과 함께 좌파전선(FDG)이라는 별도의 선거 연합을 결성했다.

2017년 총선에서는 세 선거 연합이 모두 의회에 진출해 역사상 처음으로 좌, 우, 중도의 연합 삼파전이 전개되고 중도 연합이 승리를 거머쥐었다. 민주운동이 전진공화국과 연합을 구성한 것은 전진공화국이 중도를 자처한다는 점에서 최소 거리 연합이라고 볼 수 있다. 그것은 공화당과 사회당도 마찬가지였다. 공화당도 자유주의 정당인 민주독립연합(UDI)과 연합하고, 사회당은 두 생태주의 정당(EELV, UDE) 및 급진좌파당(PRG)과 연합을 결성했기 때문이다.

색일: 2015.01.06.)

38 Deloy, Corinne, 2012, "Le président sortant Nicolas Sarkozy et le socialiste François Hollande sont au coude-à-coude pour le premier tour de l'élection présidentielle française," Election présidentielle en France, 22 avril et 6 mai, Fondation Robert Schuman, pp.1~6.

39 Sahuc, Stéphane, 2010, "Die linken Parteien in Frankreich," Birgit Daiber, Cornelia Hildebrandt und Anna Striethorst (Hg.), *Von Revolution bis Koalition: Linke Parteien in Europa* (Berlin: Karl Dietz Verlag), S.130~136.

요약과 함의

프랑스 선거 연합 정치는 일차적으로 절대 다수 대표제라는 선거 제도의 영향을 크게 받았다. 그에 따라 선거 연합은 1차 투표에서 상호 경쟁하는 정당들이 2차 투표에서 사퇴라는 방식으로 후보를 단일화하는 형태로 나타났다. 이렇게 정착된 선거 연합 정치는 비례 대표제가 도입된 1986년 총선에서도 형태만 달리 했을 뿐 사라지지 않았다.

동일한 절대 다수제일지라도 대선과 총선에서 선거 연합 정치는 달랐다. 총선에서는 1962년 이래 항상적인 현상이 되었지만, 대선에서는 1965, 1974, 2012, 2017년에만 결성되었기 때문이다. 또한 총선에서는 대개 좌우를 막론하고 대부분의 정치 세력들이 선거 연합을 형성했지만, 대선에서는 주로 좌파 세력들이 선거 연합을 결성했다. 이것은 무엇보다 이원 정부제에서 대통령의 권력 분점이 불가능하다는 점이 작용했을 뿐 아니라 연합 결성자라는 대통령의 후광 효과가 총선에서 나타났기 때문이다. 또한 선거 연합은 적어도 대선에서는 전통적으로 우세한 우파에 비해 상대적으로 약세인 좌파들이 채택한 전략으로 자리잡았기 때문이기도 하다.

총선 선거 연합은 1차 투표에서보다 2차 투표에서 더 많이 결성되었는데, 그것은 기본적으로 각 정당들이 1차 투표에서 경쟁하고 결선 투표인 2차 투표에서 협력하기 때문이었다. 하지만 2차 투표의 선거 연합도 1962년을 제외하면 완전히 새로운 연합으로 재편되거나 새로 형성되는 것이 아니었다. 1차 투표 후 불과 1주일 만에 2차 투표가 치러지므로 선거 연합 재편을 위한 시간적 여유가 없다는 것이 가장 큰 이유다. 따라서 1차 투표를 앞두고 선거 연합을 결성한 후 1차 투표에서는 각자 경쟁하고 그 투표 결과에 따라 2차 투표에서 특정 정당들이 추가 혹은 이탈한다. 물론 프랑스민주연합(UDF)이나 좌파전선(FDG)처럼 1차 투표에서부터 후보 단일화를 이루어 선거에 임하는 경우도 없지 않지만, 이것은 군소 연합이나 예외적인 경우에 해당한다.

정당의 수와 규모 및 이념과 정책으로 본 정당 체제의 성격도 선거 연합과 상호 영향을 미치는 중요한 요소다. 그것은 무엇보다 다당제로 알려진 프랑스 정당 체제에서 양당 중심제와 일당 지배제 같은 예외적 상황을 만들어낸 것으로 드러난다. 1968, 1981, 2002, 2017년 총선으로 형성된 일당 지배제는 대표적으로 선거 연합의 성공에서 기인했음과 동시에 각자 차기 총선의 선거 연합 결성에도 적지 않은 영향을 미쳤다. 2007년 총선으로 형성된 양당 중심제도 국민운동연합으로 거대 정당화한 우파 진영에 대항해 좌파 진영이 연합을 결성한 결과였으며, 2012년 총선에서 이 연합을 지속하는 효과를 가져왔다. 2012년에 다시 전통적인 다당제로 복귀한 것도 우파 연합이 형성되지 않았고 좌파 연합도 공산당 및 급진 좌파들을 배제한 채 사회당과 녹색당만으로 이루어진 소연합 전략을 사용한 결과다.

이념 및 정책의 거리와 관련해서도 프랑스 선거 연합 정치는 뚜렷한 특징을 보인다. 그중 가장 뚜렷한 특징은 드골주의 정당과 사회당이라는 양대 정당이 대연정의 경험 없이 이념 축을 중심으로 대립하는 진영 연합을 형성해온 것이다. 하지만 구체적인 진영 내 연합 전략과 중도 정당들 및 급진 세력에 대한 연합 전략은 좌우 진영에서 사뭇 달랐다.

우파 진영에서는 드골주의와 비드골주의의 분열이 생겨나면서 비드골주의 우파들의 독자적 연합이 오랫동안 지속되었으며 이들의 연합은 대개 비드골주의 우파들의 중첩 연합으로 이루어졌다. 반면 좌파 진영에서는 1차 투표에서 온건 좌파들 중심의 선거 연합이 결성된 후 2차 투표에서 공산당 및 급진 좌파 정당들이 이 연합에 추가로 참여했으며, 중첩 연합은 1960년대 말과 1970년대 초에 한정되었다.

우파 정당들은 초기에 중도 정당들을 포괄하는 한편 극우파들과는 공식적·조직적 연합을 결성하지 않았다. 반면 좌파 정당들은 주로 2차 투표에 한정되기는 했지만 처음부터 급진 좌파 혹은 극좌파 정당들과 연합을 결성했다. 또한 좌파 연합은 중도 정당들을 포괄하려는 전략을 세우기도 했지만 초기에는 성공하지 못했고 1990년대 후반에 가서야 다양화 연합의 방식으로 성공할 수 있었다. 하지만 2007년 이후 이 다양화 연합은 공산당 등 급진 좌파 정당들을 배제하고 새롭게 부상한 녹색당과 소연합을 추진하는 방향으로 전환되었다. 그에 따라 공산당과 급진 좌파 정당들은 독자적인 선거 연합을 구성하기 시작했다.

이와 같이 프랑스 선거 연합 정치는 절대 다수 대표제와 양당 중심 다당제라는 제도와 구조로부터 영향을 받았으며, 역으로 정당 체제의 변화를 추동하기도 하는 모습을 보여 왔다. 그것은 중소 정당들의 중첩 연합이라는 특징과 함께, 이념과 정책의 거리에 따라 진영 내 연합을 형성하는 가운데 각 정당들이 연합의 안과 밖에서 동시에 경쟁하는 '둥지 튼 게임(nested games)'[40] 이라는 특징을 노정해왔다.

2017년 대선과 총선도 '둥지 튼 게임'으로 전개되었는데, 그것은 좌, 우, 중도가 모두 이 게임에 합류함으로써 더 확대된 양상을 보였다. 게다가 이 세 연합들이 의회에서 3대 세력을 형성하는 이변을 연출했다. 물론 사회당이 급격하게 약화되기는 했다. 하지만 일당 지배제로 귀결된 상황이어서 사회당이 주도한 좌파 연합이 제3의 자리에는 남을 수 있었다.

이것은 좌우 양대 정당의 약화와 중도의 부상이라는 최근의 추세가 선거 연합에 영향을 미치고, 역으로 선거 연합 정치도 새로운 경향의 현실화에 기여한 결과다. 이러한 점에서 2017년 프랑스 선거는 정당 체제와 선거 연합 정치에 중대한 변화를 가져올 계기가 될 것으로 보인다.

---

40 Tsebelis, George, 1988, "Nested Games: The Cohesion of French Electoral Coalitions," *British Journal of Political Science*, vol.18, no.2, pp.145~170.

제9장

이탈리아의 선거 연합: '제2공화국'을 중심으로

'제2공화국'이라는 말은 이탈리아 정당 체제의 변화를 상징하는 대표적 단어이자 연합 정치의 변화를 표현하는 단어이기도 하다. 헌법의 주요 부분이 개정되지 않고 선거법만 개정된 1993년 이후 이탈리아를 '제2공화국'이라 부르기 때문이다.

'제2공화국'의 구체적 시기에 대한 논쟁이 없지는 않다. 예를 들어, 쾨플레(Köpple)는 새 선거법에 따른 정권 교체를 기준으로 1996년 중도-좌파 연정 출범 이후를 '제2공화국'으로 명명하고 1991~1996년을 과도기로 구분하며,[1] 프룬칠로(Fruncillo)는 두 번째 선거 제도 변경 후 정권 교체가 이루어진 2008년 이후를 '제3공화국'으로 부른다.[2]

그러나 연합 정치의 관점에서 볼 때, 1993년 선거법 개정에 의해 치

1 Köpple, Stefan, 2007, *Das politische System Italiens: Eine Einführung* (Wiesbaden: VS Verlag), S.49.

2 Fruncillo, Domenico, 2010, *Politica senza reti: L'Italia al voto nel 2006 e nel 2008* (Roma: CRS), p.18.

러진 첫 선거인 1994년 선거에 즈음해 지각 변동에 준하는 변화가 일어난 반면, 2005년 선거법 이후 치러진 2006년 선거에서는 근본적이라고 할 만한 변화가 이루어지지 않았다. 따라서 이 글에서는 1993년 이후 시기를 모두 '제2공화국'으로 본다. 다만 선거 연합과 관련해서도 2005년 선거법 개정은 어느 정도 중요하므로, 1993~2005년 기간을 '제2공화국 1기'라 부르고 2005년 이후 기간을 '제2공화국 2기'라 부르기로 한다.

1993년 선거법 개정은 이탈리아 정당 정치에 막대한 변화를 초래했을 뿐 아니라, 연합 정치의 흐름도 근본적으로 바꾸어 놓았다. 곧, 1993년 이전인 '제1공화국'에서 이탈리아 연합 정치는 주로 연립 정부 구성으로 나타나는 통치 연합의 방식이었으나, '제2공화국'에는 선거 연합으로 바뀌었다. 따라서 이 장은 '제2공화국'을 중심으로 이탈리아 선거 연합 정치의 주요 요인과 특징을 분석한다.[3] 그리고 이탈리아도 독일처럼 의회 중심제 국가이므로 총선을 대상으로 한다.

'제1공화국' 이탈리아는 전통적으로 극단적 다당제 혹은 불완전 양당제의 대표적 국가로 알려져 왔다. 그리고 다양한 정당들이 선거 이후 연립 정부 구성을 둘러싸고 다양한 방식의 연합 정치를 구사해 왔다. 따라서 '제1공화국'의 통치 연합에 대한 연구는 상당할 정도로 축적되어 왔다. 그러나 선거 연합은 1994년 이후에 등장했으며 이 연합조차 정당 정치와 선거 분석에 대한 관심에 묻혔기 때문에 거의 독자적 연구 대상이 되지 못했다.

이탈리아 정치에 관한 연구들 중에서 선거 연합을 주요 대상으로 분석한 경우는 디아만티(Diamanti)와 디 비르질리오(Di Virgilio)의 논문들이

3 정병기, 2011b, "이탈리아 정당 체제의 변화: '제2공화국' 경쟁적 양당제로의 재편," 『지중해지역연구』 제13권 1호(부산외국어대학교 지중해지역원), 213~246쪽과 정병기, 2012a, "이탈리아 '제2공화국' 선거 연합 정치의 주요 요인과 특징, 『한국정치학회보』 제46집 4호(한국정치학회), 73~99쪽을 재구성함.

전부다.[4] 전자는 중도-우파[5] 연합과 중도-좌파 연합의 성격 차이를 분석하고 후자는 선거 제도가 미친 영향을 분석해 각각 미지의 영역인 이탈리아 선거 연합 연구에 중요한 계기를 마련했다. 그러나 전자는 '제2공화국'에서 통치 연합이 선거 연합으로 바뀐 포괄적 원인을 분석하지 않았고, 후자는 그 원인 분석을 선거 제도에 한정했을 뿐 아니라 비례 대표제로 회귀한 2005년 선거법 개정 이후의 흐름을 다루지 못했다.

이 장은 우선 이탈리아 선거 연합 정치에 가장 큰 영향을 미친 것으로 알려진 선거 제도 변화에 대해 디 비르질리오의 연구 결과를 보완하면서 2005년 비례 대표제 회귀의 효과를 함께 분석한다. 다만 이 목적에 좀 더 집중하기 위해 2008년 선거까지만 분석하고 2013년 선거는 추후 과제로 남겨둔다. 다음으로 골더가 선거 연합 이론을 전개하면서 가장 중요한 요소로 언급한 정당 수와 선거 연합의 관계를 규명한다. 정당 수와 관련해서는 선거 연합 내부의 득표율과 의석률의 배분을 함께 다루면서 다시 이를 선거 제도의 영향과 관련지어 설명한다. 마지막으로는 선거 연합의 일반 이론이 주로 언급하는 선거 제도와 정당 수 외에 지역주의와 이데올로기를 포함한 이념 및 정책의 거리 등 선거 연합 정치에 영향을 미친 다른 특수성들을 살펴봄으로써 이탈리아 선거 연합 정치의 요인들에 대해 보다 포괄적으로 접근한다.

4 Diamanti, Ilvo, 2007, "The Italian Centre-Right and Centre-Left: Between Parties and 'the Party'," *West European Politics*, vol.30, no.4, pp.733~762; Di Virgilio, Aldo, 2007, "Nuovo sistema elettorale e strategie di competizione: Quanto è cambiata l'offerta politica?," Roberto D'Alimonte e Alessandro Chiaramonte (a cura di), *Proporzionale ma non solo: Le elezioni politiche del 2006* (Bologna: Il Mulino), pp.191~241.

5 이 장에서도 마찬가지로, '중도-우파'는 중도파와 우파의 결합을 뜻하고 '중도 우파'는 중도 진영 내의 상대적 우파를 뜻하는 것으로 사용한다. 다른 이념 정당들의 경우에도 가운뎃줄의 의미는 동일하다.

다수 대표제의 도입과 선거 연합의 형성

'제1공화국' 선거 제도는 다기표 방식에 따라 하나의 정당과 그 정당 명부 후보들 중 3~4명을 선택하는 '선위투표(선호투표, voto di preferenza)'를 가진 정당 명부식 비례 대표제였으며, 봉쇄 조항은 한 선거구에서 6만 내지 6만5천 표 이상 혹은 전국 30만 표 이상으로 사실상 의미가 없었다.[6] 이 선거 제도에서 '제1공화국' 46년 간 47번의 정부들 중 단독 정부는 8년 9개월 15회에 그쳤으며 나머지 기간에는 대부분 세 개 이상의 정당을 포함한 연립 정부가 구성되었다.[7] 그러나 거의 무의미한 봉쇄 조항을 가진 순수 비례 대표제에서 선거 연합은 구성되지 않았으며, 선거 이후 의회 정당들 간 통치 연합 협상을 통해 총리가 선출되고 연립 정부가 구성될 뿐이었다. 이것은 비비례성 가설이 옳았음을 증명한다. 순수 비례 대표제를 채택한 '제1공화국'에서는 선거 연합이 구성되지 않았다는 대우명제가 참으로 증명되었기 때문이다.

이탈리아에서 선거 연합을 등장시킨 가장 중요한 요인은 1993년에 도입된 새로운 선거 제도였다. 새 선거 제도는 상·하원 모두 25%의 의석에 대해 비례 대표제를 유지하되, 나머지 75% 의석에 대해서는 1구 1인 단순 다수제를 도입했다. 또한 비례 대표 봉쇄 조항을 강화해 전국 유효 득표의 4%로 설정함으로써 군소 정당들의 입지를 더욱 좁혔다. 또 한 가지 특기할 것은 하원과 상원의 비례 대표 배분 방식을 달리했다는 것이다. 곧, 하원 선거에서는 다수 대표 후보와 비례 대표 명부에 각각 투표하는 2기표제였지만, 상원 선거에서는 다수 대표 후보에 대한 투표만 실시

6 Pasquino, Gianfranco, 1995, "Il sistema e il comportamento elettorale," Gianfranco Pasquino (a cura di), *La politica italiana: Dizionario critico 1945~95* (Roma-Bari: Laterza), pp.135~136.

7 Brütting, Richard (Hg.), 1997, *Italien-Lexikon* (Berlin: ESV), S.27~29.

하고 이 표를 다시 환산해 비례 대표를 배분하는 1기표제라는 것이었다.

그에 따라 비례 대표제를 겨냥해 기존의 다양한 정당들이 존속하는 한편 다수 대표제의 구속에 따라 선거 이전에 단일 총리 후보를 내세우는 선거 연합이 형성되었고, 그 양상은 상원과 하원에서 달리 나타났다. 이후 2005년 선거법 재개정 때까지 이르는 '제2공화국 1기'는 네 개의 주요 선거 연합들이 형성되었다가 점차 양대 선거 연합으로 수렴해감으로써 불완전 양당제가 '연합 양극 체제(bipolarismo coalizionale)'[8]로 전환해간 시기였다. <그림 9-1>에서 보듯이 1994년 선거를 앞두고 이탈리아 역사상 처음으로 총리 후보를 미리 내세운 네 개의 선거 연합이 형성되었고, 1996년부터 10년간 양대 선거 연합으로 재편되었다. 단순 다수 대표제 도입 직후인 1994년 총선에서 구성된 선거 연합은 넓은 이데올로기 스펙트럼을 반영해 중도와 양극으로 나뉘었다.

<그림 9-1> 이탈리아 '제2공화국' 선거 연합의 변화

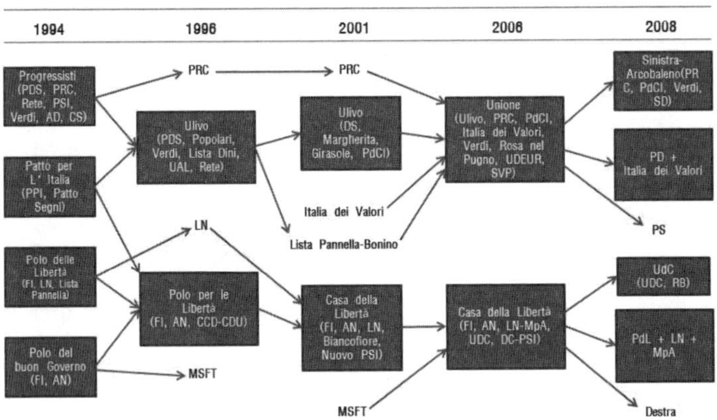

8 Di Virgilio(2007), p.198.

- AD: 민주연맹
- AN: 민족연맹
- Biancofiore: 백화(CCD+CDU)
- Casa della Libertà: 자유의 집
- CCD: 기독민주센터
- CDU: 기독민주연합
- CS: 사회기독당
- DC-PSI: 자치기독민주당(DCA)과 신사회당의 선거 연합
- Destra: 우파당
- DS: 좌파민주당
- FI: 전진이탈리아
- Girasole: 해바라기연맹
- Italia dei Valori: 가치이탈리아
- Lista Dini: 디니 명부
- Lista Pannella: 판넬라 명부
- LN: 북부동맹
- Margherita: 마르게리타
- MpA: 남부자치운동
- MSFT: 사회운동삼색횃불당
- Nuovo PSI: 신사회당
- Patto per L'Italia: 이탈리아연합
- Patto Segni: 세니연합
- PD: 민주당
- PdCI: 신공산당
- PdL: 자유국민 선거 연합, 자유국민당
- PDS: 좌파민주당
- Polo del buon Governo: 좋은 정부의 극
- Polo delle Libertà 자유의 극
- Polo per le Libertà 자유를 위한 극
- Popolari: 국민당 등 중도-우파 정당들(PRI, PPI, Lista Prodi, UD, SVP)
- PPI: 국민당
- PRC: 재건공산당
- Progressisti: 진보연맹
- PSI: 사회당
- RB: 백장미당
- Rete: 네트워크
- Rosa nel Pugno: 주먹 속 장미
- SD: 민주좌파
- Sinistra-Arcobaleno: 좌파무지개
- SVP: 남티롤국민당
- UAL: 라디나자치연합
- UdC: 중도연합
- UDC: 중도기독민주연합
- UDEUR: 유럽민주연합
- Ulivo: 월계수
- Unione: 연합
- Verdi: 녹색연합

출처: 정병기(2011b)의 <그림 3>을 수정.

우선 구이탈리아공산당(PCI)에 속했던 두 정당인 좌파민주당(PDS) 및 재건공산당(PRC)과 사회당(PSI) 그리고 구기민당(DC) 좌파였던 두 정당인 민주연맹(AD)과 기독사회당(CS) 및 신좌파 계열인 네트워크당(Rete)과 녹색당(Verdi) 등이 좌파민주당의 오케토(Achille Occhetto)를 총리 후보로 하는 좌파 연합인 진보연맹(Progressisti)을 결성했다. 이에 대응해 중도 우파 정당으로 분류되는 신생 정당인 전진이탈리아(FI)가 당수인 베를루스코니(Silvio Berlusconi)를 총리 후보로 하여 북부 지역에서 북부 지역주의 정당인 북부동맹(LN)과 구기민당에 속했던 중도 혹은 우파 정당들인 기독민주센터(CCD), 중도기독민주연합(UDC), 민주사회연합(FDS), 판넬라명부(Lista Pannella) 그리고 중도 정당인 사민당(PSDI) 등과 '자유의 극(Polo delle Libertà)' 연합을 수립하고, 파시즘 세력이 상대적으로 강한 남부 지역에서는 네오파시스트 선거 연합인 민족연맹(AN) 등과 '좋은 정부의 극(Polo del buon Governo)'이라는 상급 연합을 결성했다. 그리고 구기민당 내 중도 및

좌파였던 국민당(PPI)과 세니연합(PS: Patto Segni)이 당지도자 세니(Mariotto Segni)를 총리 후보로 내세워 공화당(PRI) 등 몇몇 군소 정당들과 함께 중도 진영의 독자적 선거 연합인 '이탈리아 연합(Patto per L'Italia)'을 결성했다.

1994년 선거를 앞두고 결성된 네 개(사실상 세 개)의 선거 연합은 이후 양대 연합으로 수렴되었다. <표 9-1>의 1994년 선거 결과를 보면, 중도 연합인 '이탈리아 연합'이 하원의 경우 비례 대표에서 15.8%를 얻어 그에 해당하는 42석을 차지했지만 다수 대표에서는 4석을 차지하는 데 그쳤다. 상원의 경우에도 16.7%의 득표율로 비례 대표는 28석을 얻었지만 다수 대표는 3명을 당선시키는 데 불과했다. 곧 다수 대표제의 도입으로 인해 제3세력인 중도 연합의 입지가 크게 줄어든 것이다. 그에 따라 1996년 선거에서부터는 중도 연합이 와해되고 그 구성 정당들은 좌우 연합에 가입함으로써 좌파, 우파, 중도로 나뉘었던 선거 연합들은 중도-좌파 연합과 중도-우파 연합이라는 양대 연합으로 재편되었다.

이후 정당 체제에서 유효한 영향력을 가진 정당들이 양대 연합 외에 새로운 연합을 구성하지는 않았지만 탈퇴와 가입을 반복하고 정당들이 생성, 소멸 혹은 이합집산을 거듭함으로써 연합의 성격은 빈번히 바뀌었다. 1996년 선거를 앞두고 1994년 중도 연합을 구성했던 중도-우파 정당들(국민당, 공화당)과 기타 중도 정당들인 민주연합(UD)과 디니명부(Lista Dini)[9] 및 선거 운동 단체인 프로디명부(Lista Prodi)[10]와 남티롤 지역주의 정당인 남티롤국민당(SVP)이 좌파 연합과 통합해 중도-좌파 연합인 월계수

9 정확한 명칭은 '디니 명부 - 이탈리아 쇄신당(Lista Dini - Rinnovamento Italiano)'으로, 1995~1996년 과도정부 총리를 지낸 디니(Lamberto Dini)가 1996년 창당한 이탈리아쇄신당(RI: Rinnovamento Italiano)이 구사회당 해산 후 새로 창당된 사회당(SI: Socialisti Italiani, 1995)과 세니연합 및 신생 정치 운동 단체 이탈리아민주운동(MID: Movimento Italiano Democratico, 1995)과 함께 결성한 선거 연합.

10 1996년 중도-우파 연합(월계수)의 총리 후보가 된 프로디(Romano Prodi)를 지지하는 정치 운동 단체인 '월계수 운동(Movimento per l'Ulivo)'.

(Ulivo)를 결성했다. 여기에 1994년 선거 때 좌파 연합에서 주도 정당인 좌파민주당 외에 유일하게 비례 대표 의석을 차지한 재건공산당은 중도 정당들의 결합에 동의하지 않고 독자적으로 선거에 임했다.

<표 9-1> 이탈리아 1994년 총선 결과

하원							
선거 연합/정당	다수 대표		비례 대표				의석수 합계
	득표율	의석수	정당	득표율	의석수	합계	
자유의 극/좋은 정부의 극	46.1	302	전진이탈리아-기독민주센터	21.0	30	64	366
			민족연맹	13.5	23		
			북부동맹	8.4	11		
			판넬라 명부	3.5	-		
진보연맹	33.0	164	좌파민주당	20.4	38	49	213
			재건공산당	6.1	11		
			녹색연합	2.7	-		
			사회당	2.2	-		
			네트워크당	1.9	-		
			민주연맹	1.2	-		
이탈리아연합	15.6	4	국민당	11.1	29	42	46
			세니연합	4.7	13		
기타	5.3	5	기타	3.3	-	-	5
합계	100.0	475	합계	100.0	155	155	630

상원				
선거 연합/정당	다수 대표		비례 대표	의석수 합계
	득표율	의석수	의석수	
자유의 극/좋은 정부의 극	42.5	128	28	156
진보연맹	33.4	97	26	123
이탈리아연합	16.7	3	28	31
기타	7.4	5	-	5
합계	100.0	233	82	315

출처: 이탈리아 내무부, http://elezionistorico.interno.it

중도 진영의 분열은 우파 연합의 변화와도 연결되었다. 1995년 국민당에서 분당한 기독민주연합(CDU)은 전진이탈리아가 주도하는 우파 연합과 결합해 중도-우파 연합인 '자유를 위한 극(Polo per le Libertà)'을 결성했다. 그리고 여기에는 네오파시스트 선거 연합(AN) 내 온건파들이 동일한 명칭으로 창당한 민족연맹(AN, 1995)이 포함되었다. 반면 베를루스코니 제1차 연정에서 탈퇴한 북부동맹은 재건공산당처럼 독자적으로 선거에 임했으며, 민족연맹 창당 과정에서 탈당한 강경파 네오파시스트들은 사회운동삼색횃불당(MSFT)을 창당해 역시 독자적으로 선거에 임했다. 선거 결과는 중도 진영을 대거 통합한 중도-좌파 연합의 승리로 귀결되어 연합 정치가 선거 승리의 중요한 요인이었음이 드러났다(하원: 월계수 285석, 자유를 위한 극 246석; 상원: 월계수 157석, 자유를 위한 극 116석. <표 9-2> 참조>).

<표 9-2> 이탈리아 양대 선거 연합 선거 결과

	선거 연합	의석수	
		하원	상원
1994	좌파 연합	213	123
	우파 연합	366	156
1996	중도-좌파 연합	285	157
	중도-우파 연합	246	116
2001	중도-좌파 연합	248	125
	중도-우파 연합	366	176
2006	중도-좌파 연합	343	158
	중도-우파 연합	279	156
2008	중도-좌파 연합	246	134
	중도-우파 연합	343	174

출처: 이탈리아 내무부 자료 종합, http://elezionistorico.interno.it

반면 2001년 선거에서 연합 정치를 통한 승리는 중도-우파에게 돌아갔다. 중도-좌파 연합에 결합했던 중도 세력들은 판넬라-보니노명부(Lista Pannella-Bonino)로 독자적으로 선거에 출마했으며, 밀라노 정풍 운동인 '깨끗한 손(Mani pulite)'을 주도했던 디 피에트로(Antonio Di Pietro)가 창당한 이탈리아가치당(Italia dei Valori)과 재건공산당도 월계수 연합에 결합하지 않았다. 이와 달리 중도-우파 연정은 북부동맹이 다시 결합해 '자유의 집(Casa della Libertà)'으로 재탄생했다.

이와 같이 '제2공화국 1기'에는 다수 대표제 도입에 따른 선거 연합의 형성이 가장 중요한 요소로 작용했다. 그러나 다수 대표제의 왜곡 효과가 다시 문제로 지적되어 새로운 선거법 개정 논쟁이 시작되었다. 게다가 다수 대표제의 고유한 단점인, 득표율과 의석 배분 간 불일치가 남부와 북부의 차이에 따른 지역주의와 결합해 선거의 왜곡 현상을 더욱 심화시켰다. 1994년 북부동맹이 비례 대표에서 8.4%만을 획득했음에도 다수 대표에서 북부 지역을 석권해 약 19%의 의석 점유율을 보이는 등 이후에도 지역주의 정당으로서 지속적인 불일치 현상을 보인 것과,[11] 1994년 선거에서 우파 연합이 남부와 북부에서 선거 연합을 달리 구성한 것이 이러한 요인을 반영한 대표적 사례다.

또한 선거 연합 내에서 다수 대표 후보 공천을 정당 혹은 정치 단체들의 대표자 회의에서 각 구성원들의 세력 비중에 따라 안배하는 관행도 문제로 지적되었다. 선거 연합 내 후보 공천 과정은 비례 대표제와 다수 대표제에서 달리 나타났는데, 후자의 경우가 문제였다. 비례 대표 후보는 각 정당들이 독자적 명부를 작성해 출마하므로 조율이 필요 없었던 반면, 다수 대표 후보의 경우는 갈등과 협상을 통해 연합 내 정당들의 후보 배분 비율이 정해졌다.[12] 다수 대표제 안에 숨겨진 비례 대표제 현상이었다.[14]

---

11 Helms, Ludger, 1997, "Pluralismus und Regierbarkeit: Eine Bestandsaufnahme der italienischen Parteiendemokratie aus Anlaß der Parlamentswahlen 1996," *Zeitschrift für Politik*, Jg.44, S.91.

12 좌파 혹은 중도-좌파 연합은 각 정당의 중앙당과 지구당이 참여해 협상한 것과 달리, 우파 혹은 중도-우파 연합은 지구당이 참여하지 않은 채 중앙당이 모든 것을 결정했다. 그러나 후보 선정 기준은 인지도와 사회 단체 지지 등 종합적 당선 가능성을 기준으로 한다는 점에서 동일했다. 각 정당별 및 연합 차원에서 당선 확실 지역구, 낙선 확실 지역구, 경합 지역구로 구분했다. 당선 확실 지역구에는 대개 정당 지도자들을 후보로 내세우고, 낙선 확실 지역구에는 도전적 정치인이나 신참 정치인들을 출마시켰다. 가장 복잡한 지역이 경합 지역구인데, 이 지역에는 개인적 명망

전면 비례 대표제 재도입과 선거 연합 정치의 변화

다수 대표제를 근간으로 하는 혼합 선거 제도의 폐해는 2005년 선거법 재개정으로 귀결되었다. 새로운 선거 제도는 추가 의석 할당제와 봉쇄 조항 수정을 통해 안정적 다수를 확보하는 장치로 보완한 전면 비례 대표제다.[14] 추가 의석 할당제는 1위를 한 정당이나 선거 연합에게 하원에서 전국 단위로 총의석의 54%를 배정하고, 상원에서는 주별로 총의석의 55%를 확보토록 했다. 그리고 봉쇄 조항은 하원에서 단독 정당에게는 4%를 적용하고 선거 연합 소속 정당에게는 10% 이상 획득한 선거 연합에 속할 경우 2%를 적용한 반면, 상원에서는 단독 정당에게 8%를 적용하고 20% 이상 득표한 선거 연합에 속한 정당에게 3%를 적용했다. 이 새로운 선거 제도는 전면 비례 대표제에 따른 거대 정당 성립의 조건을 제공하는 한편, 위 두 규정에 의해 선거 연합을 지속 내지 촉진시키는 요인으로도 작용했다.

선거법 개정 직후 실시된 2006년 선거에서 중도-좌파 연합은 기존 월계수 연합을 유지하면서 재건공산당뿐만 아니라 가치이탈리아와 판넬라-보니노명부(Lista Pannella-Bonino) 같은 중도 정당들까지 모두 견인해 거대 선거 연합인 연합(Unione)을 중층적으로 결성하고, 중도-우파 연

이 높은 후보를 내세웠다. 2011년 1월 13일 이탈리아 하원을 방문해 민주당 하원의원인 모게리니(Federica Mogherini)와 가진 인터뷰를 통해 확인.

13 Weber, Peter, 1997, "Die neue Ära der italienischen Mehrheitsdemokratie: Fragliche Stabilität bei fortdauernder Parteizersplitterung," *Zeitschrift für Parlamentsfragen*, Jg.28, S.102.

14 Ministero dell'Interno, 2006, *Le leggi elettorali, Pubblicazione 1* (Roma: Ministero dell'Interno); Floridia, Antonio, 2008, "Gulliver Unbound, Possible Electoral Reforms and the 2008 Italian Election: Towards an End to 'Fragmented Bipolarity'?," *Modern Italy*, vol.13, no.3, p.325 참조

합도 전통 네오파시스트 정당인 사회운동삼색횃불당까지 포함해 조직을 확대했다. 게다가 북부동맹은 '자유의 집' 연합 산하에 남부 지역주의 정당인 남부자치운동(MpA, 2005년 창당)과 소규모 선거 연합을 구성하기도 했다. 이 선거 결과도 연합 정치에 의해 결정된 중도-좌파의 승리였다(<표 9-2> 참조). 제도 전환 직후여서 정당 체제가 변화할 시간적 여유가 충분하지 않았다는 점으로 인해 새 선거 제도의 효과들 중 선거 연합 지속 내지 촉진 효과가 더 크게 작용한 결과다.

반면 2008년 선거의 경우 새 선거 제도의 영향은 다르게 작용했다. 무엇보다 좌파민주당이 2007년에 중도 정당인 민주자유-마르게리타(DL)[15] 와 통합해 더 중도화한 거대 정당인 민주당(PD)으로 재탄생함으로써 거대 정당의 형성을 예고했다. 중도-우파 진영도 이 전철을 따라 2008년 선거를 앞두고 전진이탈리아와 민족연맹이 자유국민(PdL)이라는 선거 연합을 새로 구성하고 선거 후 2009년에 우파 군소 정당들인 자치기독민주당(DCA), 신사회당(Nuovo PSI), 자유개혁당(RI), 사회행동당(AS)과 통합해 이 선거 연합을 단일 거대 정당인 자유국민당(PdL)으로 전환했다.[16]

이러한 변화는 좌파와 중도 진영의 변화로도 연결되었다. 좌파 진영에서는 재건공산당과 신공산당(PdCI)[17], 녹색연합(Verdi) 및 신생 정치 운동 단체인 민주좌파(SD: 2007~2010)가 좌파무지개(Sinistra-Arcobaleno) 선거 연

---

15 민주자유-마르게리타(DL: Democrazia è Libertà - La Margherita): 월계수민주당[Democratici: Democratici per l'Ulivo. 2006~2008년 월계수 연합 정부를 이끌었던 프로디(Romano Prodi)가 실각 후 창당], 이탈리아쇄신당, 국민당, 유럽민주연합(UDEUR)이 2001년 총선에 대비해 마르게리타(Margherita) 선거 연합을 결성한 후, 이 선거 연합이 2002년에 단일 조직으로 통합해 창당한 정당. 다만 마르게리타에서 유럽민주연합은 단일 정당 창당에 참여하지 않았고 2010년 이후 남부국민당(PpS: Popolari per il Sud)으로 개명해 독자적으로 활동하고 있다. 정병기(2011b), 234쪽.

16 정병기(2011b), 234쪽.

17 2008년 재건공산당의 월계수 연정 지지 철회를 계기로 연정에 잔존하고자 했던 스탈린주의자들이 분리해 창당. PdCI는 '공산당'으로 번역하는 것이 정확하지만, 구공산당과 구별하기 위해 '신'

합을 결성했다. 중도 진영에서도 신생 정당인 중도기독민주연합(UDC)과 백장미당(RB)이 독자적 선거 연합인 중도연합(UdC)을 결성했다.[18] 우파당(Destra)과 사회당(PS)을 제외하면, 새로운 선거법에서도 군소 정당들의 선거 연합 결성 효과는 여전히 크게 작용했다고 할 수 있다.

이것은 비단 좌파와 중도 진영만의 현상이 아니었다. 2008년 선거를 전후해 거대 정당으로 전환했지만, 민주당과 자유국민 연합도 연합 정치를 포기하지 않았다. 민주당은 가치이탈리아와 연합했고, 자유국민 연합은 북부동맹, 남부자치운동, 공화당 등과 연합했다. 다만 양대 진영의 경우는 과거와 달리 단일한 명칭을 가진 선거 연합을 구성하거나 공동 명부를 제출하지 않고, 각자 고유 명부로 선거에 임하되 총리 후보를 단일화해 선거 이후의 공동 통치에 합의하는 방식을 취했다.

<표 9-3>에서 보듯이 2008년 선거 결과도 연합 정치에 의해 좌우되었다. 중도-좌파 연합은 하원 246석과 상원 134석을 얻는 데 그친 반면, 중도-우파 연합은 하원 344석과 상원 174석을 얻어 정권을 장악했다. 1994년 선거에서처럼 중도-우파는 네오파시스트뿐만 아니라 북부 지역주의 정당인 북부동맹과 남부 지역주의 정당인 남부자치운동까지 포괄하는 연합을 결성했기 때문이다. 한편 중도연합은 상·하원에서 모두 5% 후반대의 득표율과 그에 비례하는 의석을 차지했으며, 좌파무지개는 봉쇄 조항을 넘지 못했다.

을 접두어로 추가했다.

18 2002년에 기독민주센터(CCD)와 기독민주연합(CDU)이 유럽민주당(Democrazia Europea: 2001~2002)과 합당하여 중도기독민주연합(UDC: Unione dei Democratici Cristiani e Democratici di Centro)을 창당했고, 2008년에 다시 중도기독민주연합에서 백장미당(RB)이 분리 창당되었다. 중도기독민주연합 및 백장미당과 달리 유럽민주당의 일부는 정부의 남부 정책에 반대해 새 정당을 창당하고 2004년 11월 마르게리타에 합류했다. 정병기(2011b), 232쪽.

<표 9-3> 이탈리아 2008년 총선 결과

하원					
선거 연합	정당	득표율1)	의석수	득표율 합계1)	의석수 합계
민주당+가치이탈리아	민주당	33.2	217	37.6	246
	가치이탈리아	4.4	29		
자유국민+북부동맹+남부자치운동	자유국민	37.4	276	46.8	343
	북부동맹	8.3	60		
	남부자치운동2)	1.1	8		
중도연합	-	5.6	36	5.6	35
좌파무지개	-	3.1	-	3.1	-
기타		6.9	4	6.9	6
합계		100.0	630	100.0	630

상원					
선거 연합	정당	득표율3)	의석수	득표율 합계3)	의석수 합계
민주당+가치이탈리아	민주당	33.7	118	38.0	134
	가치이탈리아	4.3	14		
	남티롤국민당4)	-	2		
자유국민+북부동맹+남부자치운동	자유국민	38.2	146	47.4	174
	북부동맹	8.1	26		
	남부자치운동2)	1.1	2		
중도연합	-	5.7	3	5.7	3
좌파무지개	-	3.2	-	3.2	-
기타		5.7	4	5.7	4
합계		100.0	315	100.0	315

1) Vale d'Aosta 제외
2) 남부 지역주의 정당으로 북부동맹과 공동 명부로 출마
3) Vale d'Aosta와 Trentino-Alto Adige 제외
4) 남티롤 지역주의 정당. 남티롤은 자치 지역이므로 선거 제도를 별도로 적용

출처: 이탈리아 내무부, http://elezionistorico.interno.it

'제2공화국' 연합 정치를 선거 연합 이론에 비추어 보면, 선거 연합의 형성과 변화에는 '제1공화국'처럼 비비례성 가설이 적용됨과 동시에 신호 가설도 함께 적용된다. 우선 양대 선거 연합의 경우, 다수 대표제를 근

간으로 한 제1기에는 갈수록 선거 연합으로 재편되는 현상이 뚜렷했던 반면 안정적 다수 확보로 보완한 전면 비례 대표제가 실시된 제2기에는 느슨한 선거 연합이 형성되었다는 점에서 비비례성 가설이 적용된다. 그리고 제2기에는 단일한 명칭의 강고한 선거 연합은 구성되지 않았지만, 장차 출범할 연립 정부의 성격에 대한 예측 가능성을 확보하기 위해 총리 후보를 단일화하는 느슨한 형태로나마 선거 연합이 구성되었다는 점에서 신호 가설이 적용된다.

다만 2006년 선거의 경우는 선거 연합이 더욱 강화되었는데, 새 선거법에 따른 정당 재구성 시간이 충분하지 않은 상태에서 선거 연합에 유리한 수정 조항들로 인해 비례 대표제임에도 선거 연합이 더 강화되는 역설이 발생한 것이다. 이것은 시간적 요인과 수정 조항 요인에 의해 비비례성 가설이 적용되지 않은 과도기로서 예외에 해당한다. 실제 새 선거법 도입 후 중도-좌파 연합은 바로 단일 정당 창당에 박차를 가하기 시작했고,[19] 얼마 지나지 않아 중도-우파 연합도 새로운 연합을 조직해 이후 동일한 명칭으로 단일 정당을 창당함으로써 예외적 상황이 사라져갔다.

이와 같이 '제2공화국' 선거 연합의 형성과 변화는 대체로 비비례성 가설과 신호 가설로 설명할 수 있다. 그러나 북부동맹과 재건공산당 등이 선거 연합에 대해 가입과 탈퇴를 반복하는 이유와, 다수 대표제를 근간으로 하는 혼합 제도에서는 양대 선거 연합으로 수렴되다가 수정된 전면 비례 대표제에서는 다수의 선거 연합이 형성되는 이유를 이 가설들만으로는 설명하지 못한다.

---

19 중도-좌파 연합이 단일 정당을 추구한 것은 1999년부터지만, 선거 제도의 영향과 연합 정당들의 갈등으로 인해 2006년 이전에는 본격적으로 추진되지 못했다. Diamanti(2007), p.751 참조.

정당의 수와 규모에 따른 선거 연합 정치의 전개

이탈리아 선거 연합의 형성에는 다수 대표제의 도입이 가장 중요하게 작용했다. 그러나 이 선거 연합 내부 구성과 '연합 양극 체제' 형성은 선거 제도만으로 설명할 수 없다. 이를 설명하기 위해 먼저 정당의 수와 규모의 영향을 함께 살펴볼 필요가 있다. 아래 <표 9-4>를 보면, '제2공화국' 정당 체제는 양당제나 삼당제가 아니라 선거 연합을 구성할 정당 수가 확보된 다당제임을 알 수 있다. 2006년이라는 과도기를 제외하면 전반적으로 의회 진출 정당의 수는 점차 줄어들고 있지만 그 감소치가 양당제나 삼당제로 이어질 정도는 아니다. 다수의 정당들이 각자 자신의 고유 영역에서 연합을 통해 선거에 임함으로써 초기의 세 연합은 점차 두 연합으로 수렴되어 왔다. 이탈리아 정당 정치에서 전통적 다당제는 다수 대표제 하에서 양당제로 통합되는 것이 아니라 선거 연합에 의한 양극 체제를 형성해온 것이다.

<표 9-4> 이탈리아 의회 진출 정당 수(하원)

	1994	1996	2001	2006	2008
(중도-)좌파 연합	7	6	4	8*	2
(중도-)우파 연합	4	3	5	5*	3
중도 연합	2	-	-	-	1*
기타	0	2	1	0	0
합계	13	11	10	13	6

* 단일 명부로 출마한 소규모 연합 정당들을 하나로 계산(월계수, 북부동맹-남부자치운동, 중도연합)

출처: 이탈리아 내무부 자료 종합, http://elezionistorico.interno.it

그러나 정당 수가 점차 감소함에 따라 선거 연합 내의 정당 수도 줄어들었으며, 전면 비례 대표제가 재도입되어 정착한 2008년 선거에서 정당 수 감소는 더욱 두드러졌다. 게다가 2008년 선거 직후 중도-우파 연합도 거대 단일 정당으로 전환한 것을 고려하면, 이탈리아 정당 정치에서도 연합 형성에 충분한 정당 수가 확보되지 않게 될 가능성이 없지 않다. 그에 대한 예측은 사회 균열과 정당의 이념 및 정책을 함께 보아야 하겠지만, 여기서는 먼저 연합 양극 체제와 관련해 선거 연합 내 정당의 규모를 통해 분석한다.

가장 쉽게 눈에 띄는 것은 1990년대에는 (중도-)우파 연합보다 (중도-)좌파 연합의 정당들이 월등히 많았지만 역시 2006년을 제외하면 2000년대에 와서 이 현상은 역전되었다는 것이다. 이 현상도 마찬가지로 연합 내 정당들의 세력 관계를 의미하는 정당 규모를 통해 설명할 수 있다. <표 9-5>에서 제시했듯이, (중도-)좌파 연합은 2001년의 득표율을 제외하면 대개 좌파민주당(PDS, 이후 DS)과 이 당이 주도해 단일 정당화한 민주당(DS)이 압도적으로 우세한 가운데 군소 정당들이 결합한 형태다. 2001년 선거에서도 득표율은 좌파민주당과 마르게리타가 유사하지만 의석수는 역시 좌파민주당이 월등히 많았다.

반면 (중도-)우파 연합의 경우는 역시 상대적으로 전진이탈리아가 주도하고 있지만, 득표율과 달리 의석수에서 보면 북부동맹과 민족연맹도 상당한 세력을 확보하고 있다. 1994년 선거에서 북부동맹은 전진이탈리아에 비해 불과 17석이 적었고 민족연맹도 이를 바싹 추격했다. 그 이후 북부동맹은 점차 약화되었지만 민족연맹은 지지율을 일정하게 유지하면서 전진이탈리아 의석의 최소한 절반 이상을 차지해왔다.

<표 9-5> 이탈리아 '제2공화국' 선거 연합 선거 결과: 하원 비례 대표 득표율(%)과 의석수

선거 연합	정당/연합	1994		1996		2001		2006		2008	
		득표율	의석수	득표율	의석수	득표율	의석수	득표율	의석수	득표율	의석수
(중도-) 좌파 연합	(좌파)민주당	20.4	115	21.1	170	16.6	137	31.3[1]	218	33.2	217
	국민당/마르게리타	-	-	6.8	69	14.5	86			-	-
	디니 명부	-	-	4.3	26	-	-	-	-	-	-

(중도-) 좌파 연합	재건공산당	6.1	39	-	-	-	-	5.8	41	-	-
	가치이탈리아	-	-	-	-	-	-	2.3	16	4.4	29
	사회당	2.1	14	-	-	-	-	-	-	-	-
	신공산당	-	-	-	-	1.7	8	2.3	16	-	-
	해바라기/녹색연합	2.7	11	2.5	14	2.2	17	2.1	16	-	-
	주먹 속 장미	-	-	-	-	-	-	2.6	18	-	-
	민주연맹	1.2	18	-	-	-	-	-	-	-	-
	사회기독당	-[2)]	8[2)]	-	-	-	-	-	-	-	-
	유럽민주연합	-	-	-	-	-	-	1.4[3)]	14[3)]	-	-
	남티롤국민당	-	-	-	-	-	-	0.5[4)]	4[4)]		
	네트워크	1.9	8	-[5)]	5[5)]	-	-	-	-	-	-
	라디나자치연합	-	-	-[6)]	1[6)]	-	-	-	-	-	-
	기타	-	-	0.2	-	-	-	1.5	-	-	-
	합계	34.4	213	34.9	285	35.0	248	49.8	343	37.6	246
(중도-) 우파 연합	전진이탈리아	21.0	134	20.6	123	29.5	193	23.7	134	37.4[7)]	275
	민족연맹	13.0	109	15.7	93	12.0	99	12.3	72		
	북부동맹	8.4	117	-	-	3.9	30	4.6	23	8.3	60
	기독민주 정당[8)]	-	-	5.8	30	3.2	41	6.8	39	-	-
	판넬라 명부	3.5	6	-	-	-	-	-	-	-	-
	남부자치운동	-	-	-	-	-	-	-	5[9)]	1.1	8
	(기민당-)신사회당	-	-	-	-	1.0	3	0.7[10)]	6[10)]	-	-
	기타	0.5	-	1.9	-	-	-	1.6	-	-	-
	합계	46.4	366	44.0	246	49.6	366	49.7	279	46.8	343
중도 연합	국민당	11.1	33	-	-	-	-	-	-	5.6[11)]	35
	세니 연합	4.7	13	-	-	-	-	-	-		
	합계	15.8	46	-	-	-	-	-	-	5.6	35
북부동맹		-	-	10.1	59	-	-	-	-	-	-
재건공산당		-	-	8.5	35	5.0	11	-	-	-	-
기타[12)]		3.4	5	2.5	5	10.4	5	0.5	8	10.0	6
합계		100.0	630	100.0	630	100.0	630	100.0	630	100.0	630

* 득표율은 봉쇄 조항을 넘거나 의석을 차지한 정당들만 집계. 일부 정당들이 중복 기재된 것은 선거 연합에 가입했을 때와 가입하지 않았을 때를 구분해 집계했기 때문이며, 득표율과 의석 점유율에 차이가 나는 것은 의석수 계산에 자치 지역과 재외 국민 선거를 포함했기 때문임.

1) 월계수 단일 명부

2) 비례 대표에 독자 명부로 출마하지 않음.

3) 봉쇄 조항을 넘지 못했으나 월계수 명부로 출마한 후보들이 당선

4) 자치 지역인 남티롤에서 당선

5) 시칠리아 지역 정당으로서 다수 대표에만 출마

6) 트렌토(Trento) 지역 정당으로 다수 대표에만 출마
7) 자유국민 단일 명부
8) 1996년 기독민주센터/기독민주연합 명부(Lista CCD-CDU), 2001년 백합(CCD-CDU 명부의 단일 명칭), 2006년 중도기독민주연합(UDC)
9) 북부동맹과 공동 명부로 출마해 중도-우파 연합에 결합
10) 자치기민당(DCA)과 연합한 공동명부(DC-PCI)는 봉쇄 조항을 넘지 못했지만 전진이탈리아 명부로 출마한 후보들이 당선
11) 중도연합 단일 명부
12) 무소속 혹은 선거 연합에 소속되지 않은 소수 언어 지역 정당들과 의석을 차지하지 않은 모든 정당을 포함

출처: 이탈리아 내무부 자료 종합, http://elezionistorico.interno.it

<표 9-6>은 선거 연합 내 구성 정당들의 역관계를 더 상세히 보기 위해 연합 정당들의 득표율과 의석수를 선거 연합 내 비중으로 환산한 표다. 다만 연합 내 세력 관계와 이를 공천에 반영한 비율을 알아보기 위해 의석수 비중은 전체 의석수가 아니라 다수 대표 의석수를 기준으로 했다.[20] 전면 비례 대표제가 재도입된 2006년과 2008년 선거에서는 사실상 이러한 환산이 거의 의미가 없다. 연합 정당들은 총리 후보를 단일화해 미래 연립 정부의 예측 가능성을 높이고자 할 뿐 공동 명부로 선거에 임하지 않았기 때문이다. 때문에 표에서 보듯이 의석수 비중은 정당별 전체 의석수를 기준으로 했으며, 연합 내 득표율 비중과 의석수 비중은 거의 비슷하게 나타난다. 다만 2006년 유럽민주연합의 경우는 1.4% 득표율에 14석을 얻었는데, (중도-)좌파 연합 내 그 비중은 각각 2.8%와 4.1%에 해당했다. 연합 내 세력 비중에 비해 의석이 과다 대표된 경우다. 이것은 선거 승리를 보장할 수 없는 상황에서[21] 군소 정당들의 통합을 위해 연

20 공천자 수가 아니라 당선자 수를 기준으로 할 수밖에 없어 정확하게 파악하기에는 한계가 있다.

21 2006년 선거에서 중도-좌파 연합은 양원에서 모두 과반수를 넘기기는 했지만, 득표율로 보면 하원에서 49.8%를 얻어 '자유의 집'보다 불과 0.07% 포인트를 앞선 신승을 거두었으며 상원에서는 오히려 1.3% 포인트가 적은 48.9%를 얻는 데 그쳤다. 정병기(2006), 188쪽.

합(Unione) 산하의 월계수 연합이 독자적 공동 명부를 제출하면서 이 명부에 유럽민주연합 후보들도 추가로 포함시켰기 때문이다.

<표 9-6> 이탈리아 선거 연합 내 구성 정당들의 비례 대표 득표율 비중 및 다수 대표 의석수 비중

선거 연합	정당/연합	1994		1996		2001		2006		2008	
		득표율	의석수	득표율	의석수	득표율	의석수	득표율	의석수	득표율	의석수
(중도-) 좌파 연합	(좌파)민주당	59.3	47.6	60.5	58.3	47.4	55.9	62.9	63.6	88.3	88.2
	국민당/마르게리타	-	-	19.5	26.3	41.4	30.9				
	디니 명부	-	-	12.3	7.3	-	-	-	-	-	-
	재건공산당	17.7	16.5	-	-	-	-	11.6	12.0	-	-
	가치이탈리아	-	-	-	-	-	-	4.6	4.7	11.7	11.8
	사회당	6.1	8.5	-	-	-	-	-	-	-	-
	신공산당	-	-	-	-	4.9	4.3	4.6	4.7	-	-
	해바라기/녹색연합	7.8	6.7	7.2	5.7	6.3	9.0	4.2	4.7	-	-
	주먹 속 장미	-	-	-	-	-	-	5.2	5.2	-	-
	민주연맹	3.5	11.0	-	-	-	-	-	-	-	-
	사회기독당	-	4.9	-	-	-	-	-	-	-	-
	유럽민주연합	-	-	-	-	-	-	2.8	4.1	-	-
	남티롤국민당	-	-	-	-	-	-	1.0	1.2	-	-
	네트워크	5.5	4.9	-	2.0	-	-	-	-	-	-
	라디나자치연합	-	-	-	0.4	-	-	-	-	-	-
(중도-) 우파 연합	전진이탈리아	45.3	33.8	46.8	50.9	59.5	47.2	47.7	48.0	79.9	80.2
	민족연맹	28.0	28.8	35.7	38.5	24.2	26.6	24.7	25.8		
	북부동맹	18.1	35.4	-	-	7.9	10.6	9.3	8.2	17.7	17.5
	기독민주 정당	-	-	13.2	10.7	6.5	14.5	13.7	14.0	-	-
	판넬라 명부	7.5	2.0	-	-	-	-	-	-	-	-
	남부자치운동	-	-	-	-	-	-	-	1.8	2.4	2.3
	(기민당-)신사회당	-	-	-	-	2.0	1.1	1.4	2.2	-	-

• 2006년과 2008년은 전체 의석수

출처: 이탈리아 내무부 자료 종합, http://elezionistorico.interno.it

2005년 이전 혼합 제도의 경우에는 비례 대표 득표율 비중과 다수 대표 의석수 비중이 사뭇 다르게 나타났다. 특히 (중도-)우파 연합의 경우에는 제2공화국 첫 선거인 1994년에 민족전선과 북부동맹이 득표율 비중에 비해 의석수 비중이 과다 대표되었으며(민족연맹: 득표율 비중 28.0%, 의석수 비중 28.8%; 북부동맹: 득표율 비중 18.1%, 의석수 비중 35.4%), 반대로 전진이탈리아와 판넬라명부는 과소 대표되었다(전진이탈리아: 득표율 비중 45.3%, 의석수 비중 33.8%; 판넬라명부: 득표율 비중 7.5%, 의석수 비중 2.0%). 이것은 전진이탈리아와 판넬라명부가 신생 정당으로서 인지도가 낮고 특정한 지역적 기반이 거의 없어 다수 대표제에서 승산이 희박한 반면, 북부동맹과 민족연맹은 각각 북부와 남부에서 인지도가 높고 확고한 지역적 기반을 가졌기 때문이라고 할 수 있다. 때문에 다수 대표 후보 공천에서 후자의 두 정당들이 유리한 입장을 가졌던 것으로 짐작할 수 있다. 이러한 현상들은 북부동맹이 연합을 탈퇴한 1996년을 제외하면 대부분 동일하게 나타났다. 다만 그에 더하여 기독 민주 정당들도 신생 정당의 상황을 벗어나면서 대개 10% 이상의 의석수 비중을 차지해 득표율 비중보다 많은 지분을 차지하게 되었다.

(중도-)좌파 연합의 경우도 1994년 선거에서 주도 정당인 좌파민주당이 대폭 양보해 다수 대표 의석수 비중이 크게 낮았으며(득표율 비중 59.3%, 의석수 비중 47.6%), 좌파민주당과 분당한 지 얼마 되지 않은 재건공산당도 의석수 비중이 상대적으로 낮았다(득표율 비중 17.7%, 의석수 비중 16.5%). 반면 중도를 견인해야 할 필요성에서 민주연맹 같은 중도 정당들의 입지가 상대적으로 높았다(특히 민주연맹은 득표율 비중 3.5%, 의석수 비중 11.0%). 1996년의 경우에도 역시 중도 정당으로서 구기민당의 다수파인 국민당을 견인하려는 노력의 결과로 이 정당의 다수 대표 의석수 비중이 비례 대표 득표율 비중보다 크게 높았다(득표율 비중 19.5%, 의석수 비중 26.3%). 반면 2001년의 경우에는 이 현상이 역전되어 좌파민주당은 득표율 비중보다 의석수 비중이 높은 반면, 국민당 후속 조직인 마르게리타는 득표율 비중보다 의석수 비중이 낮아졌다(좌파민주당: 득표율 비중 47.4%, 의석수 비중 55.9%; 마르게리타: 득표율 비중 41.4%, 의석수 비중 30.9%). 이것은 <표 9-5>를 참조해 볼

때, 선거 직전에 구기민당 군소 정당들의 대거 통합으로 탄생한 마르게리타가 1996년 선거에 비해 두 배 이상 높은 득표율을 올린 반면(1996년 6.8%, 2001년 14.5%), 좌파민주당의 명부 득표율이 크게 떨어졌기 때문으로 해석할 수 있다(1996년 21.1%, 2001년 16.6%). 의석수 비중만을 비교해 볼 때, 2001년 마르게리타 의석수 비중 30.9%는 1996년 국민당 의석수 비중인 26.3%보다 높은 반면 좌파민주당은 2001년 의석수 비중이 55.9%로 1996년 비중 58.3%보다 낮은 것도 이와 관련된다.

전체적으로 각 연합들은 연합체의 결속을 위해 주도 정당들(좌파민주당과 전진이탈리아)의 지분이 상대적으로 적고 2위나 3위의 정당들이 가장 높은 지분을 차지했다. 이를 다시 봉쇄 조항으로 나누어 보면, 봉쇄 조항을 넘지 못한 정당들은 대부분 득표율 비중에 미치지 못하는 의석수 비중을 차지해 상대적으로 약한 영향력을 가졌다고 할 수 있다. 이러한 현상은 전면 비례 대표제가 재도입된 2006년 선거에서 역전되어 봉쇄 조항 이하를 획득한 군소 정당들에게 다소 유리하게 바뀌었다.[22] 그러나 이 현상도 역시 과도기적 현상에 불과해 상술한 바와 같이 봉쇄 조항이 선거 연합 소속 정당과 비소속 정당에게 달리 적용됨으로써 연합이 강제되고 연합 내 거대 정당의 협상 여지가 커진 것도 사실이다.[23] 2008년 선거에서 군소 정당들이 별도의 연합을 구성해 선거에 임함으로써 선거 연합의 수가 증가한 것이 이를 뒷받침한다.

곧, 연합 내 2위 혹은 3위 정당들의 강력한 세력 분포와 봉쇄 조항 이하 군소 정당들의 난립으로 인해 선거에 대한 선거 연합의 구체적 대응 방식이 달랐다고 할 수 있다. 특히 봉쇄 조항 이하의 군소 정당들과 달리

---

22 Conti, Nicolò, 2008, "On Political Fragmentation: Stay In or Stay Out? The Role of Small Parties in the Italian Centre-left," *Journal of Modern Italian Studies*, vol.13, no.3, p.389 참조

23 Diamanti(2007), p.734; Di Virgilio(2007), p.196 참조.

2위나 3위를 차지하는 정당들은 대개 10% 안팎의 득표율을 가지고 선거의 승패를 좌우할 수 있을 뿐만 아니라 연합 내 20~40%의 비중을 차지해 연합 내에서 강력한 영향력을 발휘했다. 게다가 (중도-)우파 연합은 주도 정당인 전진이탈리아가 연합 내 득표율 비중이 50%를 거의 넘지 못하는 상황에서 민족연맹과 북부동맹의 영향력은 더욱 컸다. 다만 (중도-)좌파 연합의 경우에는 좌파민주당이 득표율이 크게 높지 않았음에도 2001년을 제외하면 대부분 북부동맹이나 민족연맹 같은 연합 내 제2당의 득표율도 낮아 연합 내 상대적 비중이 컸다. 때문에 (중도-)좌파 연합은 (중도-)우파 연합에 비해 상대적으로 더 많은 군소 정당들을 결합해나갔으며 연합 내 이들의 비중을 더 많이 고려했다고 할 수 있다.

이념 및 정책의 거리에 따른 선거 연합 정치의 전개

이탈리아 '제2공화국' 정당 정치는 전반적인 중도화 경향 속에서도 혼합제도에서는 양대 정당이 아니라 양대 선거 연합에 의한 양극 체제로 수렴되고 전면 비례 대표제 도입 이후에는 양당제 경향이 촉진되면서 선거 연합이 다시 다양화되는 것을 특징으로 한다.[24] 이러한 경향은 소선거구 단순 다수제는 양당제로 수렴되고 비례 대표제는 다당제로 귀결된다는 이른바 듀베르제 법칙에 위배된다. 오히려 정당의 자리에 선거 연합을 대입할 때 듀베르제 법칙은 유효하게 보인다. 하지만 왜 정당이 아니고 선거

---

24 김종법은 2006년 선거와 2008년 선거를 모두 양당제 구축의 계기로 본다. 2008년 선거를 전후해 양대 선거 연합을 중심으로 거대 단일 정당들이 형성되었다는 점에서 이러한 평가가 가능하다. 그러나 이 글에서는 정당 체제가 아니라 선거 연합에 초점을 두므로 연합의 다양화에 더 주목한다. 김종법, 2012, 『현대 이탈리아 정치 사회: 굴절과 미완성의 역사와 문화』(서울: 바오),

연합으로 결합하는 현상이 생기고 게다가 전면 비례 대표제에서 양당제 경향이 함께 촉진되는가는 설명하지 못한다. 이것은 선거 제도와 정당의 수 및 규모 외에도 정당들의 이념 및 정책의 거리 및 이탈리아 특유의 지역주의 균열을 고려할 때 설명이 가능하다.

우선 이데올로기 스펙트럼을 보면, 전반적인 중도화 혹은 온건화 경향이 뚜렷한 가운데 극좌에 위치한 재건공산당과 좌파민주당도 예외가 아님을 알 수 있다(<그림 9-2> 참조). 1991년 이탈리아공산당(PCI)이 강령과 당명에서 '공산주의'를 삭제하고 좌파민주당으로 개명하자 공산주의를 고수하려는 스탈린주의자들이 탈퇴해 공산당 외곽의 공산주의자들과 재건공산당을 창당함으로써 극좌파 지형에는 두 정당이 자리하게 되었다.[25] 그러나 사회당이 '제1공화국'의 부정부패로 몰락한 이후 온건 좌파가 존재하지 않는 이탈리아 정치 지형에서 재건공산당과 좌파민주당은 1994년 좌파 선거 연합인 진보연맹의 중심 세력으로 함께 활동했다.[26] 1996년 선거에서도 두 정당이 비록 단일 선거 연합 내에서 활동한 것은 아니었지만 재건공산당은 좌파민주당이 주도하는 월계수와 공조해 각외 연합을 구성했다. 두 정당이 결별(2008년)한 것은 재건공산당이 요구한 사회 경제 정책(주35시간제 도입, 실업 문제 해결과 남부 문제 해결)을 월계수 연정이 실현하지 않은 데 따른 것이었다.[27]

384, 393쪽.

25 Mammanella, Giuseppe, 1995, "Il partito Comunista Italiano," Gianfranco Pasquino (a cura di), *La politica italiana: Dizionario critico 1945~1995* (Roma and Bari: Laterza), p.304; Brütting(1997), S.577.

26 Diamanti, Ilvo, 1995, *La Lega: Geografia, storia e sociologia di un soggetto politico, nuva edizione riveduta e ampliata* (Roma: Donzelli); Diamanti(2007) 참조.

27 정병기, 2003a, "이탈리아 정치 사회 변동과 중도-좌파 정부(1996~2001) 정책: 재정 경제 정책, 제도 개혁 정책, 사회 노동 정책과 그 영향 요인을 중심으로," 『한국정치학회보』 제37집 3호(한국정치학회), 227~228쪽.

<그림 9-2> 이탈리아 주요 정당들의 이데올로기 위치

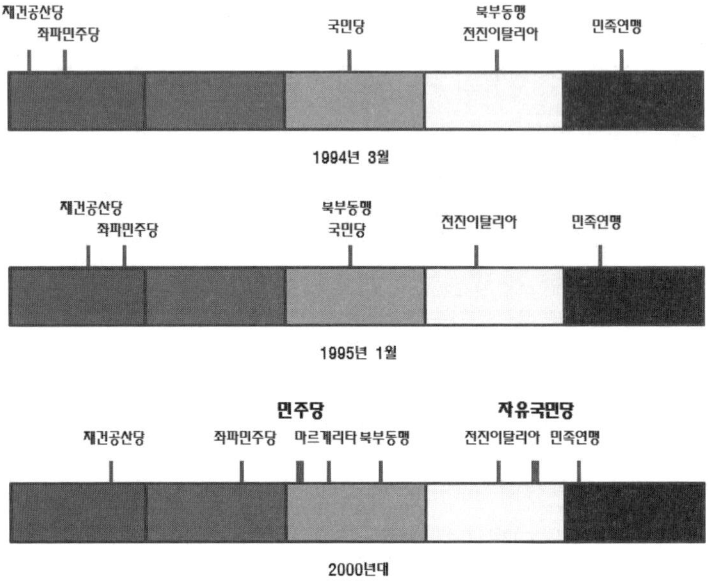

게다가 좌파민주당은 재건공산당과 결별한 직후 당명을 PDS에서 DS(정당이라는 개념인 Partito를 삭제)로 개정하고 이후 서너 해에 걸쳐 재개된 강령 개정 작업을 거쳐 당의 주체와 고객의 범위를 더욱 넓히고 노조와의 전통적인 긴밀한 관계를 포기하는 등 수권 정당으로서의 '정치 개혁'을 강조했다.[28] 그에 따라 이후 재건공산당은 스탈린주의자들이 신공산당으로 탈당해 감에 따라 상대적으로 온건해지기는 했지만, 2006년 새로운 선거법에 의한 과도기적 상황에서 유일하게 좌파민주당과 선거 연합을 이루었을 뿐 2000년대 이후에는 좌파민주당과 거리가 더욱 멀어져 갔다.[29] 한편 좌파민주당도 2007년에는 중도 정당인 마르게리타와 합당

28 Bellucci, Paolo, Marco Maraffi and Paolo Segatti, 2001, "Il congresso dei DS," Mario Cacciagli and Alan Zuckermann (a cura di), *Politica in Italia: I fatti dell'anno e le interpretazini* (Bologna: Il Mulino), pp.71~87 참조.

29 <그림 9-2>의 1990년대 자료는 이탈리아의 두 여론 조사기구(Ispo, swg)가 1994년 3월부터

해 명실공히 좌파 지형을 떠나 중도 지형 내 좌파로 전환했다.

구기민당의 주류였던 국민당은 기독민주센터와 기독민주연합 등 중도 우파 세력들이 분당해 간 후 지속적으로 중도 진영을 지켰으며, 역시 중도를 대표하는 군소 정당들과 함께 선거 연합을 구성한 후 2002년에 단일 정당인 민주자유-마르게리타를 창당했다. 그리고 이 중도 정당이 이후 좌파민주당과 함께 민주당으로 합당함으로써, 중도-좌파 연합(중도와 좌파의 연합)은 중도 좌파 정당(중도 지형 내 상대적 좌파 정당)으로 전환해 재건공산당과 이데올로기적으로 더욱 멀어졌다. 그에 따라 2008년 선거에서 민주당은 역시 중도 정당인 가치이탈리아와 연합을 구성한 반면, 재건공산당은 다른 좌파 정당들과 별도의 좌파 선거 연합(좌파무지개)을 구성하게 되었다.

북부동맹의 주장은 북부 지역의 부가 남부로 이전되는 재정 정책적 불만을 표출하는 반국가주의(antietatismo)[30]와 공무원 충원 구조의 남부화 및 북부로의 인구 이동을 반대하는 반남부주의(antimeridionalismo) 그리고 중앙 집권적 단방제인 이탈리아 정체를 연방제로 전환하려는 연방주의(federalismo)로 시작되었다.[31] 이러한 노력은 1990년대 초 신생 정당인 전진이탈리아가 우파 지형을 장악하기 전에는 북부 산업 전체를 대변하려

1995년 1월까지 세 차례에 걸쳐 조사한 결과에 근거했다. 사실 앞의 두 스펙트럼은 유권자의 인식을 토대를 작성한 반면, 마지막 스펙트럼은 정당의 이념과 정책의 변화를 토대로 작성했기 때문에 동일하게 비교하는 것은 한계가 있다. 그러나 이념과 정책의 변화로 판단할 때에도 앞의 두 스펙트럼에 문제는 없다. 다만 좌파민주당의 경우, 과거 공산당이었다는 점이 쉽게 불식될 수 없어 1990년대 중반에도 유권자들의 인식에서는 여전히 극좌파 지형의 정당으로 인식되었으나 이념과 정책에서는 이미 온건 좌파 지형으로 진입했다고 할 수 있다. 그러나 좌파민주당의 점차적인 온건 좌파 경향성을 파악하는 데에는 문제가 없으며, 게다가 좌파민주당과의 결별이 2008년이었다는 점에서도 선거 연합 분석에 사용하는 데 방해가 되지는 않는다.

30 Cressati, Claudio, 1994, “Einigung, Föderalisierung, Zerfall? Italien und die Lega Nord,” *Ethnos-Nation. Eine europäische Zeitschrift*, Jg.2, H.1, S.22.

31 정병기, 2000, “이탈리아 정치적 지역주의의 생성과 북부동맹당(Lega Nord)의 변천,” 『한국정치학회보』 제34집 4호(한국정치학회), 397~419쪽.

는 강력한 자유주의 경향을 보였다. 그러나 대자본과 우파 진영을 대변하는 전진이탈리아가 1994년 선거에서 북부의 대공업 지역을 포괄하는 전국적 성공을 거두고, '제2공화국' 들면서 정치 개혁을 통해 점차 재정 정책과 공무원 충원 구조의 문제가 해결되어가자 북부동맹은 중도화 경향을 강하게 노정했다. 곧, 북부 중소기업에 기반한 지역적 이익을 추구하게 되었고, 북부의 독립까지 주장했던 연방주의 주장도 전체 20개 주의 자치에 가까운 느슨한 연방제 주장으로 전환했다. 그에 따라 1990년대 후반에는 남부에까지 후보를 내는 시도를 하기도 했으며, 2006년 선거에서는 남부 지역주의 정당인 남부자치운동과 '자유의 집' 내 소규모 선거 연합을 구성하기도 했다.

북부동맹의 연방제 지역주의 이념과 정책은 중앙 집중적 국가주의를 추구하는 민족연맹과 근본적으로 병존하기 어려운 것이었다. 1994년 선거에서 전진이탈리아가 남부와 북부에서 별개의 선거 연합을 구성한 것은 이러한 사실에 근거했다. 게다가 정부 구성 이후에도 민족연맹 및 전진이탈리아와의 갈등은 지속되었다. 특히 연방주의 실현 약속이 지켜지지 않자 북부동맹은 1995년에 연정을 탈퇴했다. 이후 1996년 선거를 앞두고 북부동맹은 다시 분리주의와 반이주민 주장을 강화해 우경화를 노정하고 (중도-)우파 연합에 가입하지 않았다.[32] 북부동맹이 (중도-)우파 연합에 다시 가입한 것은 민족연맹이 일정하게 온건화해 전통적 네오파시스트들이 탈퇴했기 때문이었다. 북부동맹은 2000년대에 다소 우경화하기는 했지만 이미 중도 진영에 정착해 중도 지형 내의 상대적 우파로 자리를 굳혔다고 할 수 있다.

중도화 경향을 가장 강하게 보인 북부동맹이 같은 중도 지형에 위

---

32 정병기, 2003b, "정치 변동과 정당 특성 분석을 통해 본 전진이탈리아(Forza Italia)의 성공 요인과 전망," 『국제·지역연구』 제12집 1호(서울대학교 국제대학원), 91~111쪽.

치한 마르게리타와 연합하지 않고 재건공산당 다음으로 가장 거리가 먼 민족연맹과 연합한 것은 전진이탈리아의 연합 전술과 민족연맹의 온건화 및 지역주의 균열에 따른 정책의 차이에 기인한다. 우선 디아만티(Diamanti)가 적절하게 분석한 것처럼, 베를루스코니는 좌우 분열과 신구 대립을 활용해 연합 정치를 구사했다.[33] 곧, 전통적 좌우 분열을 반영해 반공을 기치로 중도 우파 및 네오파시스트를 유인하고, 과거로부터의 단절을 주장해 구기민당 정치의 청산을 주장하는 북부동맹을 견인할 수 있었다는 것이다. 그리고 북부의 분리 주장에서 시작해 20개 주 전체의 자치 주장으로까지 유연하게 표출되기는 했지만, 북부동맹에게 북부의 자치 혹은 연방주의는 변화된 정치 지형에서 거의 유일하게 남은 정체성 신호란 점도 작용했다. 또한 구기민당에 대한 저항에서 비롯된 북부동맹의 뿌리가 이 정체성과 관련이 있을 뿐만 아니라 국민당과 마르게리타는 구기민당의 부패 정치와 단절하기 위해 개혁적 성격을 확실히 하면서 지속적으로 좌파 정당들과 연합을 구성해 왔기 때문에 북부동맹은 국민당이나 그 후속 정당인 마르게리타와 연합하기 어려웠다고 할 수 있다.[34]

민족연맹은 1946년부터 존재해오던 네오파시스트 정당인 사회운동민족우파당(MSI-DN)이 1994년에 선거 연합으로 결성되어 단일 정당화한 것이다.[35] 이후 파시즘과의 거리 두기를 통해 온건화의 길을 걸었으며 이에 반대한 극우파는 1995년 사회운동삼색횃불당으로 분당해 나갔다. 2004년 초에도 민족연맹 당수였던 피니(Gianfranco Fini)가 이스라엘 방문과 파시즘 거리 두기에 반대해 무솔리니의 손녀(Alessandra Mussolini)와 함께 탈당해 사회행동당(AS: Azione Sociale)을 창당한 후 다른 극우파 정당들

33 Diamanti(2007), pp.736~737.

34 정병기(2000) 참조.

35 정병기(2011b), 232쪽.

과 함께 지방 선거에서 사회대안(AS: Alernativa Sociale)이라는 선거 연합을 구성했다. 이러한 변화가 사회운동삼색횃불당이 2006년 선거에서 (중도-)우파 연합에 참가한 것을 어느 정도 희석시킬 수 있었다. 또한 2008년 선거를 앞두고 사회운동삼색횃불당은 우파당(La Destra)으로 개명해 독자적으로 선거에 임했다. 따라서 2000년대 후반의 민족연맹은 극우 진영 내에서 상대적으로 매우 온건해져 우파 진영에 가까워졌다.

전진이탈리아는 1995년경에 이탈리아 정치의 전반적인 중도화 흐름 속에서 '제1공화국' 초기의 개혁 정치에 동참해 중도적 유권자들에게 호소하면서 중도 우파를 지향했다.[36] 그러나 장기적으로는 구기민당이 떠난 우파 지형을 거의 독보적으로 대변하며 우파 유권자들의 안정적 지지 기반을 굳혀갔다. 따라서 온건화하면서 극우 지형에서 우파 지형으로 접근하는 민족연맹과 지속적인 연합을 구성해 오다가 2008년 선거 직후에는 거대 단일 정당으로 통합했다. 전진이탈리아는 2000년대 이후 민족연맹과 연합하고 2006년 선거에서처럼 때에 따라서는 사회운동삼색횃불당 같은 다른 극우파 정당들과도 연합함으로써 우파 지형 내에서 상대적 우경화 경향을 보였다.

이와 같은 정당 이데올로기 지형과 정당 간 이념 및 정책의 거리는 선거 연합의 구성 및 정당 통합의 흐름과 연결됨으로써 '제2공화국' 선거 연합에는 최소 거리 연합 이론이 유용함을 보여준다. 곧, 이탈리아 정당 정치의 전반적인 중도화 내지 온건화 경향이 지속되는 가운데, 특히 (중도-)좌파 연합이 중도화 경향을 강화한 반면, (중도-)우파 연합은 상대적으로 우경화하는 경향을 보였다. 그에 따라 양대 선거 연합의 중도 견인 노력이 강화될 때는 양극 체제화가 진행된 반면, 이후 세부적으로 (중도-)좌파 연합의 중도화와 (중도-)우파 연합의 상대적 우경화가 강하게 나타나기

36 정병기(2003b) 참조.

시작했을 때는 좌파 정당들과 우파 정당들이 별도의 선거 연합을 구성하고 중도 진영 내 상대적 우파인 중도 우파 정당들도 별도의 선거 연합을 구성하는 다극 체제화가 시작되었다.

요약과 함의

순수 비례 대표제를 실시한 이탈리아 '제1공화국'에서는 비비례성 가설이 설명하듯이 선거 연합 정치가 존재하지 않았다. 반면 '제2공화국'에서는 다수 대표제를 근간으로 하는 혼합 제도 시기였던 제1기와 수정 비례 대표제 시기인 제2기에서 모두 선거 연합 정치가 활성화되었다. 이 '제2공화국' 선거 연합 정치는 선거 제도와 정당의 수 및 규모 그리고 이념 및 정책의 거리에 따라 형성되고 변했다.

우선 선거 연합 형성에는 '제2공화국 1기'의 다수 대표제 도입이 핵심적인 요인으로 작용했다. 그러나 25%의 의석에 대해 비례 대표제를 유지하고 상원과 하원에 달리 적용하는 혼합 제도로 인해 선거 연합 정치는 다수 대표제와 비례 대표제 및 상원과 하원에서 달리 전개되었다. 2기표제인 하원 선거의 경우, 비례 대표에서는 선거 연합을 이루되 연합 정당들은 각자 고유 명부로 선거에 임한 것과 달리 다수 대표에서는 단일 명칭의 연합이 선거구마다 단일 후보를 공천한 반면, 1기표제인 상원의 경우는 선거 연합이 비례 대표에서도 공동 명부를 제출하는 경우가 생겨났다.

'제2공화국 2기'의 연합 정치도 선거 제도 변화로부터 영향을 받았다. 전면 비례 대표제지만 안정적 다수 확보를 위한 장치로 보완된 제도가 도입됨으로써 느슨한 형태로나마 선거 연합 정치가 유지되었다. 이러한 변화는 비비례성 가설과 신호 가설을 종합함으로써 설명이 가능하다.

그러나 각 선거 연합들의 내부 세력 관계 조정과 다양한 정당 및 정치 단체들의 구체적 연합 전술 그리고 제1기의 연합 양극 체제 형성과 제2기의 연합 다극 체제 및 양당제 경향은 정당의 수 및 규모와 이념 및 정책의 거리를 함께 고려할 때 설명이 가능하다. 먼저 정당의 수와 규모를 보면, '제2공화국 1기'는 의회 진출 정당의 수가 점차 줄어들기는 했지만 선거 연합을 구성할 정당 수가 언제나 충분히 확보되고 상대적으로 큰 정당들도 두세 개 정당의 연합만으로는 선거 승리를 장담할 수 없을 정도로 파편화된 다당제였다. 따라서 다수의 정당들이 각자 자신의 고유 영역에서 연합을 통해 선거에 임함으로써 점차 두 연합으로 수렴되었다. 또한 (중도-)우파 연합은 주도 정당인 전진이탈리아가 연합 내 비중이 50%를 거의 넘지 못하는 상황에서 민족연맹과 북부동맹의 영향력이 컸던 반면, (중도-)좌파 연합은 주도 정당인 좌파민주당뿐만 아니라 제2당의 비중도 낮아 상대적으로 더 많은 군소 정당들이 결합했다.

이와 달리 '제2공화국 2기'의 2008년 선거에서는 중도-좌파 연합이 먼저 거대 단일 정당으로 통합됨으로써 연합 정당들이 줄어든 반면, 중도-우파 연합은 단일 정당화를 준비하면서 중첩 연합을 구성해 여전히 많은 정당들을 포괄했다. 그러나 공통적으로는 거대 단일 정당화 경향으로 인해 정당 수가 더 줄어들고 양대 정당의 규모가 더욱 커짐으로써 상대적으로 느슨한 형태의 선거 연합들로 재편되었다.

정당의 이념 및 정책과 그 거리는 '제2공화국' 선거 연합 정치에도 최소 거리 연합 이론이 유용함을 보여준다. 이탈리아 정당 체제의 전반적인 중도화나 온건화가 지속되는 가운데, (중도-)좌파 연합이 중도화 경향을 더 강하게 띠어간 반면, (중도-)우파 연합은 상대적으로 우경화 경향을 보였다. 그에 따라 전반적인 중도화 경향이 강화될 때는 연합 양극화가 진행된 반면, (중도-)좌파 연합의 중도화와 (중도-)우파 연합의 상대적 우경화가 강하게 나타날 때는 연합의 다극화가 노정되었다.

그리고 좌파민주당은 마르게리타와 통합할 때까지 지속적인 중도화 추세를 통해 재건공산당과 더욱 거리가 멀어져 박빙의 승부가 예측될 때를 제외하고는 재건공산당과 연합하지 않았다. 또한 북부동맹은 중도화를 완성하고 민족연맹과 지속적인 갈등을 노정했지만, 구기민당 정치로부터의 단절과 연방제 지역주의 노선 및 전진이탈리아의 이중 연합 전술로 인해 연합할 때는 (중도-)좌파 연합이 아니라 온건화된 민족연맹과도 함께 하는 (중도-)우파 연합을 선택했다.

'제2공화국 2기'에 들어선 이탈리아에서 수정 비례 대표제가 지속되고 현재와 같은 정당 체제가 지속되는 한 선거 연합 정치도 지속될 수밖에 없다. 이탈리아는 특히 양대 정당의 규모가 작고 군소 정당들이 많을 뿐 아니라 정당들의 이념과 정책이 다양하고 그 거리가 먼 정당 체제를 가지고 있다. 그로 인해 다양한 정당들이 선거 승리라는 공동 이익을 달성하기 위해 하나의 우산 아래 서로 협력하는 한편 이념적·정책적으로 갈등하고 세력 신장을 두고 경쟁하는 "둥지 튼 게임(nested games)"[37]인 선거 연합 정치가 더욱 활성화되었다. 그러나 선거 제도가 변하지 않는다고 하더라도 이데올로기 스펙트럼의 변화와 맞물려 정당 수가 급격히 줄어든다거나 거대 단일 정당화에 따라 양당제 혹은 삼당제가 정착된다면 선거 연합 정치도 크게 감소하거나 본질적인 변화가 불가피할 것이다.

---

37 Tsebelis, George, 1988, "Nested Games: The Cohesion of French Electoral Coalitions," *British Journal of Political Science*, vol.18, no.2, pp.145~170; Tsebelis, George, 1990, *Nested Games: Rational Choice in Comparative Politics* (California: University of California Press).

제10장

국가별 특징과 선거 연합 정치의 전망

지금까지 한국의 정당 체제와 선거 연합에 대해 대선과 총선으로 나누어 살펴보고, 독일, 프랑스, 이탈리아의 정당 체제와 선거 연합에 대해 총선을 대상으로 고찰하면서 프랑스의 경우에는 대선을 함께 분석했다. 프랑스는 이원 정부제로 대통령을 직선으로 선출하기 때문이다. 선거 제도와 정당 체제 및 선거 연합의 특징을 표로 정리하면 <표 10-1>과 같다. 우리나라를 함께 정리하지 않은 것은 세 나라의 비교를 통해 우리나라에 유용한 종합적인 시사점을 제시하기 위함이다.

우선, 독일은 나치즘에 의한 대중 정치에 대한 두려움과 바이마르 공화국의 정국 불안정이라는 역사적 경험에 의해 의회에 권력이 집중되면서도 총리가 영국에 버금갈 정도로 강력한 '총리 민주주의' 정치가 제도화되었다. 연방제 국가라는 측면에서 바이에른 주같이 역사적으로 강력한 지역주의가 존재함과 동시에 통일 이후 구동독 지역의 민사당을 중심으로 한 새로운 지역주의가 부상하여 정당 체제에 영향을 미쳤다. 인물화 요소를 가미했지만 비례 대표제에 따른 전형적인 의회 중심제 국가로서 하원의 다수당이 주로 연립 정부를 구성한다.

<표 10-1> 국가별 주요 항목 비교 (선거 제도, 정당 체제, 선거 연합)

국가	선거 제도	정당 체제	선거 연합
독일	• 인물화 비례 대표제 • 초과 의석에 따른 총의석수 변동 • 주의회 선거는 기표 방식, 명부 개방 여부, 봉쇄 조항 등에 차이가 있으나 연방의회 선거는 동일 방식을 따름	• 서독의 양당 중심 삼당제 혹은 다당제가 통일 후 독일 전체와 구서독 지역에서 유지 • 통일 후 구동독 지역의 새로운 지역주의 등장 • 연방주별로 다소 차이가 있으나 통일 후 동·서독 지역 간에 특히 차이가 심함	• 2002년 이전에는 간헐적으로 제1기표와 제2기표의 분리 투표 호소로 선거 연합 형성 • 2002년 이후 처음으로 양대 진영에서 선거 연합 결성 • 2005년 처음으로 민사당과 선거대안당이 단일 명부 선거 연합 결성
프랑스	• 대통령과 의원 소선거구 절대 다수 대표제(1986년 이후) • 2차 투표에서 선거 연합 촉진	• 다당제가 대부분 • 드골주의 정당: 최고 지도자에게 권력이 집중된 당 구조 • 사회당: 다양한 정파들의 결합체 • 2017년 선거에서 기존 양당 구도의 전환 조짐	• 다당제의 특징에 따라 통치 연합보다 선거 연합이 활발 • 특히 대통령 결선 투표를 앞둔 좌우 대결 구도의 선거 연합 활발
이탈리아	• 비례 대표제(1993년 이전) • 소선거구 단순 다수 대표제 근간 혼합제(1993~2005년) • 안정적 다수 확보 규정을 둔 비례 대표제(2005년 이후)	• '제1공화국'의 극단적 다당제 혹은 불완전 양당제 • '제2공화국'의 선거 연합 양극 체제의 다당제에서 불완전 양당제로 전환 가능 • 지역주의 정당 존재	• 강력한 선거법 영향 • '제2공화국'에서 선거 연합이 항상적으로 수립(중층적 선거 연합) • 정당 간 세력 안배에 의한 후보 공천("다수 대표제 안에 숨겨진 비례 대표제") • 지역별로(해외 선거구도 별개로) 다양한 선거 연합 결성

독일 정당 체제는 상대적으로 높은 봉쇄 조항(연방 전체 5%, 직접 출마 후보 1위 3명)으로 제3당에게 다소 불리한 비례 대표제로 인해 사민당과 기민/기사연이 주축이 되는 삼당제에서 통일 전후 온건 다당제로 전환했

다. 통일 이전과 직후에는 주로 선거 이후 통치 연합 협상을 통해 연립 정부가 출범했으며, 직접 출마자에 대한 제1기표와 정당 명부에 대한 제2기표를 분리해서 행사하도록 호소하는 방식으로서, 연합체 형태가 아닌 선거 유세상 느슨한 선거 연합을 간헐적으로 구성했다. 반면 2002년부터는 양대 진영이 모두 선거 연합을 통해 총선에 임하고 선거 연합이 통치 연합으로 연결되는 현상이 생겨났다. 또한 2005년 좌파당으로 통합되는 선거대안당과 민사당의 단일 명부 선거 연합은 제2차 대전 이후 독일 역사상 최초의 시도로 평가된다.

프랑스는 전면 절대 다수 대표제라는 점에서 특수성을 가진다. 영국보다는 덜하지만 다수 대표제에 의해 제3당에게는 다소 불리한 제도가 운영되고 있다. 수차례에 걸쳐 단기간의 사회당 단독 정부가 구성되었고 2007~12년 동안 국민운동연합의 단독 정부가 구성되었지만 대체적으로 통치 연합 혹은 선거 연합에 의한 연립 정부가 형성되었다. 절대 다수 대표제지만, 프랑스 대혁명의 전통과 다양한 이념의 발전으로 프랑스 정당 체제는 정당들 간 이데올로기적 스펙트럼이 다양하고 그 차이 역시 상당히 넓은 편이어서 다당제가 자리잡았다. 트로츠키 계열의 극좌 정당에서부터 극우파인 르펜(Le Pen)의 민족전선(FN)에 이르기까지 정당의 분포가 다양하다. 주로 권력을 장악하는 정당은 온건 우파 정당인 드골주의 정당(RPR 혹은 UMP, RP 등)이거나 온건 좌파 정당인 사회당이었다. 물론 드골주의 정당이나 사회당이 독자적으로 권력을 장악하는 경우는 없었다. 자연스럽게 드골주의 정당은 우파 정당인 자유민주당과 우파 연합 정권을 형성하고, 사회당은 공산당 및 녹색당과 좌파 연합 정권을 형성하여 왔다. 이 경우 내각에 일정한 지분을 할애하고 정책에 있어서 일정한 양보와 타협을 통해 연합 정권을 유지한다. 그리고 극우 정당과 극좌 정당이 연합 정권에 참여하는 경우는 없었다.[1]

프랑스는 1980년대 이후 총리가 소속된 의회 다수당과 대통령 소속 정당이 다른 동거 정부를 세 차례 경험한 바 있다. 그로 인해 헌법 개정을 통해 대통령의 임기와 국회의원의 임기를 동일하게 5년으로 일치시킴으로써 동거 정부가 출현할 가능성을 상당 부분 제거했다. 그에 따라 대통령의 권한이 훨씬 막강해졌다고 볼 수 있지만, 최근 헌법 개정을 통해 의회의 권한 역시 확대되었다. 그럼에도 불구하고 대통령 리더십은 여전히 강력한 것이 사실이다. 일반적으로 대통령 선거가 끝난 뒤 2개월 정도 후에 의회 총선이 있으므로 대통령 소속 정당이 다수파가 될 가능성이 크다. 대통령 소속 정당을 중심으로 선거 연합 및 통치 연합이 형성되기 때문이다.

2017년 총선은 이 선거법 개정의 효과가 가장 두드러지게 나타난 경우였다. 의회 의석을 전혀 갖지 않았던 신생 정당인 전진공화국(LREM)이 자당 후보 마크롱(Macron)의 대선 승리 후 총선에서 과반을 넘는 다수당이 되었기 때문이다. 게다가 이 선거는 사회당의 몰락과 더불어 기성 양대 정당 체제의 붕괴를 가져왔으며, 연합 정치에도 큰 변화를 일으켰다. 대선과 총선에서 모두 선거 연합이 더 활발해졌으며, 특히 총선에서는 좌, 우, 중도의 연합 삼파전이 형성된 것이다. 이 연합 정치는 향후 정당 체제에도 큰 변화를 가져올 것으로 보인다.

이탈리아도 프랑스처럼 선거 제도가 여러 번 바뀌었으며 이데올로기 스펙트럼도 매우 넓다. 특히 순수 비례 대표제를 오래 실시해오면서 극단적 다당제까지 경험했다. 하지만 1993년 이후 '제2공화국'은 단순 다수 대표제 도입에 따라 항상 선거 연합이 형성되어 총선이 치러졌으며, 선거 연합은 연합체들이 다시 상급 연합체를 구성하는 중층적 연합 정치로 나타났다. 게다가 역사적 하부 정치 문화에 따라 점차 양대 선거 연합에 의

---

1 2012년 이후 급진좌파당(PRG)이 통치 연합에 참가했으나 이 당은 당명과 달리 이데올로기적으로는 사회적 자유주의 정당으로 분류된다.

한 '선거 연합 양극 체제'로 전환해 갔다. 그러나 이 연합 정치도 과거 순수 비례 대표제 시기에 형성되었던 다당제가 지속됨으로써 후보 공천이 연합 내 정당들 간 세력 안배에 따라 결정되는 "다수 대표제 안에 숨겨진 비례 대표제"로 현상했다.

그에 따라 선거법은 재차 개정이 논의되어 2005년에 안정적 다수 확보를 위한 장치로 보완한 전면 비례 대표제로 복귀했다. 특히 새로운 선거법은 정당뿐만 아니라 선거 연합도 정당과 같은 정치 행위자로 규정함으로써 선거 연합 정치를 지속시켰고, 이로 인해 이탈리아는 전면 비례 대표제에서 선거 연합이 활발하게 작동하는, 비비례성 원칙 예외의 전형적인 사례가 되었다. 그러나 다른 한편으로는 안정적 다수 확보 장치로 말미암아 민주당과 자유국민당이라는 양대 정당이 형성됨으로써 양당 중심제적이면서도 연합 정치가 활성화되는 특이한 상황이 연출되었다. 2005년 선거법 개정 이후 이탈리아 정당 정치는 아직 시험대에 올라 있는 상황이어서 향후 추이를 더 눈여겨 볼 필요가 있다.

세 나라 모두 선거 제도와 무관하게 연합 정치, 특히 선거 연합이 활발하게 전개되었다는 점에서 공통적이다. 물론 영국처럼 전면적인 단순 다수제가 아니라는 점을 주요 원인으로 설명할 수 있다. 하지만 이탈리아의 경우를 보면 75%의 단순 다수제에서도 연합 정치가 활발했다. 이러한 현상은 선거 제도보다 정당 체제에 기인하는 것으로 보인다. 독일도 과거 양당 중심의 삼당제가 자리 잡았을 때에는 통치 연합이 이루어졌을지라도 선거 연합을 거치지 않은 통치 연합이었기 때문이다.

연합 정치에 중요한 영향을 미친 제3의 변수는 지역주의의 존재나 강력한 제3의 정치 세력의 등장이었다. 독일에서 구동독 지역의 민사당이 급속히 성장한 점과 프랑스에서 민족전선이 선전하고 전진공화국이 급부상한 것 그리고 이탈리아의 남·북부 지역 차이가 그것이다. 이 요인은 선거 연합을 단순히 촉진시키거나 약화시켰다기보다는 각 나라의 특수한 사정에 따라 연합 정치의 구체적 전개에 영향을 미친 것으로 나타난다. 이와 같이 연합 정치는 선거 제도보다는 정당 체제 및 이에 영향을 미치는 제3의 변수에 의해 더 크게 영향을 받는 것으로 볼 수 있다.

또한 위 표에서 요약하지는 않았지만 제4장에서 보았듯이 선거 연합은 선거 제도가 정당 체제에 미치는 효과를 차단할 수 있는 중요한 정치 행위자적 요인이다. 절대 다수제 국가인 프랑스에서 다당제가 가장 자주 나타났으며, 단순 다수제를 근간으로 한 이탈리아 '제2공화국' 시기에서도 극단적 다당제가 유지되었다. 다만 이탈리아의 극단적 다당제에서 선거 연합을 통해 양극 체제가 출현했을 뿐이다. 독일의 경우도 다당제 성격이 강화되자 진영 간 선거 연합이 결성되어 연합에 의한 양당제 효과가 다시 나타나기도 했다. 이와 같이 선거 연합이 선거 제도 효과를 차단하는 경향이 있다는 사실을 고려하면, 정당 체제는 역으로 선거 제도보다는 선거 연합에 의해 더 크게 영향을 받는다고 할 수 있다.

연합 전략의 경우는 표에서 요약하지 않았다. 그것은 선거 연합들이 나라마다 매우 다양하게 출현했을 뿐만 아니라, 각 선거 연합들도 상황에 따라 전략을 달리하기 때문이다. 다만 한 가지 분명한 것은, 이념 및 정책의 거리가 가까운 정당들의 연합일 경우에는 연대 전략에 더 중점을 두는 반면, 그 거리가 먼 정당들이 공직 추구를 우선 목표로 결성한 연합일 경우에는 상대적으로 전선 전략에 역점을 두었다는 점이다.

우리나라에서는 선거 연합이 자주 등장하지 않았다. 하지만 단순 다수제를 근간으로 하면서도 지역주의가 심한 상황에서 선거 연합은 언제든 다시 등장할 수 있다. 물론 지역주의가 점차 약화되고 비례 대표제 확대가 공론화되고 있어 새로운 환경이 조성될 가능성이 높다. 하지만 독일, 프랑스, 이탈리아의 사례를 볼 때 다당제가 존재하고 양대 정당 간 정권 교체가 쉽게 이루어지는 조건이 생겨나지 않는 한 선거 연합은 필연적 현상이 될 수밖에 없다.

선거 연합은 선거 이전에 결성되어 유권자들로부터 선택받는다는 점에서 통치 연합보다 대의 민주주의와 선거 제도의 취지에 더 적합하다. 그러나 후보 공천을 비롯해 공약과 정책 등을 타협하며 절충하는 과정은 유권자들로부터 직접 선택받을 수 없는 경우가 많다. 이러한 점은 일정하게나마 유권자의 선택을 제한하는 결과를 낳는다. 이것은 또한 선거 제도의 영향을 차단하는 효과를 통해 선거 제도의 올바른 취지가 정당 행위에 의해 제약되는 것으로 연결될 수 있다.

이러한 부정적 요소들은 물론 유권자의 선택과 심판에 따른 것이고 그렇기 때문에 최종적으로 유권자들의 책임으로 귀결된다. 하지만 선거 제도나 정당 조직처럼 선거 연합도 법과 제도적 장치를 통해 그 부정적 효과를 최소화하고 긍정적 효과를 최대화할 수 있다. 이탈리아에서 선거 연합을 정당과 동일한 행위자로 인정하고 독일과 네덜란드 등지에서도 정당 외 다양한 조직들이 큰 차별 없이 선거에 참여할 수 있도록 보장한 것이 그 예들이다. 우리나라에서도 선거 연합이 필연적 정치 현상이 되어가는 만큼 그 제도적 장치를 마련하기 위한 노력이 요구된다.

참고문헌

강명세, 2012, "제19대 총선: 예비 경선, 쟁점의 실종 그리고 영남의 분화?," 『국가전략』 제18권 2호(세종연구소), 5~27쪽.

강원택, 2003, "16대 대선과 세대," 김세균(편), 『16대 대선의 선거 과정과 의의』, 서울: 서울대학교출판부, 157~179쪽.

강원택, 2012, "3당 합당과 한국 정당 정치," 『한국정당학회보』 제11권 1호(한국정당학회), 171~193쪽.

고상두·기주옥, 2013, "극우 정당 출현의 제약 요인 분석: 스페인 사례 연구," 『한국정치학회보』 제47집 1호(한국정치학회), 185~203쪽.

고원, 2010, "2010년 한국의 지방 선거와 연합 정치의 쟁점," 『동향과 전망』 제80호(한국사회과학연구소), 45~76쪽.

곽진영, 2001, "한국 정당 체계의 민주화: 정당 - 국가 간 관계를 중심으로," 『의정연구』 제7권 1호(한국의회발전연구회), 34~62쪽.

국민참여당 창당 제안문, http://www.handypia.org/mbstop/bbs/391686(검색일: 2012.06.10).

김기석, 2003, "대통령제와 내각 책임제 하에서의 연립 정권 비교 연구: 1990년대의 한국과 일본," 『국제정치논총』 제43집 2호(한국국제정치학회), 151~174쪽.

김범수, 2010, "연합 정치의 경험과 전망: 고양무지개연대 사례 연구," 『동향과 전망』 제80호(한국사회과학연구소), 77~105쪽.

김병권, 2008, "17대 대선, 그 표심으로부터 찾는 진보의 희망," 새로운 사회를 여는 연구원(편), 『이명박 시대의 대한민국』, 서울: 시대의 창, 17~32쪽.

김수진·박경미, 2003, “선거 제도가 정당 체제에 미치는 효과 연구: 프랑스와 이탈리아의 동일한 선거 제도 개혁의 상이한 결과,” 『사회과학연구논총』 제11권(이화여자대학교 사회과학연구소), 149~169쪽.

김영일, 2007, “프랑스의 정당과 선거 제도,” 미네르바정치연구회(편), 『지구촌의 선거와 정당』, 서울: 한국외국어대학교 출판부, 466~494쪽.

김영태, 2003, “16대 대선 후보 선정 및 후보 단일화 과정에 대한 분석,” 한국정치학회 춘계 학술회의 발표 논문.

김유선, 2011, 『비정규직 규모와 실태: 통계청, ‘경제활동인구조사 부가조사’(2011.08) 결과』, 서울: 한국노동사회연구소.

김종법, 2012, 『현대 이탈리아 정치 사회: 굴절과 미완성의 역사와 문화』, 서울: 바오.

김종우, 2002, “鄭, 지지 철회 발단과 배경,” 『연합뉴스』, 12.19, http://news.naver.com/main/read.nhn?mode=LSD&mid=sec&sid1=100&oid=001&aid=0000292522(검색일: 2013.05.26.)

김형준, 2012, “4·11 총선 평가와 유권자 재편성 고찰,” 『국가전략』 제18권 2호(세종연구소), 29~57쪽.

김형철, 2012, “제19대 총선, 야권 연대의 성과와 향후 전망,” 한국정치연구회·성공회대 민주주의 연구소 공동학술대회, 서울 서강대, 4월.

노희준, 2012, “총선마다 현역 물갈이가 정치 개혁인가?,” 『뉴스핌』, 03.20, http://www.newspim.com/view.jsp?newsId=20120320000382(검색일: 2012.06.10.)

도묘연, 2012, “기초 의회 정당 구도와 선거 연합의 관계성에 대한 탐색적 연구: 제5회 시·군·구 선거 연합을 사례로,” 『21세기정치학회보』 제22집 3호(21세기정치학회), 239~265쪽.

독일연방헌법재판소 판결문(2008.07.03.), http://www.bundesverfassungsgericht.de/entschei dungen/cs20080703_2bvc000107.html(검색일: 2012.09.03.)

독일연방헌법재판소 판결문(2012.07.25.), http://www.bverfg.de/entscheidungen/fs20120725 _2bvf000311.html?Suchbegriff=%DCberhangmandate(검색일: 2012.10.30.)

류정화·손국희, 2012, “현역 교체율 62% … 둘 중 한 명은 초선,” 『중앙일보』 04.13, http://article.joinsmsn.com/news/article/article.asp?ctg=10&Total_ID=7885678(검색일: 2012.06.10.)

문용직, 1993, “1990년 3당 합당의 분석,” 『한국과 국제정치』 제9권 1호(경남대학교 극동문제연구소), 67~88쪽.

민주노동당 강령, 네이버 지식백과, http://terms.naver.com/entry.nhn?docId=727233&mobile&categoryId=2270#TABLE_OF_CONTENT4(검색일: 2012.06.10.)

민주노동당 총선대책본부, 2008, 『18대 국회의원 총선거 민주노동당 18·49 민생정책 과제』(3월 18일 발표).

민주노동당, 2004, 『민주노동당 17대 총선 핵심 공약』(3월 11일 발표).

박혜경, 2002, “e윈컴 여론 조사 분석 (4): 정풍 진원지,” 『시사 1번지 폴리뉴스』, 09.24, http://www.polinews.co.kr/news/articleView.html?idxno=3096(검색일: 2013.05.25.)

박홍두, 2011, “민노·참여 합당 좌절… 다시 힘 받는 진보 대통합,” 『경향신문』 09.25, http://news.khan.co.kr/kh_news/khan_art_view.html?artid=201109252203125&code=910402(검색일: 2012.06.10.)

배성인, 2010, “6·2지방 선거와 선거 연합: 쟁점에 대한 이해와 분석,” 『마르크스주의 연구』 제7권 2호(경상대학교 사회과학연구원), 170~200쪽.

배성인, 2014, “19대 총선과 진보 정당: 이슈와 전망 - 평가, 야권 연대, 선거 전략,” 『경제와 사회』 제103호(비판사회학회), 313~343쪽.

백윤철, 2009, “프랑스 선거 제도에 관한 연구,” 『세계헌법연구』 제15권 1호(국제헌법학회), 153~166쪽.

변해철, 1999, “프랑스 헌법상의 선거 제도: 하원 선거를 중심으로,” 『국제지역연구』 제3권 2호(한국외국어대학교 국제지역연구센터), 3~25쪽.

서복경, 2012, “19대 총선과 정당 체제의 사회적 기반,” 한국정치연구회·성공회대 민주주의 연구소 공동학술대회, 서울 서강대, 4월.

손성민·김준석, 2012, “후보 단일화 그리고 ‘권력 나누기’의 메커니즘: 한국 대통령 선거 연합 형성의 신호 게임(Signaling Game) 접근,” 『한국정당학회보』 제11권 1호(한국정당학회), 113~138쪽.

손호철, 2010, “연합 정치를 말한다: 진보 정치의 재구성을 중심으로,” 『진보평론』 제46호(겨울호), 132~187쪽.

신기현, 1984, “연립 이론과 연립 형성에 관한 연구,” 『사회과학연구』 제11집(전북대학교 사회과학연구소), 143~165쪽.

심지연, 2004, 『한국 정당 정치사: 위기와 통합의 정치』, 서울: 백산서당.

이상훈·전준범, 2012, “19대 총선 결과 분석과 전망,” 사회진보연대 정책위원회 보고서.

이정진, 2003, “정당 연합과 지역주의,” 『한국과 국제정치』 제19권 3호(경남대학교 극동문제연구소), 111~138쪽.

이정진, 2006, “한국 정당 체계의 변화와 계급 정당의 가능성,” 『정치비평』 제17호(한국정치연구회), 85~114쪽.

이정진, 2007, “재편성 개념으로 분석한 한국 정당 체계의 변화: 미국 및 유럽 사례와의 비교분석,” 『한국정치외교사논총』 제28집 2호(한국정치외교사학회), 109~138쪽.

이탈리아 내무부, http://elezionistorico.interno.it.

이현지, 2003, “정치적 이념의 형성과 가치 변화: 16대 대선에 나타난 ‘비동시성’의 동시성’의 문제를 중심으로,” 『동아시아연구』 제7호(고려대학교 동아시아교육연구단), 125~148쪽.

인터뷰, 2011년 1월 13일 민주당 하원의원 Federica Mogherini.

임홍배·송태수·정병기, 2011, 『기초 자료로 본 독일 통일 20년』, 서울: 서울대학교출판문화원.

장훈, 2001, “한국 대통령제의 불안정성의 기원: 분점 정부의 제도적, 사회적, 정치적 기원,” 『한국정치학회보』 제35집 4호(한국정치학회), 107~127쪽.

장훈, 2003, “카르텔 정당 체제의 형성과 발전: 민주화 이후 한국의 경우,” 『한국과 국제정치』 제19권 4호(경남대학교 극동문제연구소), 31~59쪽.

장훈, 2004, “프랑스의 정치 제도와 정치 과정,” 유럽정치연구회(편), 『유럽정치』, 서울: 백산서당, 제6장.

정병기, 2000, “이탈리아 정치적 지역주의의 생성과 북부동맹당(Lega Nord)의 변천,” 『한국정치학회보』 제34집 4호(한국정치학회), 397~419쪽.
정병기, 2003a, “이탈리아 정치 사회 변동과 중도-좌파 정부(1996~2001) 정책: 재정 경제 정책, 제도 개혁 정책, 사회 노동 정책과 그 영향 요인을 중심으로,” 『한국정치학회보』 제37집 3호(한국정치학회), 219~239쪽.
정병기, 2003b, “정치 변동과 정당 특성 분석을 통해 본 전진이탈리아(Forza Italia)의 성공 요인과 전망,” 『국제·지역연구』 제12집 1호(서울대학교 국제대학원), 91~111쪽.
정병기, 2006, “2006년 이탈리아 총선: 중도-좌파의 승리 요인과 정당 체제의 변화,” 『진보평론』 통권 28호, 188~209쪽.
정병기, 2009a, “정당 정치와 진보 정당의 과제: 이념 구도 변화에 따른 한국 진보 정당의 전망,” 『한국과 국제정치』 제25집 1호(경남대학교 극동문제연구소), 93~118쪽.
정병기, 2009b, “민주화 이후 한국 정당 체제의 현황과 전망: 보수적 지역주의 카르텔 정당 체제의 형성과 해체,” 『대한정치학회보』 제17집 2호(대한정치학회), 45~71쪽.
정병기, 2010, “독일 민사당(PDS)/좌파당(Die Linke)의 친근로자적 국민 정당화와 지역주의 딜레마,” 『한국정당학회보』 제9권 1호(한국정당학회), 67~93쪽.
정병기, 2011a, “통일 독일 구동독 지역 정당 체제: 연방주별 특수성이 반영된 새로운 다양성,” 『한국정치학회보』 제45집 4호(한국정치학회), 319~344쪽.
정병기, 2011b, “이탈리아 정당 체제의 변화: ‘제2공화국’ 경쟁적 양당제로의 재편,” 『지중해지역연구』 제13권 1호(부산외국어대학교 지중해지역원), 213~246쪽.
정병기, 2012a, “이탈리아 ‘제2공화국’ 선거 연합 정치의 주요 요인과 특징,” 『한국정치학회보』 제46집 4호(한국정치학회), 73~99쪽.
정병기, 2012b, “19대 총선과 정당 체제 전망: 연합 정치의 효과,” 『의정연구』 제18권 2호(한국의회발전연구회), 65~94쪽.
정병기, 2012c, “2012년 그리스 총선,” 『선거연구』 제2권 2호(한국선거학회), 241~250쪽.

정병기, 2012d, “19대 총선: 진보 정치를 위한 제도 개선의 필요성,” 『레프트대구』 제5호, 133~148쪽.

정병기, 2014a, “선거 연합 연구의 한계 검토와 재분류 및 일반 이론 구성을 위한 메타 이론적 시론(試論),” 『한국정치연구』 제23집 1호(서울대학교 한국정치연구소), 51~73쪽.

정병기, 2014b, “독일 선거 연합의 유형, 목표 및 전략의 성격과 영향 요인,” 『유럽연구』 제32권 4호(한국유럽학회), 213~238쪽.

정병기, 2015a, “프랑스 제5공화국의 선거 연합 정치: 선거 제도와 정당 체제에 따른 특징,” 『유럽연구』 제33권 1호(한국유럽학회), 37~67쪽.

정병기, 2015b, “그리스 제3공화국 정당 체제: 일당 우위제와 불완전 양당제의 해체 및 재편,” 『지중해지역연구』 제17권 2호(부산외국어대학교 지중해지역원), 33~59쪽.

정병기, 2015c, “그리스 정당 체제의 변화와 급진좌파연합(SYRIZA)의 등장 및 특성과 전망: 2012년 총선 이후를 중심으로,” 『마르크스주의 연구』 제12권 4호(경상대학교 사회과학연구원), 214~240쪽.

정병기, 2016, “한국 대선 선거 연합의 성격과 정당 체제적 요인,” 『대한정치학회보』 제24집 3호(대한정치학회), 221~242쪽.

정병기, 2017, “정당 체제에 대한 선거 제도의 영향과 선거 연합의 차단 효과: 프랑스, 이탈리아, 스페인, 그리스,” 『지중해지역연구』 제13권 1호(부산외국어대학교 지중해지역원), 95~123쪽.

정상호, 2009, “진보 개혁 진영의 정책 이념의 현황과 연합 정치의 발전 과제,” 『사회과학연구』 제33집 1호(전북대학교 사회과학연구소), 49~77쪽.

정진민, 2001, “민주화 이후 한국 정당 체계의 변화: 정당 체계 재편성 가능성을 중심으로,” 『의정연구』 제7권 2호(한국의회발전연구회), 201~222쪽.

정치학대사전편찬위원회(편), 2002, 『21세기 정치학 대사전』, 서울: 아카데미리서치.

조성대, 2013, “민주화 이후 한국 대통령 선거에서 제3후보 현상과 선거 연합에 관한 연구,” 『선거연구』 제3권 1호(한국선거학회), 73~107쪽.

조성대·홍재우, 2012, “연합 정치의 비교 정치적 맥락과 한국적 수용,” 『역사비평』 제98호(역사문제연구소), 24~56쪽.

조현연, 1997, "15대 대통령 선거와 'DJP 지역 연합'," 『동향과 전망』 제33호(한국사회과학연구소), 103~131쪽.

중앙선거관리위원회 선거통계시스템, http://info.nec.go.kr.

중앙선거관리위원회, 2009, 『대한민국 선거사』 제6집(1993.2.25~1998.2.24), 서울: 중앙선거관리위원회.

진영재, 1999, "'유효 정당 수'(Effective Number of Parties) 계산법의 문제점: 정당 연합 이론을 중심으로," 『한국정치학회보』 제33집 4호(한국정치학회), 327~341쪽.

채미화, 2002, "2002년 프랑스 대통령 선거와 정당 정치의 미래," 『국제지역정보』 제6권 6호(한국외국어대학교 국제지역연구센터), 2~5쪽.

최성진, 2012, "무상 급식·부자 증세 비슷 … 영리 병원·원전은 뚜렷한 차이," 『한겨레』 03.30, http://www.hani.co.kr/arti/politics/assembly/526075.html(검색일: 2012.06.10.)

최용환·최성환·김소연·김종갑·임정관, 2016, 『경기도 연합 정치의 평가와 과제』, 정책연구 2016-20, 경기연구원.

최장집, 2002, 『민주화 이후의 민주주의』, 서울: 후마니타스.

최장집, 2011, "선거/정치 연합과 '부분 체제' - 하나의 제언," 『노동연구』 제22집(고려대학교 노동문제연구소), 5~30쪽.

최장집, 2002, 『민주화 이후의 민주주의』, 서울: 후마니타스.

한상익, 2012, "제5회 동시 지방 선거 선거 연합의 특징과 효과에 대한 시론적 연구: 선거구 경쟁 조건, 선거 효과를 중심으로," 『한국정치연구』 제21집 1호(서울대학교 한국정치연구소), 55~77쪽.

현석훈, 2011, "민노당 당대회, 90.1% 찬성으로 진보 대통합 승인," 『민중의 소리』 11.27, http://www.vop.co.kr/A00000452550.html(검색일: 2012.06.10.)

현재호, 2004, "민주화 이후 정당 간 연합에 관한 연구: DJP 연합을 중심으로," 『아세아연구』 제47권 1호(고려대 아세아문제연구소), 147~214쪽.

홍재우, 2012, "선거 제도와 연합 정치: 이론, 원칙 그리고 쟁점," 『선거연구』 제2

권 2호(한국선거학회), 87~126쪽.

홍재우·김형철·조성대, 2012, “대통령제와 연립 정부: 제도적 한계의 제도적 해결,” 『한국정치학회보』 제46집 1호(한국정치학회), 89~112쪽.

Amiel, Géraldine and Max Colchester, 2011, “French Opposition Parties Reach Election Alliance,” *The Wall Street Journal*, 11.20, http://www.wsj.com/articles/SB10001424052970203710704577050214129882158 (검색일: 2015.01.06.)

Andersen, Uwe und Wichard Woyke (Hg.), 2003, *Handwörterbuch des politischen Systems der Bundesrepublik Deutschland*, Opladen: Leske + Budrich.

Austin-Smith, David and Jeffrey Banks, 1990, “Stable Portfolio Allocations,” *American Political Science Review*, vol.84, pp.891~906.

Axelord, Robert, 1970, *Conflict of Interest: A Theory of Divergent Goals with Applications to Politics*, Chicago: Markham.

Baron, David P. and John A. Ferejohn, 1989, “Bargaining in Legislatures,” *American Political Science Review*, vol.83, pp.1181~1206.

Bell, David S., 2002, “The Essence of Presidential Leadership in France: Pompidou, Giscard, Mitterrand, and Chirac as Coalition Builders,” *Politics & Policy*, vol.30, no.2, pp.372~396.

Bellucci, Paolo, Marco Maraffi and Paolo Segatti, 2001, “Il congresso dei DS,” Mario Cacciagli and Alan Zuckermann (a cura di), *Politica in Italia: I fatti dell'anno e le interpretazini*, Bologna: Il Mulino, pp.71~87.

Blais, André and Peter John Loewen, 2009, “The French Electoral System and its Effects,” *West European Politics*, vol.32, no.2, pp.345~359.

Blondel, Jean, 1969, *An Introduction to Comparative Government*, New York: Praeger Publishers.

Boix, Charles, 2010, “Electoral Markets, Party Strategies, and Proportional Representation,” *American Political Science Review*, vol.104, no.2, pp.404~413.

Brütting, Richard (Hg.), 1997, *Italien-Lexikon*, Berlin: ESV.

Budge, Ian, 2001, "Validating the Manifesto Research Group Approach," Michael Laver (ed.), *Estimating the Policy Position of Political Actors*, London and New York: Routledge, pp.50~65.

Burton, Michael, Richard Gunter and John Higley, 1992, "Introduction: Elite Transformations and Democratic Regimes," John Higley and Richard Gunther (eds.), *Elites and Democratic Consolidation in Latin America and Southern Europe*, Cambridge: Cambridge University Press, pp.1~37.

Bytzek, Evelyn, 2013, "Präferenzbildung in Zeiten von 'Koalitionspolygamie': Eine Untersuchung von Einflüssen auf Koalitionspräferenzen bei der Bundestagswahl 2009," Thorsten Faas, Kai Arzheimer, Sigrid Roßteutscher und Bernhard Weßels (Hg.), *Koalitionen, Kandidaten, Kommunikation: Analysen zur Bundestagswahl 2009*, Wiesbaden: Springer VS, S.43~56.

Carroll, Royce and Gary W. Cox, 2007, "The Logic of Gamson's Law: Pre-election Coalitions and Portfolio Allocations," *American Journal of Political Science*, vol.51, no.2, pp.300~313.

Cheibub, Josè A., 2002, "Minority Governments, Deadlock Situation, and the Survival of Presidential Democracy," *Comparative Political Studies*, vol.35, no.3, pp.284~312.

Cheibub, Josè A. and Fernando Limongi, 2002, "Democratic Institutions and Regime Survival: Parliamentary and Presidential Democracies Reconsidered," *Annual Journal of Political Science*, vol.5, pp.151~179.

Chhibber, Pradeep and Mariano Torcal, 1997, "Elite Strategy, Social Cleavages, and Party Systems in a New Democracy: Spain," *Comparative Political Studies*. vol.30, no.1. pp.27~54.

Chiaramonte, Alessandro e Aldo Di Virgilio, 2006, "Da una riforma elettorale all'altra: Partiti, coalizioni e processi di apprendimento," *Rivista Italiana di Scienza Politica*, vol.36, no.3, pp.354~391.

Cole, Alistair, 2002, "A Strange Affair: The 2002 Presidential and Parliamentary Elections in France," *Government and Opposition*, vol.37, no.3, pp.317~342.

Conti, Nicolò, 2008, "On Political Fragmentation: Stay In or Stay Out? The Role of Small Parties in the Italian Centre-left," *Journal of Modern Italian Studies*, vol.13, no.3, pp.388~404.

Cox, Gary W., 1997, *Making Votes Count: Strategic Coordination in the World's Electoral Systems*, New York: Cambridge University Press.

Cressati, Claudio, 1994, "Einigung, Föderalisierung, Zerfall? Italien und die Lega Nord," *Ethnos-Nation. Eine europäische Zeitschrift*, Jg.2, H.1, S.19~28.

De Swaan, Abram, 1973, *Coalition Theories and Cabinet Formation: A Study of Formal Theories of Coalition Formation Applied to Nine European Parliaments after 1918*, Amsterdam: Elsevier.

Debus, Marc, 2007, *Pre-electoral Alliances, Coalition Rejections, and Multiparty Governments*, Baden-Baden: Nomos.

Decker, Frank, 2009, "Koalitionsaussagen und Koalitionsbildung," *Aus Politik und Zeitgeschichte*, Jg.59, B51, S.20~26.

Decker, Frank and Volker Best, 2011, "Lost in the New Five-Party System? Coalition Options and Strategies of the German Social Democratic Party in the Run-up to the 2013 Federal Elections," Berlin: Friedrich-Ebert-Stiftung.

Decker, Frank und Eckhard Jesse, 2013, "'Koalitionspolitik' vor und nach der Bundestagswahl," *Aus Politik und Zeitgeschichte*, Jg.63, B48/49, S.47~54.

Deloy, Corinne, 2012, "Le président sortant Nicolas Sarkozy et le socialiste François Hollande sont au coude-à-coude pour le premier tour de l'élection présidentielle française," Election présidentielle en France, 22 avril et 6 mai, Fondation Robert Schuman.

Denquin, Jean-Marie, 2001, "Existe t-il des remèdes à la cohabitation," Frédéric

Rouvillois (sous la direction de), *La cohabitation, fin de la République?*, Paris: Office d'Édition Impression Librairie, pp.175~185.

Di Virgilio, Aldo, 2007, "Nuovo sistema elettorale e strategie di competizione: Quanto è cambiata l'offerta politica?," Roberto D'Alimonte e Alessandro Chiaramonte (a cura di), *Proporzionale ma non solo: Le elezioni politiche del 2006*, Bologna: Il Mulino, pp.191~241.

Diamanti, Ilvo, 1995, *La Lega: Geografia, storia e sociologia di un soggetto politico, nuva edizione riveduta e ampliata*, Roma: Donzelli.

Diamanti, Ilvo, 2007, "The Italian Centre-Right and Centre-Left: Between Parties and 'the Party'," *West European Politics*, vol.30, no.4, pp.733~762.

Diermeier, Daniel, Hülya Eraslan and Antonio Merlo, 2003, "A Structural Model of Government Formation," *Econometrica*, vol.71, no.1, pp.27~70.

Dodd, Lawrence C., 1976, *Coalitions in Parliamentary Government*, Princeton, NJ: Princeton University Press.

Downs, Anthony, 1957, *An Economic Theory of Democracy*, New York: Harper & Row.

Du Roy, Albert and Robert Schneider, 1982, *Le Roman de la Rose: D'Épinay à l'Élysée, l'aventure des socialistes*, Paris: E′ ditions du Seuil.

Duverger, Maurice, 1963, *Political Parties: Their Organization and Activity in the Modern State*, translated by B. and R. North., New York: Wiley, Science Ed.

Duverger, Maurice, 1978, *Political Parties*, London: Methuen & Co., Ltd.

Duverger, Maurice, 1996, *Le système politique Francçaise*, 21e éd., Paris: PUF.

Élections législatives, http://www.france-politique.fr/elections-legislatives.htm (검색일: 2017.06.22.)

Elmo, Timoteus, 2011, *Cohabitation (Politique): Président de la République, Monisme et dualisme dans le régime parlementaire, Pouvoir exécutuf, Gouvernement*, Mauritius: Loc Publishing.

Faas, Thorsten, Kai Arzheimer, Sigrid Roßteutscher und Bernhard Weßels, 2013,

"Koalitionen, Kandidaten, Kommunikation: Die (un)gewöhnliche Bundestagswahl vom 27. September 2009," Thorsten Faas, Kai Arzheimer, Sigrid Roßteutscher und Bernhard Weßels (Hg.), *Koalitionen, Kandidaten, Kommunikation: Analysen zur Bundestagswahl 2009*, Wiesbaden: Springer VS, S.7~14.

Floridia, Antonio, 2008, "Gulliver Unbound, Possible Electoral Reforms and the 2008 Italian Election: Towards an End to 'Fragmented Bipolarity'?," *Modern Italy*, vol.13, no.3, pp.317~332.

"French legislative election, 2017," https://en.wikipedia.org/wiki/French_legislative_election,_2017 (검색일: 2017.06.22.)

"French presidential election, 2017," https://en.wikipedia.org/wiki/French_presidential_election,_2017 (검색일: 2017.06.22.)

Fruncillo, Domenico, 2010, *Politica senza reti: L'Italia al voto nel 2006 e nel 2008*, Roma: CRS.

Galli, Giorgio, 1967, *Il bipartitismo imperfetto, Comunisti e democristiani in Italia*, 2nd ed., Bologna: Il Mulino.

Gamson, William A., 1961a, "A Theory of Coalition Formation," *American Sociological Review*, vol.26, no.6, pp.373~382.

Gamson, William A., 1961b, "An Experimental Test of a Theory of Coalition Formation," *American Sociological Review*, vol.26, no.7, pp.565~573.

Gamson, William A., 1962, "Coalition Formation at Presidential Nominating Conventions, *The American Journal of Sociology*, vol.68, no.2, pp.157~171.

Gamson, William A., 1964, "Experimental Studies of Coalition Formation," Leonard Berkowitz (ed.), *Advances in Experimental Social Psychology*, vol.1, New York: Academic, pp.82~110.

Golder, Sona N., 2005, "Pre-electoral Coalitions in Comparative Perspective: A Test of Existing Hypothesis," *Electoral Studies*, vol.24, no.4, pp.643~663.

Golder, Sona N., 2006, *The Logic of Pre-Electoral Coalition Formation, Colum-*

bus, Ohio: The Ohio State University Press.

Grofman, Bernard, 1982, "A dynamic Model of Proto-coalition Formation in Ideological N-Space," *Behavioral Science*, vol.27, no.1, pp.77~90.

Gschwend, Thomas and Marc Hooghe, 2008, "Should I Stay or Should I Go? An Experimental Study on Voter Responses to Pre-electoral Coalitions," *European Journal of Political Research*, vol.47, pp.556~577.

Hanley, David, 1999, "Compromise, Party Management and Fair Shares: The Case of the French UDF," *Party Politics*, vol.5, no.2, pp.171~189.

Hartmann, Jürgen, 1991, *Europa im Vergleich,* Berlin: Landeszentrale für politische Bildung.

Helms, Ludger, 1997, "Pluralismus und Regierbarkeit: Eine Bestandsaufnahme der italienischen Parteiendemokratie aus Anlaß der Parlamentswahlen 1996," *Zeitschrift für Politik*, Jg.44, S.86~100.

Heunemann, Falk, 2008, *Die Erfindung der Linkspartei: Die Kooperation der PDS und der WASG zur Bundestagswahl 2005*, Saarbrücken: VDM Verlag Dr. Müller.

Hoffmann-Lange, Ursula, 1986, "Changing Coalitional Preferences among West German Parties," Geoffrey Pridham (ed.), *Coalitional Behaviour in Theory and Practice*, New York: Cambridge University Press, pp.45~71.

Inglehart, Ronald and Avram Hochstein, 1972, "Alignment and Dealignment of the Electorate in France and the United States," *Comparative Political Studies*, vol.5, no.3, pp.343~372.

International Business Publications, 2016, *Spain: Electoral, Political Parties Laws and Regulations Handbook*, Washington, DC: International Business Publications.

Jackson, Julian, 1990, *The Popular Front: Defending Democracy, 1934~38*, Cambridge: Cambridge University Press.

Jaffré, Jérôme, 2002, "Le vote des droites," Communication to the French Political Science Association one-day conference on the parliamentary election, Paris, Institute of Political Studies, 19 June.

Jenson, Jane, 1991, "The French Left: A Tale of Three Beginnings," James Hollifield and George Ross (eds.), *Searching for the New France*, New York: Routledge, pp.85~112.

Johnson, R. W., 1981, *The Long March of the French Left*, Paris: Édition Gallimard.

Judt, Tony, 1986, *Marxism and the French Left: Essays on Labour and Politics in France, 1830~1981*, Oxford: Clarendon Press.

Katz, Richard S. and Peter Mair, 1995, "Changing Models of Party Organization and Party Democracy: The Emergence of the Cartel Party," *Party Politics*, vol.1, no.1, pp.5~28.

Key, V. O., 1959, "Secular Realignment and the Party System," *The Journal of Politics*, vol.21, no.2, pp.198~210.

Kim, Youngmi, 2011, *The Politics of Coalition in Korea - Between Institutions and Culture*, Abingdon, UK and New York, NY: Routledge.

Knapp, Andrew and Vincent Wright, 2006, *The Government and Politics of France*, 5th ed., London and New York: Routledge.

Köpple, Stefan, 2007, *Das politische System Italiens: Eine Einführung*, Wiesbaden: VS Verlag.

Kretsos, Lefteris, 2012, "Greece's Neoliberal Experiment and Working Class Resistance," *Working USA: The Journal of Labor and Society*, vol.15. pp.517~527.

LaPalombara, Joseph and Myron Weiner (eds.), 1966, *Political Parties and Political Development*, Princeton, NJ: Princeton University Press.

Laver, Michael, 1986, "Between Theoretical Elegance and Political Reality: Deductive Models and Cabinet Coalitions in Europe," Geoffrey Pridham (ed.), *Coalitional Behaviour in Theory and Practice*, New York: Cambridge University Press, pp.32~43.

Linz, Juan J. and José Ramón Montero, 2001, "The Party Systems of Spain: Old

Cleavages and New Challenges," Lauri Karvonen and Stein Juhnle (eds.), *Party Systems and Voter Alignments Revisited*, Abingdon, UK and New York: Routledge, pp.150~196.

Lipset, Seymour M. and Stein Rokkan, 1967, "Cleavage Structures, Party Systems and Voter Alignments: An Introduction," Seymour M. Lipset and Stein Rokkan (eds.), *Party Systems and Voter Alignments*, New York: The Free Press, pp.1~64.

Mammanella, Giuseppe, 1995, "Il partito Comunista Italiano," Gianfranco Pasquino (a cura di), *La politica italiana: Dizionario critico 1945~1995*, Roma and Bari: Laterza, pp.287~309.

Massart, Alexis, 1999, *L'Union pour la Démocratie Francçaise (UDF)*, Paris: L'Harmattan.

Mény, Yves, 2002, "France: The Institutionalization of Leadership," Josep Colomer (ed.), *Political Institutions in Europe*, 2nd ed., New York: Routledge, pp.95~132.

Merle, Patrick and Dennis Patterson, 2014, "The French parliamentary and presidential elections of 2012," *Electoral Studies*, vol.34, pp.303~309.

Ministero dell'Interno, 2006, *Le leggi elettorali, Pubblicazione* 1, Roma: Ministero dell'Interno.

Mitchell, Paul, 1999, "Government Formation: A Tale of Two Coalitions," Michael Marsh and Paul Mitchell (eds.), *How Ireland Voted 1997*, Colorado: Westview, pp.243~263.

Neller, Katja and S. Isabell Thaidigsmann, 2002, "Das Vertretenheitsgefühl der Ostdeutschen durch die PDS: DDR-Nostalgie und andere Erklärungsfaktoren im Vergleich," *Politische Vierteljahresschrift*, Jg.43, H.3, S.420~444.

Neugebauer, Gero und Richard Stöss, 2008, "Die Partei Die Linke. Nach der Gründung in des Kaisers neuen Kleidern? Eine politische Bedarfsgemeinschaft als neue Partei im deutschen Parteiensystem," Oskar Niedermayer (Hg.), *Die Parteien nach der Bundestagswahl 2005*, Wiesbaden:

VS Verlag für Sozialwissenschaften, S.151~199.

Norpoth, Helmut, 1980, "Choosing a Coalition Partner. Mass Preferences and Elite Decisions in West Germany," *Comparative Political Studies*, vol.12, no.4, pp.424~441.

Norpoth, Helmut, 1982, "The German Federal Republic: Coalition Government at the Brink of Majority Rule," Eric C. Browne and John Dreijmanis (eds.), *Government Coalitions in Western Democracies*, New York: Longman, pp.7~32.

Parties and Elections in Europe, http://www.parties-and-elections.eu.

Parties and Elections in Europe, http://www.parties-and-elections.eu/france.html (검색일: 2015.06.22.)

Parties and Elections in Europe, http://www.parties-and-elections.eu/greece2b.html (검색일: 2017.06.07.)

Parussini, Gabriele, 2012, "Socialist Coalition Leads in France," *The Wall Street Journal*, 06.10, http://www.wsj.com/articles/SB10001424052702303901504577458020481488302 (검색일: 2015.01.06.)

Pasquino, Gianfranco, 1995, "Il sistema e il comportamento elettorale," Gianfranco Pasquino (a cura di), *La politica italiana: Dizionario critico 1945~95*, Roma-Bari: Laterza, pp.135~147.

Rémond, René, 1982, *Les droites en France*, Paris: Aubier Montaigne.

Riker, William H., 1962, *The Theory of Political Coalitions*, New Haven: Yale University Press.

Rodríguez-Teruel, Juan, Astrid Barrio and Oscar Barberà, 2016, "Fast and Furious: Podemos' Quest for Power in Multi-level Spain," *South European Society and Politics*, DOI: 10.1080/13608746.2016.1250397.

Rouvillois, Frédéric, 2001, "Introduction: La cohabitation et l'accélération de l'histoire," Frédéric Rouvillois (sous la direction de), *La cohabitation, fin de la République?*, Paris: Office d'Édition Impression Librairie, pp.11~18.

Saalfeld, Thomas, 2000, "Germany: Stable Parties, Chancellor Democracy, and the Art of Informal Settlement," Wolfgang C. Müller and Kaare Strøm (eds.), *Coalition Governments in Western Europe*, Oxford: Oxford University Press, pp.32~85.

Sahuc, Stéphane, 2010, "Die linken Parteien in Frankreich," Birgit Daiber, Cornelia Hildebrandt und Anna Striethorst (Hg.), *Von Revolution bis Koalition: Linke Parteien in Europa*, Berlin: Karl Dietz Verlag, S.125~142.

Sartori, Giovanni, 1966, "European Political Parties: The Case of Polarized Pluralism," Joseph LaPalombara and Myron Weiner (eds.), *Political Parties and Political Development*, Princeton: Princeton University Press, pp.137~176.

Sartori, Giovanni, 1976, *Parties and Party Systems: A Framework for Analysis*, New York: Cambridge University Press.

Schattschneider, Elmer E., 1975, *The Semisovereign People: A Realist's View of Democracy in America*, 2nd ed., Hinsdale, Ill.: Dryden Press.

Shaw, Marvine E., 1981, *Group Dynamics*, New York: McGraw-Hill.

Shepsle, Kenneth A. and Mark S. Bonchek, 1997, *Analyzing Politics: Rationality, Behavior and Institutions*, New York: W. W. Norton and Company, Inc.

Shikano, Susumu and Eric Linhart, 2010, "Coalition-formation as a Result of Policy and Office Motivations in the German Federal States: An Empirical Estimate of the Weighting Parameters of Both Motivations," *Party Politics*, vol.16, no.1, pp.111~130.

Smith, Gordon, 1979, *Democracy in Western Germany*, London: Heinemann.

Spoon, Jae-Jae, 2008, "Presidential and legislative elections in France, Aprile-June 2007," *Electoral Studies*, vol.27, pp.155~160.

Stepan, Alfred C., 1988, *Rethinking Military Politics: Brazil and the Southern Cone*, Princeton, NJ: Princeton University Press.

Strøm, Kaare and Jørn Y. Leipart, 1993, "Policy, Institutions and Coalition Avoidance: Norwegian Governments, 1945~1990," *American Political Science Review*, vol.87, no.4, pp.870~887.

Strom, Kaare, Ian Budge and Michael J. Laver, 1994, "Constraints on Cabinet Formation in Parliamentary Democracies," *American Journal of Political Science*, vol.8, no.2, pp.303~335.

Swaan, Abram de, 1973, *Coalition Theories and Cabinet Formation: A Study of Formal Theories of Coalition Formation Applied to Nine European Parliaments after 1918*, Amsterdam: Elsevier Scientific Publishing Co.

Tsebelis, George, 1988, "Nested Games: The Cohesion of French Electoral Coalitions," *British Journal of Political Science*, vol.18, no.2, pp.145~170.

Tsebelis, George, 1990, *Nested Games: Rational Choice in Comparative Politics*, California: University of California Press.

Visser, Mark, Marcel Lubbers, Gerbert Kraaykamp and Eva Jaspers, 2014, "Support for Radical Left Ideologies in Europe," *European Journal of Political Research*. vol.53. pp.541~558.

Weber, Peter, 1997, "Die neue Ära der italienischen Mehrheitsdemokratie: Fragliche Stabilität bei fortdauernder Parteizersplitterung," *Zeitschrift für Parlamentsfragen*, Jg.28, S.85~116.

Woyke, Wichard, 2013, *Stichwort: Wahlen. Ein Ratgeber für Wähler, Wahlhelfer und Kandidaten*, 12. aktualisierte und erweiterte Auflage, Wiesbaden: Springer VS.

찾아보기

ㄱ

각외 연합 19, 20, 24, 203
결집자 159
계승형 카르텔 정당 105
공동 후보 명부 작성 21, 44, 46, 127, 146
공직 접근론 30, 33, 34, 45
교량 연합 33, 43, 88, 99, 169
교차 투표 지시 20, 21, 44, 46, 64
균열 구조 22, 36, 37, 38, 39, 40, 44, 45, 63, 67, 70, 125, 131, 132, 137, 138, 140, 141, 145, 146, 147

ㄴ

노무현-정몽준 연합 7, 80, 81, 89, 92, 96, 100

ㄷ

다당제 6, 11, 14, 15, 23, 25, 49, 50, 52, 53, 54, 55, 56, 57, 58, 59, 60, 61, 62, 63, 64, 65, 66, 67, 68, 69, 71, 72, 73, 74, 75, 76, 77, 99, 112, 135, 164, 165, 166, 167, 168, 169, 178, 179, 181, 195, 202, 210, 213, 214, 215, 216, 217
다수 대표제 8, 14, 15, 23, 32, 33, 34, 43, 49, 51, 52, 53, 54, 56, 57, 61, 62, 63, 64, 65, 66, 67, 68, 69, 74, 75, 76, 78, 99, 117, 119, 123, 134, 148, 149, 151, 152, 157, 164, 177, 179, 183, 184, 186, 189, 190, 193, 194, 195, 200, 209, 213, 214, 215, 216
단순 다수 대표제 15, 52, 54, 75, 78, 99, 117, 123, 184, 213, 215
대통령다수연합 55, 154, 160, 161, 162, 164, 166, 171, 172
대항 연합 19, 20, 24, 28, 165
동거 정부 19, 20, 152, 153, 157, 215
둥지 튼 게임 68, 179, 211
듀베르제 법칙 14, 15, 49, 202, 203
드골주의 55, 65, 66, 154, 157, 158, 160, 162, 166, 168, 169, 170, 171, 178, 213, 214

ㅁ

민주사회주의좌파연맹 159, 161, 168, 173, 174
민주사회주의좌파연합 161, 168, 173

ㅂ

비례 대표제 6, 8, 14, 15, 32, 33, 49, 50, 51, 52, 53, 54, 56, 57, 61, 62, 63, 66, 67, 69, 70, 71, 72, 73, 74, 75, 76, 94, 119, 123, 133, 134, 145, 149, 152, 155, 156, 157, 161, 164, 167, 177, 182, 183, 184, 189, 190, 194, 195, 198, 201, 202, 203, 209, 211, 212, 213, 215, 216, 217
비비례성 가설 14, 29, 31, 32, 33, 34, 36, 41, 45, 69, 133, 134, 148, 149, 150, 183, 193, 194, 209

ㅅ

사회 균열 22, 39, 47, 63, 64, 67, 70, 76, 78, 93, 100, 137, 138, 146, 196
삼당제 15, 23, 25, 63, 135, 166, 195, 211, 213, 216
선거 연합 1, 2, 3, 4, 5, 6, 7, 8, 11, 12, 13, 14, 15, 16, 17, 18, 19, 20, 21, 23, 26, 27, 28, 29, 30, 31, 32, 33, 34, 35, 36, 37, 38, 39, 40, 41, 43, 44, 45, 46, 47, 48, 49, 50, 52, 53, 54, 59, 63, 64, 65, 66, 67, 68, 69, 70, 71, 72, 73, 74, 75, 76, 77, 78, 79, 80, 81, 82, 83, 85, 86, 88, 89, 90, 91, 92, 94, 96, 97, 98, 99, 100, 101, 102, 103, 106, 109, 110, 113, 118, 119, 121, 123, 124, 125, 126, 127, 128, 129, 130, 131, 132, 133, 134, 135, 137, 138, 139, 140, 141, 142, 143, 144, 145, 146, 147, 148, 149, 150, 151, 152, 154, 155, 156, 157, 158, 159, 160, 161, 162, 163, 164, 166, 167, 168, 169, 170, 171, 172, 173, 175, 176, 177, 178, 179, 180, 181, 182, 183, 184, 185, 186, 187, 188, 189, 190, 191, 192, 193, 194, 195, 196, 197, 198, 199, 201, 202, 203, 204, 205, 206, 207, 208, 209, 210, 211, 212, 213, 214, 215, 216, 217, 218, 220, 221, 223, 224, 225, 240, 241
신호 가설 29, 31, 36, 45, 140, 141, 148, 150, 193, 194, 209

ㅇ

양당제 14, 23, 24, 49, 56, 57, 58, 60, 61, 63, 69, 70, 71, 72, 73, 75, 76, 181, 184, 195, 202, 203, 210, 211, 213, 217, 223, 224
양당 중심제 15, 23, 24, 54, 55, 56, 57, 58, 60, 61, 63, 65, 69, 72, 165, 166, 167, 178, 216
연대 전략 40, 44, 46, 88, 98, 101, 131, 132, 140, 142, 144, 147, 217
연립 정부 13, 19, 20, 24, 27, 123, 126, 127, 145, 156, 166, 181, 183, 194, 198, 213, 214, 226
연합(Unione) 190, 198, 239
연합 결성자 159, 177
연합 양극 체제 15, 184, 195, 196, 210, 213, 216
연합 정부 13, 19, 20, 42, 191
연합 행위자 접근론 6, 31, 32, 40, 41, 43, 44, 45
연합 회피 요인 7, 12, 34, 43, 45, 78, 83, 86, 125, 145, 159, 239
월계수 185, 186, 188, 190, 191, 195, 197, 199, 203, 239
유권자 접근론 6, 31, 32, 36, 37, 38, 39, 40, 41, 43, 44, 45, 239
이탈리아연합 185, 187, 239
인물화 비례 대표제 133, 213, 239
일당 지배제 23, 24, 54, 55, 56, 57, 58, 60, 63, 65, 69, 72, 164, 165, 166, 167, 178, 179, 239

ㅈ

자원 접근론 30, 239
자유를 위한 극 185, 188, 239
자유의 극 185, 187, 239
자유의 집 185, 189, 191, 198, 206, 239
전선 전략 7, 40, 44, 46, 86, 88, 96, 98, 99, 100, 101, 131, 132, 140, 142, 147, 217, 239
절대 다수 대표제 8, 15, 51, 52, 61, 62, 64, 75, 123, 148, 149, 151, 152, 157, 177, 179, 213, 214, 239
정당 균열 39, 47, 78, 92, 93, 94, 100, 101, 105, 110, 120, 138, 139, 146, 239
정당 체제 1, 2, 3, 4, 6, 7, 14, 15, 17, 18, 21, 22, 23, 24, 36, 37, 38, 40, 45, 46,

47, 49, 50, 51, 52, 54, 55, 56, 57, 58, 59, 60, 61, 62, 63, 64, 65, 68, 69, 70, 72, 73, 74, 75, 76, 78, 80, 81, 83, 84, 85, 86, 91, 92, 94, 96, 99, 100, 101, 102, 103, 104, 105, 106, 107, 111, 112, 113, 115, 117, 119, 120, 121, 122, 125, 126, 131, 135, 138, 139, 140, 141, 145, 146, 147, 148, 150, 151, 153, 158, 163, 164, 165, 166, 167, 169, 178, 179, 180, 181, 186, 191, 195, 202, 210, 211, 212, 213, 214, 215, 216, 217, 220, 221, 222, 223, 224, 239, 240, 241
정부 연합 19, 20, 27, 29, 30, 32, 34, 41, 239
정책 공조 19, 20, 89, 239
정책 연대 19, 20, 239
정책 연합 239
정책 접근론 30, 32, 33, 34, 45, 239
정초 선거 58, 60, 64, 84, 102, 122, 239
정치 균열 39, 47, 78, 84, 93, 94, 100, 138, 239
정치적 심장 모델 29, 38, 239
정치 제도 접근론 6, 31, 32, 35, 39, 40, 41, 44, 45, 239
제3의 힘 174, 239
조직 연합 19, 20, 239
좋은 정부의 극 185, 187, 239
좌파무지개 185, 192, 193, 205, 239
좌파전선 161, 167, 172, 176, 177, 239
중대 선거 59, 61, 71, 102, 122, 239
중도연합 60, 161, 170, 185, 192, 193, 195, 198
지역 균열 지수 94, 95, 113, 114, 115, 116, 120, 241
진보연맹 185, 187, 203

ㅊ

차순위 투표 호소 20, 21, 64, 128, 146
최소 거리 연합론 151
최소 집단 연합론 151

ㅌ

통치 연합 4, 12, 13, 14, 19, 21, 25, 27, 28, 30, 44, 46, 80, 88, 91, 123, 124, 126, 127, 129, 130, 135, 143, 145, 146, 148, 149, 150, 151, 156, 173, 175, 181, 182, 183, 213, 214, 215, 216, 218
통치 연합 결성 선언 21, 44, 46, 127, 146, 173

ㅍ

프랑스민주연합 65, 66, 154, 161, 166, 168, 171, 177

ㅎ

후보 단일화 21, 36, 44, 46, 77, 79, 82, 86, 88, 89, 102, 109, 127, 146, 160, 163, 170, 173, 177, 220, 221

D

DJP 연합 7, 12, 79, 80, 81, 86, 87, 88, 89, 91, 98, 99, 100, 225

표차례

표 4-1 프랑스 정당 체제 변화

표 4-2 이탈리아 정당 체제 변화

표 4-3 그리스 정당 체제 변화

표 4-4 스페인 정당 체제 변화

표 4-5 프랑스 정당 정치의 선거 연합 효과

표 4-6 이탈리아 정당 정치의 선거 연합 효과

표 4-7 그리스 정당 정치의 선거 연합 효과

표 4-8 스페인 정당 정치의 선거 연합 효과

표 5-1 지역 균열 반영 추이(대선 1992~2012)

표 6-1 주요 정책 의제에 대한 정당별 입장

표 6-2 지역 균열 반영 추이(총선 1988~2012)

표 6-3 선거 연합 정당들의 비례 대표 득표율(%; 18/19대 총선)

표 7-1 독일 연방의회 선거: 정당 명부 제2기표(%)

표 7-2 독일 연방의회 의석 분포(명, %)

표 8-1 프랑스 역대 총선 결과: 제5공화국(1차 투표, 득표율)

표 8-2 프랑스 역대 총선 결과: 제5공화국(의석수)

표 8-3 프랑스 제5공화국 대선 선거 연합

표 8-4 프랑스 제5공화국 총선 선거 연합

표 8-5 프랑스 정당의 수 및 규모와 연합 형성

표 9-1 이탈리아 1994년 총선 결과

표 9-2 이탈리아 양대 선거 연합 선거결과

표 9-3 이탈리아 2008년 총선 결과

표 9-4 이탈리아 의회 진출 정당 수(하원)

표 9-5 이탈리아 '제2공화국' 선거 연합 선거 결과: 하원 비례 대표 득표율(%)과 의석수

표 9-6 이탈리아 선거 연합 내 구성 정당들의 비례 대표 득표율 비중 및 다수 대표 의석수 비중

표 10-1 국가별 주요 항목 비교 (선거 제도, 정당 체제, 선거 연합)

그림 차례

그림 2-1 연합 정치(coalition politics) 분류

그림 4-1 유효 정당 수로 본 선거 제도와 정당 체제

그림 4-2 선거 제도와 정당 체제의 관계에 대한 선거 연합의 효과

그림 5-1 주요 정당 별 이슈 구성으로 본 이데올로기 스펙트럼(1996년 총선)

그림 5-2 지역 균열 반영 추이(대선 1992~2012)

그림 5-3 세대별 주관적 자기 이념 분포

그림 6-1 1998년 이후 한국 정당 이념 지형

그림 6-2 2012년 총선 이후 한국 정당 이념 지형

그림 6-3 지역 균열 지수 추이(총선 1998~2012)

그림 9-1 이탈리아 '제2공화국' 선거 연합의 변화

그림 9-2 이탈리아 주요 정당들의 이데올로기 위치

저자 소개

정병기 지음

서울대학교 정치학과 졸업
베를린 자유대학교 정치학 박사
영남대학교 정치외교학과 교수
시인, 영화 평론가

주요 저서 및 논문:
『유럽과 전쟁』(공저, 2017)
『대한민국은 민주공화국이다 - 정병기 시조집』(2016)
『천만 관객의 영화 천만 표의 정치』(2016)
『표준의 통합 효과와 표준화 거버넌스』(2016)
『코포라티즘 정치』(공저, 2015) 등 저역서 40여 권과 논문 100여 편